보물지도 20

이 책을 소중한

_____님에게 선물합니다.

_____ 드림

• 기적을 보길 원하는 이들의 꿈의 목록 •

보물지도20

기획 | 김도사 · 권마담

김효정 김덕은 이채윤 윤영희 최수미 채수현
김지수 김민정 이흥규 연정화 지인옥 이은숙
임찬숙 태재숙 모선우 정선의

위닝북스

힘차게 비상하는 삶을 꿈꾸며, 내 안의 보물지도를 펼쳐라!

"인생은 생각하는 대로 이뤄진다."

"입버릇 하나로 인생이 달라진다. 적극적, 긍정적인 말을 항상 가까이 하라."

긴 시간 동안 성공과 행복의 법칙을 연구한 사람들이 우리에게 던져 준 말이다.

우리는 미래에 있을 듯한 행복을 찾아 열심히 살고 있다. 하지만 '행복'의 종착역은 잘 보이는 않는 곳으로 사라져버리는 듯했다. 막연한 행복을 생각하며 목적 없이 살고 있지 않은지 되돌아본다.

내가 바라는 행복은 종이에 쓸 때 종착역에서 보이는 것이다. 세월이 흐르는 대로, 마음이 가는 대로, 우물쭈물 살고 있는 자신을 발견하며,

나는 꿈을 종이 위에 써 나갔다. 종이 위의 기적을 펼쳐 보았다.

목적지를 정한 사람의 일상은 더 열정적이다. 목적지를 향한 지도는 내 안에 그려져 있다. 그 지도를 내비게이터 삼아 한 걸음씩 다가가는 삶이다. 그 과정에 깊게 패인 웅덩이를 만날 수도 있고, 세찬 비바람을 맞을 수도 있다. 이 또한 내가 지나가는 길이니 웅덩이를 빠져나오고, 비바람을 온몸으로 이겨낼 수 있다. 세상은 나를 더 단단하게 만들어 줄 것이다.

어린 시절 소풍을 가서 보물찾기를 한 기억이 있다. 돌맹이, 나무, 풀숲 틈 사이에 숨겨진 보물을 찾으러 다녔다. 그때 찾은 보물의 행복함을 간직하며 나의 삶에서 새로운 보물을 찾고 있다. 내 삶의 보물은 내가 만들고, 내가 스스로 찾아가기로 했다.

내가 만든 보물은 이미 이루어진 듯 기분 좋은 상상이 될 것이다. 꿈이 이루어지는 순간 우리는 행복의 종착역에 머물러 잠시 기쁨의 환호성을 지르게 될 것이다.

이 책은 자신의 보물지도를 만들어 종이 위의 기적을 기다리는 사람들의 이야기를 담았다. 꿈의 설계도인 보물지도를 보며 행복하고 가슴 뛰는 삶이 되리라 확신한다. 힘차게 비상하는 삶을 꿈꾼다.

2020년 3월

김효정

- CONTENTS -

PART 01

베스트셀러 작가이자
유명강사로서
경제적 자유인의
삶 살기

-김효정-

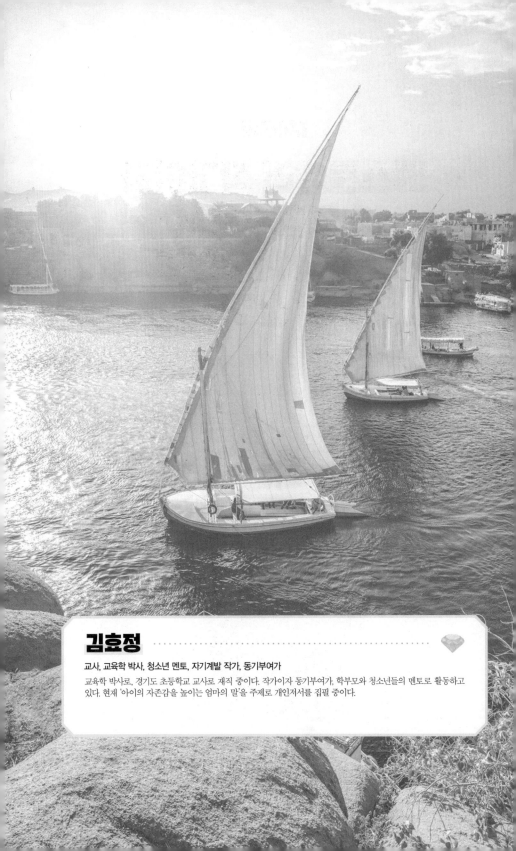

김효정 ·····································

교사, 교육학 박사, 청소년 멘토, 자기계발 작가, 동기부여가

교육학 박사로, 경기도 초등학교 교사로 재직 중이다. 작가이자 동기부여가, 학부모와 청소년들의 멘토로 활동하고
있다. 현재 '아이의 자존감을 높이는 엄마의 말'을 주제로 개인저서를 집필 중이다.

베스트셀러 작가 되어
북 콘서트 하기

"성공해서 책을 쓰는 것이 아니라, 책을 써서 성공하는 것이다."

이 한 줄의 문장을 읽는 순간 뒤통수를 크게 얻어맞은 것 같았다. 대부분의 사람들은 유명인사만이 책을 쓰고 자신의 이름을 세상에 더 널리 알린다고 생각한다. 나 또한 마찬가지였다. 특별하고 유명한 사람만 책을 쓴다고 생각했다.

김태광 작가님은 23년간 200여 권을 책을 썼다. 현재 우리나라 최고의 책 쓰기 코치다. 최근에는 미국과 일본에도 진출했다. 하지만 그는 멋진 스펙을 가진 사람이 아니었다. 오히려 가난한 집안에서 2년제 대학을 나왔을 뿐이다.

그는 지역 신문사에서 박봉을 받으며 일하면서도 작가의 꿈을 포기하지 않았다고 한다. 김태광 작가님의 젊은 시절 이야기를 읽다 보면 '참 힘들었겠다', '작가의 길을 포기하고 싶었겠다', '자존감이 많이 떨어졌겠다'라는 생각이 든다. 그랬던 김태광 작가님이 지금은 대한민국을 넘어서 세계적인 책 쓰기 성공학 코치로 활동하신다. 그런 그를 보며 나도 책을 쓸 수 있겠다는 희망을 갖는다.

초등학생 시절, 나는 학교 수업이 끝나면 칠판에 수북한 몽당 분필을 주웠다. 그러곤 집에서 동생과 학교 놀이와 소꿉놀이를 하며 놀았다. 우리 집 나무문에 몽당 분필로 산수 문제를 내거나 풀면서 동생과 학교 놀이를 했다. 그러던 나는 별 고민 없이 초등학교 교사가 되었다.

나는 천직이라고 생각하며 20여 년을 초등교사로 살아왔다. 교사로서의 모습에 흠이 생기지 않도록 최선을 다해 생활했다. 대한민국 교사의 모습을 대변한다는 각오로 정말 최선을 다해 교사생활을 해 왔다. 내가 만나는 우리 반 아이들, 우리 학교 아이들, 동료들, 교장선생님, 교감 선생님들과도 항상 좋은 관계를 유지하고 선한 영향을 주려고 노력했다.

그러다 문득 '내 삶의 지향점은 무엇인가?', '나는 정말 행복한가?', '언제쯤 나는 여유롭고 우아한 삶을 살게 될 것인가?'라는 의문을 갖게 되었다. 나의 정체성에 대한 질문이 끊임없이 밀려왔다. 하지만 나 스스로의 질문에 답을 내기가 어려웠다. 답안지를 작성하지 못하겠다는 결론을 내렸다.

"갈등이 심할 때는 내면의 지시를 따라라."

오시마 준이치의 《커피 한 잔의 명상으로 10억을 번 사람들》의 한 구절이다. 이 글을 읽고 나도 나의 내면의 지시를 따르기로 했다. 그동안 열심히 살아온 교사로서의 삶도 의미 있었다. 하지만 이제는 제2의 삶을 준비해야겠다고 생각했다. 나의 내면의 지시를 따라서….

"책 쓰기를 인생의 우선순위 목록의 맨 위에다 끌어올려라. 책 쓰기에 선택과 집중을 하라."

김태광 작가님의 《마흔, 당신의 책을 써라》를 읽으며 교사 이후의 더 빛나는 삶을 위해, 내면의 지시를 따라 나도 책을 쓰기로 했다. 책을 써서 평범했던 나를 퍼스널 브랜딩하는 것이야말로 나에 대한 새로운 도전이라고 생각했다.

주변을 둘러보니 작가가 되어 강연가, 코치, 컨설턴트로 활동하는, 인생이 바뀐 사람들이 많았다. 이지성 작가도 교사 출신이다. 그런 그도 《꿈꾸는 다락방》으로 베스트셀러 작가가 되어 유명세를 타고 있다. 어쩌면 이지성 작가는 나와 같은 교사임에도 내가 갖지 못한 넓은 안목과 탁월함을 지니고 있었지 않나 싶다. 그래서 그는 자신을 브랜딩하는 데 성공한 것이다.

권동희 작가는 《당신은 드림워커입니까》를 펴내 작가로서의 입지를 굳혔다. 그런 후 《미친 꿈에 도전하라》 등 책을 펴내기만 하면 베스트셀러가 되었다. 지금은 위닝북스 대표로서 자기계발과 책 쓰기 코치로 활동하고 있다.

《꿈이 있는 아내는 늙지 않는다》의 저자 김미경 작가는 어떠한가? 최근 〈김미경TV〉 방송과 함께 자기계발 강사로 유명세를 타며 1인 기업가로 활동하고 있다.

앞에서 소개한 세 사람은 자신의 경험과 지혜를 담은 책을 출간한 사람들이다. 그렇게 자신을 브랜딩해 전과 다른 삶을 살고 있다.

나는 나의 인생에서 나만의 특별한 경험과 지혜가 없다는 생각을 많이 했다. 평범한 가정에 태어나 큰 흔들림 없이 교사가 되었고, 교사로서 성실히, 보통의 삶을 살아왔다. 그런 내가 무엇을 전해 주는 메신저가 되어야 할까? '아! 바로 이거야!'라고 무릎을 탁 칠 만한 무엇이 바로 떠오르지 않았다.

"성취는 대단한 업적이 아니어도 된다."
"우연히 습득한 것도 나만의 전문지식이다."
"세상 어떤 주제로든 메신저가 될 수 있다."

브렌든 버처드의 《백만장자 메신저》에 나오는 말이다. 나는 나의 사소한 경험도 관심을 갖고 살려 나간다면 책 쓰기가 가능할 것 같았다. 4년 전 교사역할훈련(Teacher Effectiveness Training) 연수에서 의사소통프로그램을 공부했다. 그 경험을 바탕으로 '자존감을 높이는 말'에 대한 책을 집필하고 있다.

첫 책의 출간 준비를 시작으로 관련 개인저서를 총 3권 출간하고 싶다. 2020년 1월에 시작한 책 쓰기는 나의 인생 40여 년 동안 준비해 온 것이라 생각한다. 거창하지는 않지만 소박하고 일상적인 나의 경험들을 나의 저서로 만드는 과정은 나에 대한 새로운 역사를 쓰는 시간이 될 것이다. 여기에 기회가 된다면 베스트셀러 작가이신 김태광 대표 코치님과의 공동저서도 1권 출간하고 싶다.

책을 출간한 뒤에는 책의 내용을 교육과정으로 만들어 부모교육 컨설턴트로 활동할 수 있을 것이다. 나의 이름 석 자를 내건 '○○○연구소'를 온라인과 오프라인으로 준비할 것이다. 이를 통해 자녀와의 의사소통에 어려움이 있거나, 자존감이 떨어지고 자녀 양육에 지친 부모들에게 선배로서 도움을 주고 싶다. 이 컨설턴트의 과정에 교사로서의 나의 경험과 지혜가 도움이 되리라 확신한다. 더불어 학교생활 적응에 어려움을 겪는 학생들의 멘토가 되어 줄 마음이 있다. 물론 내가 생각하고 말하는 방법이 모두 완벽하다고 여기지는 않는다. 뿐만 아니라 완벽한 솔루션은 존재하지 않을 것이라 생각한다. 이것은 사람과 사람의 관계의 문제이기 때문이다.

자존감을 높이는 의사소통 분야의 내 강의를 듣거나, 내 책을 보고 도움을 받았다는 독자나 청자들이 전국 방방곡곡에 퍼져 있기를 희망한다. 나의 도움이 필요한 곳이면 어디든지 달려가서 메신저가 되어 줄 것이다.

"출발은 미약하였으나, 끝은 창대하리라."라는 성경 말씀처럼 내 안의 작은 몸부림으로 시작한 책 쓰기는 나를 베스트셀러 작가로 만들어 줄 것이다. 우리나라의 교보문고, 별마당 도서관 같은 멋진 곳에서 '김효정 작가의 북 콘서트'를 열고 싶다. 그리고 콘서트에 참가한 사람들에게 내 이름 석 자를 새겨 주는 저자 사인회도 하고 싶다.

나의 책은 내가 잠자는 사이에도 시간과 공간을 초월해 나를 홍보해 줄 것이라 확신한다. 책은 나를 국내 대학가에도 적극 홍보해 주어 대학에서 강의할 기회도 만들어 줄 것이다. 그동안 언젠가 기회가 되면 대학에서 강의해 보고 싶은 마음을 갖고 있었다.

늘 새로운 사람을 만나고 그들과 내가 가진 것을 나누는 것은 행복한 일이다. 그 대상이 누구든 상관없이….

월 1회 이상
대기업 칼럼 쓰기

"당신이 간절히 원하는 것은 무엇입니까? 혹시 귀한 보물입니까? 다이아몬드 반지입니까? 그렇다면 다이아몬드를 찾으러 아프리카까지 갈 필요는 없습니다. 먼저 자신의 마음속에서 찾아보세요. 마음속으로 손가락에 다이아몬드 반지를 끼고 있는 당신의 모습을 상상해 보세요. 그 모습을 반복해서 바라보는 동안 당신은 실제로 잠재의식의 신비한 힘에 의해 그 반지를 얻게 됩니다."

오시마 준이치가 《커피 한 잔의 명상으로 10억을 번 사람들》을 통해 우리에게 들려주는 이야기다. 내 안의 보물창고를 찾아 그것을 움켜쥐어야 한다는 것이다.

나는 내 안에 보물을 쌓아 놓느라 46여 년을 보냈다. 솔직히 내가 쌓는 것들을 보물이라 생각하며 차곡차곡 쌓지는 않았다. 그러나 지금 생각해 보니, 살면서 겪은 나의 경험과 삶의 흔적들이 다 보물이 될 수 있을 것 같다. 늘 거창하고 화려한 것만을 보물이라고 생각했다. 하지만 요즘 나는 다시 내 안에 숨겨진 보물들을 하나씩 꺼내 보고 싶다.

내가 살아온 경험과 지혜를 책으로 낼 준비를 하고 있다. 아니, 책을 쓰면서 나의 경험과 지혜를 갈고닦고 연구하며, 나 자신의 삶을 되돌아보고 있다. 책 쓰기 특강에서 김태광 대표 코치는 이렇게 말했다.

"내가 평소에 감정 조절이 잘 안 되어 힘들게 살았다면, 그것에 대한 책 쓰기를 하세요. 그러면서 자신의 삶을 되돌아볼 수 있는 기회를 가질 수 있습니다."

감동적인 멘트였다. 평소 내가 정말 잘하는 분야만을 책으로 쓸 수 있다고 생각했었다. 그런데 내가 어려움을 겪었던 부분도 책으로 쓸 수 있다는 희망을 보았다. 그 분야의 전문가가 될 수 있다는 희망을 보았다. 결국 내 주변의 모든 이야기가 '책을 쓸 수 있는 거리'가 된다는 것이다.

나는 딸 둘을 키우는 엄마이며 현직 교사이기도 하다. 그런 역할들을 하면서 '혹시 딸들에게 상처 되는 말을 하지는 않았을까?', '내가 만난 아이들에게 상처를 주지는 않았을까?' 되돌아본다. 그런데 '난 절대 그러지 않았어!'라는 확신이 서지 않는다. 노력하는 엄마, 조심하는 교사였지만 나도 모르게 다른 사람의 자존감에 상처를 주었을지도 모른다. 하지만 나의 이런 경험들을 책으로 쓸 준비를 하면서 나는 또 하나의 꿈을 꾼다. 바로 '월 1회 이상 기업 칼럼 쓰기'다.

글을 쓰는 동기에는 외적 동기와 내적 동기가 있다. 외적 동기는 누군가에게 보여 주기 위해 하는 것이다. 내적 동기는 스스로 만족하기 위해 하는 것이다. 모든 일에는 내적 동기가 우선되어야 한다고 배웠다. 하지만 책을 쓰고 글을 쓰는 것 자체가 스스로를 위한 내적 동기라 생각한다. 내적 동기가 충족된 후에 외적 동기를 찾아 가는 것도 좋은 방법이라고 생각한다.

누군가에게 나의 글솜씨를 보여 준다는 데서 한 걸음 더 나아가고 싶다. 나의 글로 다른 사람에게 영향을 줄 수도 있다는 뜻이다. 내가 연구하는, 자존감을 높이는 말에 대한 생각이나 제안들이 관련 기업의 경영에도 도움을 주었으면 한다.

네이버 사전에 의하면 칼럼은 "신문, 잡지 등 특정 난에 시사문제나 사회문제를 총평하는 글을 쓰는 것"이라 한다. 보통 사회 저명인사가 쓰며 칼럼을 쓰는 사람을 칼럼니스트라고 한다고 덧붙여져 있다.

사회 저명인사의 기준은 정해져 있지 않다. 나처럼 관련된 책을 쓰고 메신저가 되는 사람이면 칼럼을 쓸 수 있는 것이다. 대한민국 책 쓰기 대표 및 성공학 강사인 김태광 대표 코치님의 말을 응용해 보고 싶다.

"성공해서 칼럼을 쓰는 것이 아니라, 칼럼을 써서 저명인사가 되는 것이다."

줌바댄스 강사인 권미래 작가는 개인저서 《줌바댄스가 온다》를 내고 〈건강 다이제스트〉에 칼럼을 쓰고 있다. 성형외과 의사이면서 《바이브》라는 책을 출간한 이하영 작가 역시 정기적으로 칼럼을 쓰고 있다. 김태광 대표 코치 역시 대기업 칼럼 쓰기 활동으로 자신의 영역을 넓혀 가고 있다. 물론 이들은 어느 정도 사회적 인정을 받고 있는 분들이기는 하다. 그런 데 비해 나는 아직 유명세를 타지 않은 작가다. 하지만 칼럼을 쓰는 과정이 나의 전문성을 찾아 가는 또 다른 길이 될 것이다.

칼럼은 에세이 같은 글쓰기와는 구별된다. 일기처럼 쓰기보다는 일정의 논리력이 필요한 분야다. 글쓴이의 일상의 경험을 소재로 하더라도 그 속에 논리와 새로운 메시지가 담겨 있어야 할 것이다.

《강원국의 글쓰기》의 저자 강원국은 특정 칼럼니스트의 칼럼 20~30편을 출력해 구성요소가 무엇인지 파악하는 연습을 했다고 한다. 시작에는 어떤 구성요소가 있고, 끝은 무엇으로 맺었으며, 중간 전개는 어떠했는지 분석한 것이다. 강원국 작가의 경험에 의하면, 칼럼의 구성요소가 종이 한 장에 정리될 정도라고 했다. 생각보다 다양하고 복잡한 구조가 아닌 것이다. 그러니 칼럼의 몇 가지 주요 구성요소에 내용을 적절하게 배치하면 될 것이다.

《시골의사 박경철의 자기혁명》의 저자 박경철은 조선일보에 연재되었던 '이규태 코너'라는 칼럼을 필사하며 글쓰기를 연습했다고 한다. 그는 필사를 시작하면 보통 열 번 이상 반복해서 필사했다고 한다. 마치 자신의 글처럼 여러 번 고쳐 쓴 것이다. 고쳐 쓰는 과정을 통해 새로운 자기 칼럼 쓰기를 연습한 것이다. 이처럼 나 또한 칼럼 필사 과정을 통해 나만의 칼럼을 만들어 나가고 싶다.

이런 나의 칼럼이 고정적으로 특정 기업의 사보에 연재된다면 나는 사보 독자들에게 힘과 도움을 주는 작가가 되는 것이다. 이것은 나의 저서와 함께 나를 브랜딩하는 데 도움이 될 것이다. "아, 지난 사보에 쓰신 칼럼으로부터 제가 많은 도움을 받았습니다. 작가님!"이라고 짧은 덕담을 건네주는 독자가 있다면 내 어깨가 으쓱할 것이다.

20여 년간 수천 명의 작가 지망생을 가르친 로버타 진 브라이튼의 제자 앤은 칼럼니스트가 되고 싶었다. 그러나 칼럼 원고를 보낸 지 5개월이 지나도록 어디에서도 연락이 없자 마음이 착잡해졌다. 그럴 때마다 그녀는 다음 말을 가슴에 새기며 다짐했다. "나는 칼럼니스트다." 그것이 그녀를 진짜 칼럼니스트로 만들었다고 한다.

"나도 칼럼니스트다!"

가족들과 여행하고
책 출간하기

"여행이란 성공이라는 목적을 향해 집을 떠난 주인공이 이런저런 시련을 겪다가 원래 성취하고자 했던 것과 다른 어떤 것을 얻어서 출발점으로 돌아오는 것이다."

김영하는 《여행의 이유》에서 여행을 이렇게 말했다. 원래 성취하고 싶었던 목적과 달리 다른 것을 얻어서 온다는 것이다. 여행 도중 만나는 소소한 경험에서 또 다른 어떤 것을 얻게 된다는 것이다.

"집 떠나면 고생이다."라는 말도 있다. 가장 편한 곳이 집이고, 집을 떠나는 순간 고생의 연속이라던가? 결론적으로 우리는 고생하기 위해 여행을 떠나는 셈이 된다. 집 떠나면 고생이라는 말을 철석같이 믿는 분이 있다. 바로 우리 엄마다. 여행을 많이 떠나 보지도 않으셨는데 어떻게 이렇게 잘 알고 계신지 궁금하다. 70여 년에 달하는 연륜에서 오는 지혜인가?

누군가 이런 말을 했다.

"마음이 떨릴 때 여행을 떠나라. 다리가 떨릴 때는 이미 늦었다."

누군가 농담처럼 흘린 말이지만, 그 말에 나의 마음이 쿵! 했다. '그렇다. 마음이 떨릴 때! 다리가 떨릴 때 말고!'

갑자기 마음이 급해졌다. 우리 부모님이 바로 다리가 떨릴 때가 되었다는 생각이 들었다. 40대 후반인 나도 험난한 산길이나 돌길을 걸을 때는 힘이 든다. 나의 체력이 예전 같지 않다는 생각이 들 때가 있다. 우리 부모님은 아직은 크게 편찮으신 곳은 없다. 하지만 특히 우리 엄마는 나가면 고생임을 알기 때문에 여행 제안을 거부하신다.

"난 우리나라는 물론이고, 세계여행도 다 한 셈이다. 안 가 봐도 다 알아. TV로 봤어!"

우리 엄마에게 국내와 세계여행을 저렴하게 다 시켜 주신 우리나라 방송국에 감사해야 하나. 순간적으로 그런 생각도 했다. 엄마는 동네 사람끼리 하는 부부 동반 여행도 나름의 이유를 만들어 피하고 계신다. 의도치 않게 아빠는 혼자서 동네 사람들과 가끔 여행을 가신다.

가만히 생각해 보면 우리 엄마는 '여행'이라는 호사스러운 특권을 누리지 못하고 평생을 사셨다. 여행은 경제적으로, 시간적으로 여유 있는 사람들이 하는 것이다. 그러니만큼 엄마는 여행이 자신과는 거리가 멀다고 생각하며 살아오셨다. 여행은 경제적 비용과 시간적 비용을 모두 지불해야 하는 것이므로!

엄마의 이런 완고한 인생철학 때문에 우리 가족은 남들이 다 해 본다는 가족여행을 해 보지 못했다. 우리의 학생시절에는 가족여행이라는 것이 낯선 일이기도 했다. 하지만 요즘은 가족여행을 떠나는 사람들이 부쩍 많아졌다. 이런 가족들을 보면 괜스레 부러워진다. 가족여행은 새로운 세상 구경보다는 가족 간에 소소한 추억을 만드는 것이다. 가족 간의 소소한 추억이 바로 김영하가 말한 '다른 어떤 것'이다.

이제 부모님을 모시고 가족여행을 한다고 해도 둘레 길을 걷거나 산을 오르는 것은 어렵다. 요즘 유행인 크루즈여행이 답이다. 크루즈여행은 비용이 많이 드는 럭셔리 여행이라고 알고 있었다. 하지만 생각보다 적은 비용으로 다녀올 수도 있다고 한다. 부모님이 더 나이 들기 전에, 하루라도 젊으실 때 크루즈여행을 다녀와야겠다.

크루즈여행이 부모님과의 여행 버킷리스트라면, 우리 두 딸과의 또 다른 여행도 생각해 본다. 올해 큰딸은 고3, 작은딸은 고1이 된다. 용감한 엄마라면 고3인 딸을 데리고 여행을 가자고 하겠지만, 나에겐 솔직히 그런 용기가 없다. 올해는 그냥 고3, 고1의 자리에서 자신이 목표하는 것에 최선을 다하라고 응원해야겠다.

박웅은 《수능 대신 세계일주》라는, 미친 고3의 거침없는 지구 방랑기를 썼다.

"이 책을 통해 간신히 세상에 방 하나를 마련하고 창을 낸 기분이다.

언제 방을 빼야 하는 상황이 올진 모르지만 우선은 그렇다."

　작가는 책의 서문에서 이렇게 말했다. 보통의 한국 사람들의 정서로
는 수능을 포기하고 세계여행을 간다는 것은 쉬운 일이 아니다. 하지만
작가는 우리의 고정관념을 깨고 힘든 세계여행을 통해 세상과 소통하고
있는 것이다. 세계여행을 통해 자신을 찾아 가는 과정은 어쩌면 수능 문
제 풀이보다 어려운 과정일 것이다. 대학 리포트 쓰는 것보다도 어려운
일이다.

　쉬운 도전은 아니지만 남편, 딸들과 함께하는 여행을 상상하면 기대
가 된다. 작년에 큰딸은 국내 여행을 갔다 오고 난 후 한국지리 수업이
재미있다고 했다. 재미있어한 만큼 결과도 만족스러웠다. 올해는 세계지
리 수업을 듣고 싶다며 기대가 큰 모습이다. 며칠 전 큰딸은 〈여락이들〉
이야기를 꺼냈다. 2명의 20대 여성이 세계여행을 다니는 과정을 올리고
있는 유튜브다. 큰아이는 특히 인도 편을 보면서 정말 인도에 가 보고 싶
다고 했다. 동생에게도 인도 편은 꼭 봐야 한다며 유튜브 시청을 강요하
고 있는 중이다.

　한국지리를 공부하면서 큰딸은 한국의 지리에 대해서는 다 안다고
했다. 세계지리를 공부하는 것은 세계여행을 떠날 준비를 하는 것이라고
했다. 이 얼마나 감사한 일인가? 나는 중·고등학교 시절 한국지리나 세
계지리 공부가 그다지 즐겁지 않았다. 지리를 알기 위해서보다 '시험'을
보기 위해 공부했던 것 같다. 그런 나와는 달리 큰딸이 지리를 공부하면

서 가 보고 싶은 곳이 생기고 여행의 유혹을 느낀다니 정말 다행이다. 이럴 땐 엄마를 닮지 않은 것이 축복이다.

가족과 함께 여행을 다녀온 후 아이들 자신의 이름으로 책을 쓰게 하고 싶다. 여행의 의미를 책을 쓰는 데 두는 것은 아니다. 하지만 그 경험을 책으로 낼 수 있다면 아이들 삶에 큰 추억의 화수분이 될 거라 생각한다.

인생은 너무 짧은 여행이란 말에 끌려 유럽 도시 기행을 시작했다고 말하는 유시민 작가는 여행 후 《유럽 도시 기행》을 출간했다. 유시민 작가는 역사·문화에 해박한 지식을 갖고 있는 유명 작가다. 유명한 작가라서 여행이 모두 책이 되고 세간에 화제를 불러일으키기도 했다. 하지만 우리 아이들도 자신들만의 경험을 소박하게 엮어 책을 내 볼 수 있을 것이다. 그리고 이런 경험은 인생을 살아가는 데 큰 힘이 되어 줄 것이다.

《일생에 한 권 책을 써라》의 저자 양병무 재능교육 대표이사는 책 쓰기에 대해 이렇게 말했다.

"요즘 청소년은 멀티미디어 세대인 만큼 인터넷에 자신의 글을 많이 올린다. 글은 자신을 표현하는 동시에 타인의 반응을 통해 자신의 상처를 치유하게도 한다."

중학교 3학년 때 처음 책을 집필하기 시작해 《영상 편집이 즐거워지는 프리미어프로 2.0》등 총 10권의 저서를 낸 대학생 이진훈이 있다. 그는 자신의 포부를 이렇게 밝혔다.

"책을 집필하고 기획하면서 관련 지식이 더 풍부해졌어요. 내가 쓴 책을 친구들이 보며 공부할 때 보람을 느낍니다. 앞으로 CF 제작 분야나 방송국에 진출해 실력을 인정받는 최고의 영상전문가가 되는 것이 목표입니다."

우리 주변에서 흔히 볼 수 없는 사례다. 중3, 대학교 시기는 학교 공부와 스펙을 쌓느라 학과 공부에 매달릴 때다. 그래야 할 학생이 책을 쓰고 있는 것이다. 이진훈 학생은 책을 쓰면서 관련 지식이 더 많아졌다고 한다. 이런 과정을 통해서 꿈은 더 명료해지는 것이다.

우리 아이들도 여행을 통한 책 쓰기를 시작할 수 있을 것이다. 책 쓰기에 대한 두려움을 버리고, 자신이 관심 있어 하는 영역을 찾아 또 다른 책을 쓸 수 있을 것이다. 이런 경험과 기회는 부모가 물려줄 수 있는 최고의 유산이 될 것이라 확신한다. 우리 가족 모두가 자신의 이름으로 된 책을 출간하는 그날을 손꼽아 기다린다.

다양하게 활동하는 유명강사 되어
경제적 자유인 되기

"조직에 몸담지 않아도 된다. 대단히 뛰어나지 않아도 된다. 모든 것을 잘할 필요도 없다. 하찮게 생각해 온 당신의 경험, 이야기, 메시지는 수많은 사람들이 목말라하는 가치다."

브렌든 버처드의 《백만장자 메신저》에 나오는 말이다. 저자는 거창하지 않은 평범한 자신의 경험도 다른 사람들에겐 메시지가 될 수 있다고 한다. 그러면서 자신의 경험을 파는 1인 사업가, 백만장자 메신저의 삶을 강조한다.

작가는 이 메신저들을 '보통 사람들'이라고 했다. 나도 보통 사람이다. 메신저가 될 수 있는 기본적인 조건을 갖춘 셈이다. 위의 말은 기존의 고정관념을 깨 주는 말이었다. 평범한 삶을 살아온 나에게도 많은 힘을 주는 말이었다.

"당신이 살아온 이야기, 알고 있는 지식, 전달하고자 하는 메시지는 생각보다 훨씬 더 가치 있다. 사람들은 당신의 경험을 통해 간접체험과 교훈을 얻기 때문이다. 당신은 세상을 변화시키기 위해서 태어났다. 세상을 변화시키는 가장 좋은 방법은 자신의 지식과 경험을 이용해 다른 사람들이 성공하도록 돕는 것이다."

브렌든 버처드는 이러한 말로 의미 있는 삶과 물질적인 만족을 동시에 얻을 수 있음을 강조한다.

"내가 전하는 메시지가 다른 사람에게 영향을 주고 나는 경제적 자유인이 된다!"

참 매력적인 말이다. 누가 이런 매력을 알고도 도전하지 않는 것일까? 아마도 대부분 이런 매력을 모르고 자신이 살아온 방식대로 살고 있을 것이다. 나 또한 그렇게 살아왔다. 하지만 내가 나에게 자꾸 묻고 있었다.

"너는 언제까지 그렇게 바쁘고 정신없이 살 거니?"
"너는 언제쯤 여유 있고 우아하게 살 거니?"

나는 지금까지 보통 사람의 삶을 살아온 나의 이야기를 전하는 메신저가 되기로 했다. 나의 이야기를 글로 써서 책으로 남기기로 했다. 책은 나의 지혜와 경험을 홍보하고 작가와 강연가의 길로 나를 안내해 줄 것이다. 이제는 내가 '골든 티켓'을 받을 차례가 된 것이다.

나는 골든 티켓을 받기 위해 많은 길을 돌아서 왔다. 지난 23년간 교사로서 정말 열심히 노력했다. 부족한 부분이 느껴질 때마다 쉬지 않고 연수도 받았다. '노력하지 않는 교사'의 모습이 싫어 쉼 없이 달려왔다.

그러다 나이 마흔이 되었을 때 뭔가 내 삶이 허전하다는 생각이 들었다. 주변 지인의 권유로 교육학 박사과정을 시작했다. 평소 간절히 원하던 과정은 아니었다. 하지만 순간! 나에 대한 도전을 해 보고 싶었다. 학교 근무와 박사과정을 동시에 해낸다는 것이 쉽지는 않았다. 하지만 쉽게 포기할 수도 없었다. 포기하면 이름도 남지 않는다는 선배 박사의 한마디를 되새기며 박사학위 과정도 무사히 마무리했다. 내 삶에서 박사과정은 '나에 대한 도전, 나에게 주는 선물'이었다.

"석·박사 학위 100개보다 자신의 책 1권이 더 값지다."

대한민국 대표 책 쓰기 코치이신 김태광 대표 코치님의 말씀이다. 책의 가치를 강조하시는 힘 있는 말씀이셨다. 그 말씀에 나는 다행이라 생각했다. 나에겐 박사학위가 1개밖에 없으니까. 이제 99개의 석·박사 학위를 따기 위해 노력하지 않아도 된다. 나의 책을 쓰면 된다.

책보다는 힘없는 학위라지만 난 나의 학위를 소중히 생각한다. 나의 책 속에 나의 학위를 숨겨 두었다가 필요할 때 하나씩 하나씩 그 경험도 함께 꺼낼 수 있을 것이다.

　박사학위보다 더 힘센 나의 책을 쓰고 유명강사가 될 것이다. 나를 필요로 하는 곳이면 어디든 달려갈 것이다. 특히 〈아침마당〉이나 라디오 프로그램에 출연하고 싶다. 최근에 〈아침마당〉을 보지 못했다. 새벽에 출근해야 하니 〈아침마당〉은 내가 볼 수 있는 프로그램이 아니었다. 내가 볼 수 없는 만큼 이 프로그램에 출연해야겠다. 그렇게 방송도 체험해 보고, 나의 이야기를 필요로 하는 전국 부모들의 메신저가 되고 싶다.

　차로 출퇴근할 때 라디오를 많이 듣는다. 라디오 방송을 들으면서 라디오 방송만의 매력을 느낄 때가 많았다. 라디오 방송의 기획 의도가 어떠한가에 따라 영향력이 크다고 생각했다. 나도 기회가 되면 라디오를 진행해 보고 싶다는 생각을 했다. 라디오 메인 진행자가 되고 싶은 마음도 있다. 하지만 진행자가 아닌 출연자가 되기를 더 희망한다. 메인이 아니면 어떤가? 메인이 아니어도 메신저가 될 수만 있다면 만족할 것이다.

　내 이름으로 된 책이 해외에 수출된다면 나는 작가로서 날개를 달 것이다. 7여 년간의 무명시절을 보내고, 책 쓰기 코치로 활동하고 있는 김태광 작가. 그의 《100억 부자의 생각의 비밀》은 일본으로 저작권이 수출되었다. 그처럼 세계 여러 나라로부터 책을 출판하고 싶다는 메일이 내 메일함에 도착하는 날을 기다려 본다.

　책을 읽는 독자에서 책을 쓰는 작가로 위치가 바뀌면 내 삶에 많은 변화가 올 것이다. 《백만장자 메신저》의 작가가 강조하는 의미 있는 삶과 경제적 자유는 내가 꿈꾸는 삶이기도 하다. 아무리 노력해도 경제적 자유가 주어지지 않는다면 삶의 동력은 약해진다. 우리는 학교교육을 통해서 안빈낙도(安貧樂道)의 삶을 배웠다. 가난하면서도 도를 즐기는 삶.

우리가 추구해야 할 가치 있는 삶이라고 배웠지만 가난하면 삶이 즐겁지 않을 것이다. 소박하고 검소한 삶을 살아야 한다는 교육에 세뇌되어 검소하게 살아왔다. 너무 소박하게 살아온 나는 솔직히 '명품'이 무엇인지도 잘 모른다.

이웃사람들끼리 의견을 교환하는 동네 인터넷 카페에서 어떤 사람이 명품 브랜드에 대한 글을 올린 적이 있었다. 그 글을 본 어떤 이웃이 "저는 인생을 헛살았나 봅니다."라는 댓글을 달았다. 그 댓글을 보고 한참을 웃었다. 그런데 잠시 후 나도 인생을 헛살았다는 생각이 들었다. 그들이 말하는 명품을 모두 갖지는 못하더라도, 그 브랜드가 가방인지, 신발인지, 시계인지 알고는 있어야 했다.

옛말에 "알아야 면장을 한다."라는 말이 있다. 이름이라도 알아야 명품 숍에 가서 내가 필요로 하는 물건을 구입할 수 있을 것이 아닌가. 명품 숍의 매출을 내가 좌지우지하지는 않더라도 가서 구경도 하고 구매도 할 수 있어야겠다고 생각했다.

세계 유일의 실천성공과학자인 사토 도미오는 《지금 당장 롤렉스 시계를 사라》라는 책에서 진짜 부자들은 어떻게 돈을 쓰는지 말하고 있다.

"갖고 싶은 욕망을 채워야 더 많은 부가 따라온다!"

평생 아끼고 모아야만 부자가 된다고 배운 나에게 이 말은 충격이었다. 나에게 필요한 것이라고 생각한다면 과감하게 자신의 욕망을 충족시키는 것이 더 큰 부자가 되는 길이라고 강조하고 있으니까. 남들이 명품을 들고 와도 그것이 명품인지도 모르고 살았다. 까막눈이었다. 하지만 이젠 눈을 더 크게 뜨고 살고 싶다. 내가 타 보지 못한 것, 가져 보지 못한 것에도 관심을 가져야겠다. 나 자신만 명품이 되면 된다고 생각했다. 이제는 진정 나 자신이 명품으로 탄생되고 있다. 명품인 나 자신에게 또 다른 소중한 것들이 더해진다면 그 기분은 어떨까?

그것은 바로 메신저를 통해 얻은 경제적 자유인의 삶이다. 생각만 해도 가슴이 두근거리는 삶이다.

우리 가족 4명의
보물지도 만들기

"당신의 행복을 성공으로 평가하지 말고 인생이라는 여행 전반을 즐기세요. 행복 그 자체가 길입니다."

모치즈키 도시타카의《보물지도》에 인용된 웨인 W. 다이어의 말이다. 세속적인 성공을 향해 달려가지 말라는 말이다. 나의 인생 자체가 행복의 길이라는 말이다. 우리 주변에는 세속적인 명예와 성공을 위해 달리는 사람들이 많다. 나도 때로는 세속적인 명예를 위해 달려가야 하나 고민했다. 하지만 가는 길마다 달콤한 열매를 따 먹는 행복이 없다면 그 길은 의미가 없다고 생각했다. 보이지도 않는 행복을 어딘가에 있겠지, 저 멀리 있겠지, 하며 막연히 좇는 것은 나를 힘들게 했다. 행복의 크기가 대단하지 않더라도 나에게 의미가 있으면 만족하기로 했다.

솔직히 명예를 갖는다는 게 어떤 기분인지 나는 잘 모르겠다. 때로는 궁금하기도 했다.

'남들이 부러워하는 높은 지위에 오르면 어떤 기분이 들까? 세상의 모든 것을 다 얻은 느낌일까?'

'사람들이 저렇게 수단과 방법을 가리지 않고 아등바등 사회적 지위와 명예를 얻으려 하는 것을 보면 분명 내가 모르는 뭔가가 있겠지?'

'넌 그런 걸 몰라서 도전하지 않는 거야. 사회적 지위와 명예는 말로 표현할 수 없는 엄청난 자부심을 갖게 하지!'

내가 가 보지 못한 길에 대한 동경이었을까? 나도 한 번쯤 가 볼까 고민했던 그 길에 대한 열망이었을까? 하지만 그 길을 가는 과정에 자신이 살아온 모든 것을 순식간에 잃어버리는 사람들을 보았다. 다른 사람을 비방하고 모함하는 사람들도 보았다. 이런 모습들을 보면서 나는 인생 전반을 즐기는 길을 택했다. 나는 웨인 W. 다이어가 알려 준 그 길을 가고 있다.

모치즈키 도시타카의 《보물지도》에 나오는 글이다.

"사람은 태어나서 성인이 되는 20년 동안 가정에서 보통 14만 번 이상의 부정적·소극적·파괴적인 메시지를 샤워기에서 물이 쏟아지듯 받고 산다고 합니다. 하루 평균 20회 정도 듣게 되는 이런 메시지들은 어느새 그 사람의 말투, 사고습관으로 자리하게 됩니다. 결국 이런 습관들이 자동적으로 프로그램화되면서 부정적이고 소극적인 사람이 되게 하는 것이지요.

이는 비극처럼 보이겠지만 이미 그 사실을 알고 있는 당신에게는 기쁜 소식입니다. 이제는 지금까지 능력을 발휘할 수 없었던 이유 하나를 알게 되었으니까요. 이제는 잘못 짜인 프로그램을 수정해 나가는 일만 남았습니다."

"가랑비에 옷 젖는 줄 모른다."라는 속담이 있다. 그렇듯 우리도 부지불식간에 부정의 메시지들을 받으며 살아온 것이다. 그것이 나를 만든 것이다. 이제는 자동적으로 만들어진 그 프로그램을 수정할 시간이다. 나는 아직 프로그램이 다 완성되지 않은 우리 두 딸에게 기회를 주어야겠다고 생각했다. 새로운 프로그램으로 수정하기 위해 나는 우리 가족의 '보물지도'가 필요하다고 생각했다. 가족의 보물지도를 만드는 일이 우리 가족의 제1프로젝트가 될 것이다.

보물지도는 마음속에 있는 꿈을 선명한 이미지로 만드는 것이다. 대뇌생리학과 심리학의 최근 연구에 따르면 머릿속으로 이미지와 비전을 생생하게 그리는 사람일수록 자신이 원하는 인생을 산다고 한다. 이미지와 성공의 관계는 내가 알고 있는 것보다 놀랍게 밀착되어 있었다.

《보물지도》의 저자 모치즈키 도시타카는 서른여섯 살까지 딱히 내세울 만한 경력도 이력도 없었다. 번번이 실패만 거듭했다. 회사에서는 해고당하고 빚까지 진, 평범보다 더 어려운 상황이었다. 하지만 자신만의 보물지도를 만들고 나서 놀랍게도 자신이 원하는 것을 이루었다.

《해리 포터》의 저자 J. K 롤링은 남편과 이혼한 후 어린 딸의 감기약 조차 살 수 없을 정도로 생활고에 시달렸다. 하지만 그녀는 좌절하지 않고 자신이 믿는 길을 향해 걸어갔다. 그러곤 1억 6,000만 부라는 공전의 베스트셀러를 기록한 작가가 되었다.

세계 제일의 부호이자 누구보다 큰 성공을 거둔 사업가 빌 게이츠는 어떤가? 한 신문기자가 그에게 물었다. "당신이 성공한 가장 큰 비결을 가르쳐 주십시오." 그러자 그는 "성공 비결이라면, 큰 비전을 가지고 있었던 것뿐입니다."라고 답했다.

그렇다. 이들의 성공 비결은 그들의 타고난 능력에 있지 않았다. 큰 비전을 마음에 품고, 그것을 이미지화한 그들만의 '보물지도'가 있었기 때문이었다.

가족들과의 식사 자리에서 난 슬며시 모치즈키 도시타카의 《보물지도》를 꺼냈다. 그 책 표지에는 "가족들에게 이 책을 추천합니다."라는 메모를 붙여 놓았다. 처음에 남편은 조금 시큰둥한 반응을 보이기도 했다. 요즘 내가 책을 너무 많이 내밀어서 그런가 보다. 다행히 큰아이는 '보물지도'라는 제목이 매력적으로 느껴진다고 했다. 작은아이는 이지성 작가의 《꿈꾸는 다락방》을 떠올렸다. 생각해 보니 같은 맥락의 책이었다. 이지성 작가도 생생하게 꿈꾸면 이루어진다는 보물지도의 원리를 말하고 있었다.

이지성 작가도 어려웠던 시절 3만 5,000원짜리 컴퓨터 책상을 사고는 거기에서 기도를 올리며 선포했다고 한다.

"나는 여기서 세계로 진출할 것이다. 내 책은 아시아는 물론이고, 미국, 유럽에서도 독자들과 만날 것이다."

결과는 어땠을까. 이지성 작가의 그 기도는 이루어졌다. 꿈꾸면 이루어진다는 공식은 많은 사람들의 운명을 바꾸어 주었다.

생각해 보니 작은아이에게는 중학교 2학년의 꿈 발표 시간에 이지성 작가의《꿈꾸는 다락방》을 주제로 이야기한 경험도 있었다. 꿈을 이미지로 만들고 스스로 선언하면 이루어진다는 큰 비밀을 마음속에 품고서. 다행히 이제 우리 가족은 마음의 준비가 된 것 같다.

아이들이 "보물지도는 엄마나 만드세요. 우린 필요 없어요."라고 말했으면 혼자 외로이 지도를 만들었을 텐데. 다행히 강한 거부 반응은 없었다. 이제 시작하면 되겠다.

"코르크보드 4개 사요."

《보물지도》를 읽은 남편으로부터 반응이 왔다. 마음속으로 쾌재를 외쳤다. 하지만 목소리는 차분하게 대답했다.

"내가 멋진 코르크보드로 알아볼게요."

코르크보드 준비는 보물지도를 만드는 1단계 순서였다. 하지만 《보물지도》의 작가 모치즈키 도시타카는 코르크보드를 준비하느라 시간을 낭비할 필요는 없다고 했다. 최고의 도구를 준비하느라 정말 중요한 것을 놓칠 수는 없기 때문이다.

코르크보드를 사서 먼저 나와 남편이 보물지도를 만들어 보겠다. 그러면 딸들도 자연스럽게 따라오리라 믿는다. 지나친 강요는 하고 싶었던 마음까지도 움츠러들게 할 수 있다. 그러니만큼 소리 소문 없이 엄마 아빠의 보물지도를 공개할 것이다.

우리 가족 각자의 보물지도가 만들어지고, 자신의 보물들이 하나씩 이루어지는 신기한 경험을 나누는 날을 상상해 본다. 보물지도 덕분에 이루어졌다는 이야기, 보물지도는 신기하다는 이야기, 또 다른 보물지도를 만들어 보겠다는 이야기 등….

우리 가족은 자신의 보물지도 이야기를 주변에 전하며 보물지도의 힘을 전파할 것이다. 훗날 우리 가족 누군가에게 "어떻게 그렇게 어려운 일을 해냈어? 대단하다! 그 비결 좀 알려 줄래?"라고 물어온다면 "아! 나에겐 보물지도가 있었어!"라고 하지 않을까.

PART 02

청년들에게 긍정적 사고와 명확한 미래를 알려 주는 메신저 되기

-김덕은-

김덕은 · ◇

약사, 자기계발 작가

중구 명동에서 약국을 운영하고 있다. 작가이자 동가부여가라는 가슴 설레는 꿈을 꾸고 있다. 현재 '부와 성공을 끌어당기는 마음의 법칙'을 주제로 개인저서를 집필 중이다.

프라하에서
3박 4일 자유여행 하기

2017년 12월, 나는 딸과 함께 패키지로 동유럽 여행을 다녀왔다. 재수한 딸이 수능시험을 치른 후인 12월에 다녀왔다. 마침 크리스마스 시즌이라 동유럽의 어느 나라를 가든 광장에 크리스마스 마켓이 열렸다. 패키지여행의 장점은 내가 스케줄을 스스로 계획하지 않아도 된다는 것이다. 또한 각 나라 간의 이동 수단을 걱정하지 않아도 된다는 것이다. 가이드가 출발 시간을 알려 주니 그 시간에 맞춰 버스에 타면 그만이다. 뿐만 아니라 식사 걱정도 없으며 호텔 예약도 따로 하지 않아도 된다.

하지만 분명히 단점도 있었다. 일정을 수행하는 동안 이동 시간이 매우 길다는 것. 쇼핑할 시간도 부족하다는 점. 관광할 시간이 충분하지 않다는 점 등. 대부분의 유명한 관광지에서 인증 샷을 찍을 시간만 주어졌다. 각 도시마다 특유의 아름다운 풍경이 있는데, 이를 만끽할 시간이 충분하지 않다는 것은 꽤나 아쉬운 점 중 하나다. 예를 들어, 가이드가 "이곳을 둘러볼 시간으로 30분을 드리겠습니다."라고 말하면, 주어진 30분

안에 서둘러 탐방을 마쳐야 한다. 그래서 내가 꼭 둘러보고 싶은 곳에 못 갈 수도 있다.

그뿐만이 아니다. 패키지여행의 특성상 방문하는 곳이 비슷하다. 때문에 어딜 가든 한국인 관광객을 심심찮게 볼 수 있다. 예전에 잘츠부르크를 방문했을 때의 이야기다. 당시 먼저 온 한국인 관광객이 너무 많아서 정해진 시간보다 더 늦게 유람선을 탔었다. 유람선을 기다리느라 호숫가의 오리만 실컷 구경했던 기억이 선명하다. 기회가 되면 자유여행으로 도시 곳곳을 충분히 구경하고 싶은 이유다.

동유럽은 다시 가 보고 싶은 곳이다. 내 취향인지는 몰라도, 난 그런 분위기의 장소가 좋다. 옛날 사람들도 그 잘 만들어진 거리, 정교하게 지어진 건축물에서 살았을 것이 아닌가. 참 대단하다는 생각이 든다. 다시 가 보고 싶은 곳이 많지만, 난 프라하에 꼭 가 보고 싶다. 자유여행으로 시간에 쫓기는 일 없이, 여유 있게 방문하고 싶다. 골목을 구석구석 걸으며 그 아름다움을 느껴 보고 싶다.

카렐교 끝에서 본 프라하성은 너무 아름다웠다. 특히, 나란히 맞대고 있는 빨간색 지붕의 건물들 색채가 정말 아름다워 눈을 뗄 수 없었다. 나는 그때 그곳을 마음에 깊이 남기고자 오래오래, 보고 또 보고, 기억에 새겼다.

프라하성에서 약간의 시간이 주어졌을 때, 나는 프라하성의 내부에 위치한 스타벅스에 갔었다. 관광객이 몰리는 시간을 피해 일찍 도착했기 때문에 날씨가 매우 추웠다. 따뜻한 커피 한 모금도 생각난 데다 화장실도 가야 했기 때문이다. 특이한 건 화장실이었다. 얼마나 아래에 있던지. 마치 지하 감옥으로 가는 길 같았다. 그런데 여기서 끝이 아니었다. 그렇게 지하 감옥처럼 깊이 내려가고 나면 스타벅스에서 준 동전을 투입구에 넣어야 했다. 이러한 일련의 과정을 거치고서야 화장실에 갈 수 있었다.

프라하의 풍경을 보며 마시는 커피의 맛은 특별했다. 그 아름다운 풍경 때문인지, 평범한 스타벅스 커피였음에도 내 기억에 특별하게 남아 있다. 돌이켜 보면 프라하는 사랑스러운 풍경이 참 많은 곳인 것 같다.

다시 프라하에 간다면, 세 가지를 꼭 이루고 싶다. 첫째, 트램을 타고 도시 구경하기. 둘째, 프라하의 야경을 오래오래 눈에 담아 두기. 셋째, 프라하 근교의 체스키 크롬로프에 가서 느긋하게 걷기.

인터넷에 '프라하 자유여행'이라고 검색해 보면 다양한 정보를 얻을 수 있지만 혼자서 가는 것은 조금 무리일 것 같다. 그러니 딸이 시간이 된다면, 다시 함께 프라하 여행을 가고 싶다. 딸이 여러 가지로 잘 챙겨 주고, 사진도 열심히 찍어 줘서 참 좋았던 기억이 있다. 여행을 다녀와서는 그때 찍은 동영상을 하나로 편집해 주기도 했다. 그 덕분에 사진으로 보는 것보다 더 오래 프라하 여행을 기억할 수 있었다.

지난번 패키지여행은 12월에 갔기 때문에 프라하의 겨울을 느낄 수 있었다. 크리스마스 마켓도 볼 수 있었다. 크리스마스 마켓에는 각종 음식, 장식품 등이 있었다. 얀 후스 동상을 중심으로 마켓이 형성되었었다.

마켓뿐만 아니라 광장 옆의 천문시계에는 너무 많은 관광객이 몰렸었다.

천문시계는 매 시의 정각을 알려 주었다. 천문시계 안에서는 인형과 12사도를 볼 수 있었다. 정각에 천문시계가 울릴 때 잠깐 모습을 보여 주는 것이다. 지난 여행에서는 제대로 보지 못해서 아쉬웠다. 다음에 자유여행으로 프라하를 간다면 눈을 크게 뜨고 잘 봐야겠다.

카렐교에는 30개의 조각상이 있는데, 그중 네포무츠키의 조각이 유명하다. 네포무츠키의 왼편에 있는 개(犬) 동상의 부츠에 손을 대고 소원을 빌면 그 소원이 이루어진다는 전설이 있다. 붉은색을 자랑하는 구시가지는 제2차 세계대전의 폭격에서 살아남은 곳이다. 그래서 '황금의 도시', '백색의 도시'라는 별명을 갖고 있다.

다음에 프라하를 방문한다면, 봄이나 여름에 가 보고 싶다. 자유여행을 선택해서 내가 원하는 만큼 시간을 보내고, 원하는 호텔에 머물며 원하는 음식을 먹고 싶다.

나는 내후년이면 환갑이다. 여행을 하면서 즐거운 인생을 살려면 건강이 우선이라는 생각이 든다. 더욱 건강하고 행복한 삶을 살기 위해서라도 체중을 줄이고, 비타민을 잘 챙겨 먹어야겠다.

또한 여행을 다니기 위해서는 경제적으로도 자유로워야 한다. 직업에 매이지 않고 자유롭게 시간을 내기 위해서는 현재의 직업 외에 다른 직업도 가져야 할 것 같다는 생각이 든다. 그래서 시작한 것이 현재의 책 쓰기다. 아직 가야 할 길이 많이 남아 있지만, 긍정적으로 생각하며 나의 길을 가려고 한다.

좋은 추억을 선사해 준
레이크 루이스 다시 가 보기

2018년 7월에 우리 가족 4명은 캐나다 로키를 여행했다. 가족 모두가 마음 아픈 일을 경험하고 마음의 쉼을 얻고자 간 여행이었다. 기존에 다니던 교회 목사님의 악한 행적이 드러나면서 우리 가족은 2018년 5월에 그 교회를 떠났다. 그 악한 행적을 내가 직접 본 것은 아니지만, 재판부가 실형을 언도했으니 사실일 것이라 생각한다. 사람의 탈을 쓰고 그런 짓을 할 수 있다니. 배신감, 실망감, 허탈함…. 참으로 기가 막혔다.

그 사건을 알게 된 후, 크나큰 배신감에 몸과 마음이 많이 지쳤었다. 그러나 교회를 나온 후 우리 가족은 더욱 하나가 되었다. 서로를 위로하고, 더 행복하게 살자고 마음먹게 되었다. 그래서 계획했던 것이 가족여행이다. 사람이 붐비는 휴가철을 피하는 게 나을 것 같아 7월에 가족여행을 다녀오게 되었다.

캐나다 앨버타주 밴프에 있는 레이크 루이스는 세계 10대 절경 중

하나다. 19세기 후반 영국 빅토리아 여왕의 네 번째 딸, 루이스 캐롤라인이 캐나다 주지사 론 후작과 결혼하면서 그 호수가 레이크 루이스로 불렸다고 한다. 정면에 보이는 빅토리아 산이 호수를 감싸 안은 듯, 포근함이 느껴지는 호수다. 그러나 12월부터 5월까지는 호수가 얼어 있다고 하니, 에메랄드빛 호수를 만끽하기 위해서는 6월 이후에 방문하는 것이 좋을 것이다.

호수 뒤에는 페어몬트 샤토 레이크 루이스 호텔이 있다. 그런데 이 호텔은 최소 6개월 전에 예약해야 머무를 수 있다고 한다. 또한 평균 1박 숙박 요금이 750달러라고 하니 투숙하기가 쉽지는 않다. 하지만 이 호텔에서만 볼 수 있는 그림 같은 풍경이 있는 데다 호텔 건축물 또한 아름답고 웅장하다. 때문에 전 세계의 관광객들이 앞다투어 예약하는 것 같다. 이 호텔에 머무는 것 또한 나의 버킷리스트 중 하나다.

일본의 뉴에이지 피아니스트 유키 구라모토의 곡, 〈레이크 루이스〉는 상쾌하고 편안함을 주는 피아노곡이다. 곡명에서 예상할 수 있듯이, 그가 레이크 루이스를 보고 그 아름다움에 푹 빠져서 작곡한 곡이다. 나는 관광버스 안에서 그 피아노곡을 몇 번이고 들었다. 아름다운 피아노의 선율이 호수의 풍경과 무척 조화롭게 어우러졌다. 나의 휴대전화 벨소리 역시 피아노곡 〈레이크 루이스〉다. 그 곡을 다시 들을 때마다 황홀했던 레이크 루이스에서의 추억이 떠오른다. 만약 이 글을 보는 독자 여러분 중 레이크 루이스를 방문할 예정인 분이 있다면 꼭 이 피아노곡을 들어 볼 것을 추천한다. 한 번도 안 들은 사람은 있어도, 한 번만 들은 사람은 없을 것이라 장담한다.

에메랄드빛의 레이크 루이스는 믿기지 않을 정도로 아름답다. 예전에 사진으로만 봤을 때도 너무나 아름다웠다. 때문에 꼭 실제로 가 보고 싶었다. 가족여행지로 캐나다를 택한 가장 큰 이유가 바로 레이크 루이스였다. 그곳에 도착하기 위해서는 꽤 긴 시간을 버스로 이동해야만 했다. 하지만 이동 시간이 전혀 지루하지 않았다. 아니, 오히려 기다리는 그 순간마저 설렜다. 마침내 레이크 루이스의 광경을 눈에 담는 순간, 나는 탄성을 지르며 주저앉았다. 이렇게 아름다울 수가! 기다림이 무색할 만큼 절경이었다. 호수의 에메랄드빛으로 인해 마음에 쌓인 나쁜 감정들이 씻겨 내려가는 것이 느껴졌다. 대신 기쁨과 행복, 놀라움만이 내 마음에 가득했다. 신선하고 상쾌한 공기를 내 폐 가득 채운 것은 덤이다. 현장에서 너무 큰 소리로 탄성을 지른 탓에, 놀란 가이드가 무슨 일이시냐고 물어 왔던 일화도 있다. 꿈에 그리던 레이크 루이스! 내 눈으로 에메랄드빛의 호수를 볼 수 있음에 감사, 또 감사했다.

여행을 통해서 우리 가족은 좋은 추억을 가지게 되었다. 여행은 우리 가족의 마음에 쌓인 나쁜 감정, 배신감 등을 씻어 주었다. 아이들이 각기 가정을 가지게 되면, 4명이서 이렇게 여행을 같이 다니는 것도 쉽지 않을 것이다. 아이들이 독립하기 전, 가족여행을 더 다니고 싶다. 남편과 나는 직장에 다니기 때문에 설날, 추석 등의 연휴에 주로 여행을 간다. 그런데 명절에는 패키지여행의 가격이 비싼 것이 흠이다. 딸이 만들어 준

여행 동영상을 보면, 행복한 감정이 느껴진다. 끌어당김의 법칙에서는 행복한 마음을 유지하는 것이 중요하다고 했다. 그런데 여행은 그것을 가능하게 하는 요인 중 최고임에 틀림없다.

다시 레이크 루이스에 가게 되면 꼭 페어몬트 샤토 레이크 루이스 호텔에 투숙하고 싶다. 레이크 뷰 라운지 창을 통해 레이크 루이스를 보며 애프터눈 티 세트를 먹고 싶다. 지난 여행에서는 레이크 루이스에서의 자유시간이 1시간밖에 되지 않아 충분히 호수를 둘러보지 못했다. 다음번에는 여유롭게 호수 주위를 걸으며 아름다운 자연을 눈과 마음에 담고 싶다. 또한 여름에 가게 되면 카약을 타 보고 싶다. 겨울에 간다면 꽁꽁 언 호수 위를 걷고 싶다. 다음에 가게 된다면 평안한 마음으로 레이크 루이스의 경치를 만끽하고 싶다.

뿐만 아니라 밴프에는 레이크 루이스 외에도 여러 가지 아름다운 호수가 있다. 그중 영화 〈늑대와 춤을〉을 촬영한 호수가 무척 아름답다. 탁 트인 절경과 영롱한 호수의 물 빛깔, 우람하고 건장한 나무들로 둘러싸인 그곳에서 피크닉을 즐기고 싶다. 실제로 내가 방문했을 때도 많은 사람들이 가족 단위로 그곳에 둘러앉아 행복한 피크닉을 즐기고 있었다. 피부로 느껴지는 선선한 바람, 눈에 가득 담기도록 아름다운 자연, 맛있는 음식 그리고 사랑하는 가족들. 그것만 있으면 그 무엇도 부럽지 않을 것이다.

설렘이 가득한
크루즈여행 하기

　나는 여행하는 것이 즐겁고 행복하다. 국내로 가든 해외로 가든, 여행은 나로 하여금 자연이 주는 평안과 행복을 느끼게 한다. 현재 나는 약국을 경영하고 있다. 월요일부터 토요일까지, 일주일에 총 6일을 근무한다.

　나의 약국은 건물의 8층에 위치해 있다. 그리고 건물의 내측에 자리 잡아 창문이 없다. 그러니 밖의 날씨를 볼 수 없다. 비가 오는지, 눈이 오는지도 약국에서는 알 수 없다. 가끔 비상계단에 나가 봐야지만 날씨를 알 수 있다. 한마디로 나의 근무 환경은 약간 답답하다. 그런 탓인지 몰라도 약국에서 일하고 있다 보면 따스한 햇살과 시원한 바람을 느끼며 여행하고 싶은 마음이 간절해진다.

　뿐만 아니라 유전적인 요소도 있다고 생각한다. 나의 아버지께서는 여행을 무척 좋아하신다. 정기적으로 해외여행을 즐기신다. 나의 아버지는 중앙대학교 약대를 졸업하신 후 약사가 되셨다. 이후 약국을 경영하시며 해외여행을 다녀오셨다. 특히 아버지께서는 여행지에 대해 철저하게 공부하시는 편이다. 아는 만큼 보인다고 하시면서. 이러한 가르침 덕에 나도 늘 여행지에 대해 미리 공부하고 여행을 떠난다. 배경지식을 미리 익히고 갈 때 같은 장소라도 많은 이야깃거리가 떠올라서인지 여행이 더욱 즐겁다.

여행을 좋아하는 만큼 여행 관련 동영상을 보는 것도 내게는 즐거운 일 중 하나다. 그래서 업무가 한산할 때는 관련 유튜브를 자주 본다. 그러던 중 보게 된 것이 〈권마담TV〉 채널이었다. 나는 그동안 크루즈여행을 했으면 하는 소망을 가지고 있었다. 그런데 〈권마담 TV〉는 크루즈여행에 대해 내가 궁금해하던 내용을 하나하나 잘 설명해 주었다. 그래서 약 한 달가량은 〈권마담TV〉를 즐겨 봤다. 유튜브 영상을 통해 크루즈여행에 대해 알아 갈수록 소망은 더욱 간절해졌다. 또한 그 영상을 보는 시간만큼은 마치 내가 크루즈여행을 하는 것처럼 행복했다.

그러다 유튜브를 통해 처음 접했던 권마담이 작가이자 사업가이며 동기부여가라는 사실을 뒤늦게 알게 되었다. 그녀의 이야기를 들으며 나는 크루즈여행에 대한 용기를 갖게 되었다. 그리고 여행사를 통해서가 아닌 개인으로 크루즈를 예약했다. 싱가포르 항구에서 출발해서 말레이시아 클랑, 페낭을 경유한 후 다시 싱가포르로 오는 4박 5일의 일정으로 결정했다. 크루즈여행은 처음인 만큼 기대와 설렘이 공존했다.

내가 버킷리스트를 처음 쓴 것은 20년 전이었다. 그 당시 머피의 법칙에 관심이 많았기 때문에 버킷리스트를 작성했다. 버킷리스트 첫 번째 항목이 '초호화 유람선 타기'였다. 정말 간절한 목표였기 때문에 꼭 이루고 싶었다. 신문에서 크루즈 선박 사진을 오려서 오랫동안 간직하기도 했다.

크루즈를 타면 해 보고 싶었던 것이 배 난간에 서서 남편과 함께 시원한 바람을 맞는 것이었다. 그 오랜 소망이 마침내 2020년 1월 이뤄졌다. 2020년 1월 25일, 남편과 함께 선박의 꼭대기인 15층 난간에 서서 일출을 보았다. 그 당시 남편은 몰랐겠지만, 나는 행복한 마음에 웃고 있었다. 소망이 현실로 이루어졌기 때문이다.

버킷리스트가 실현되기까지 20년이 걸렸다. 왜 이렇게 긴 시간이 걸렸는지 깊이 생각해 보니 그 이유를 찾을 수 있었다. 남편과의 사이가 좋지 않을 때는 그런 소망을 생각도 하기 싫었다. 그러다 근래 사이가 좋아져서 그 버킷리스트를 이루는 상상을 했다. 그러다 보니 시간이 오래 걸린 것 같다. 다시 말해 버킷리스트를 적은 것은 20년 전이지만, 그것을 생생하게 상상한 것은 최근의 몇 년밖에 되지 않았던 것이다. 때문에 이뤄지는 데 다소 시간이 걸렸던 것이다. 성경에 이르기를 원수도 사랑하라 했다. 그런데 원수도 아닌 남편을 좀 더 이해했더라면 꿈이 더 빨리 이뤄졌을 것 같은 생각이 든다.

꿈에 그리던 생애 첫 크루즈여행은 로열 캐리비안 사의 퀀텀 호 (Quantum of the Seas)로 2020년 1월 24일부터 28일까지 4박 5일 일정으로 이루어졌다. 크루즈 출발지는 싱가포르였다. 인천공항에서 싱가포르 창이공항까지 대한항공 비행기를 타고 이동했다. 또한 창이공항에 도착해서 항구까지는 그랩(Grab)이라는 어플로 예약한 택시를 타고 이동했다. 그랩(Grab)이란 해외의 카카오택시 같은 어플이다. 출발지와 도착지를 정한 후에는 이동거리에 맞는 요금을 미리 확인할 수 있어 편리하다. 공항에서 항구까지 한화로 약 2만 원을 지불했다.

우리는 정오쯤 수속을 마친 후 퀀텀 호에 승선했다. 점심식사는 14층에 위치한 뷔페식당에서 했다. 14층에 위치한 이 뷔페식당은 양쪽이 큰 통유리로 되어 있는 만큼 탁 트인 시야를 자랑한다. 우리는 바다가 잘 보이는 창가에서 점심식사를 마쳤다. 크루즈에는 숙박시설은 물론, 맛있는 뷔페와 정찬 레스토랑, 24시간 이용 가능한 스낵바가 있다. 뿐만 아니라 룸서비스로 아침식사를 주문할 수도 있다. 각종 공연 및 재미있는 프로그램도 매일 다양하게 펼쳐진다.

기항지에 도착해서는 기항지 관광도 할 수 있다. 우리는 말레이시아 페낭에서 2층 관광버스를 타고 시내 관광을 했다. 그중 보태니컬 가든(Botanical Garden)이라는 식물원을 방문했다. 그곳 입구에서부터 무척 향기로운 냄새가 풍겼다. 나는 그 향기가 외국 관광객의 향수 냄새인가 했었다. 그런데 그 향기는 포환 나무(Canon ball tree)의 꽃 향기였다. 그 꽃으로 만든 향수 또한 시중에서 판매되고 있다는 사실을 알게 되었다. 처음 맡아 봄에도 무척이나 은은하고 우아한 향이어서 기억에 강하게 남았다.

4박 5일 동안 가족과 함께 많은 대화를 나눌 수 있어서 좋았다. 다시 크루즈여행을 하게 된다면 알래스카 지중해로 가고 싶다. 일찍 일어나 바다를 보고, 러닝머신에 올라 아침 운동을 즐기고 싶다. 또한 사람이 많이 몰리는 인기 공연은 미리 예약해서 꼭 놓치지 않고 관람하고 싶다.

이번 크루즈여행에는 댄스파티를 즐길 수 있는 시간이 있었다. 라인댄스를 배울 수 있는 시간도 있었다. 나는 춤을 잘 추지 못해서 이를 충분히 즐길 수 없어 아쉬웠다. 다음번에는 미리 춤 연습을 하고 갈 것이다. 그래서 댄스파티도 즐기고 다양한 라인댄스도 배워 보고 싶다.

캠핑카 사서
많은 곳을 여행하기

캠핑카는 장기간의 여행이 가능하도록 침대와 싱크대, 가스레인지, 화장실 등 다양한 생활 설비를 갖춘 차량이다. 자동차와 숙소가 결합된 것이다. 캠핑카는 눈에 담고 싶은 아름다운 자연 풍경이 있는 곳에 주차하고, 숙박할 수 있다는 장점이 있다. 또한 원하는 여행지에 도착해서 쉴 수 있는 생활공간이다. 때문에 성수기에 숙소를 따로 예약하지 않아도 된다.

캠핑카의 종류로는 캠핑 트레일러(Camping trailer), 모터 카라반(Motor Caravan), 트랙 캠퍼(Track Camper) 등이 있다. 캠핑 트레일러는 자동차 뒤의 연결 장치를 이용해 차량을 끌고 다니는 것이다. 750킬로그램 이상일 경우 별도의 면허 취득과 트레일러 등록이 필요하다고 한다. 모터 카라반은 주거시설과 차체가 일체되어 있는 것이다. 기존의 승합차를 기반으로 숙소처럼 개조한 차다. 트랙 캠퍼는 자동차와 캠퍼를 분리할 수 있도록 제작된 것이다. 트럭을 보유하고 있다면 차를 별도로 구입하지 않아도 된다. 또한 별도의 면허가 필요하지 않다. 1종 보통면허가 있으면 구입할 수 있다.

요즘 짐을 차에 싣고 떠나는 캠핑이 유행하면서 캠핑카 문화도 점점 확산되는 추세다. 2017년 동기 대비 '차박'(車泊; 자동차에서 잠을 자고 머무는 여행) 캠핑이 71% 증가했다. 캠핑카는 27%, 미니멀 캠핑은 17%, 캠프닉은 13% 증가했다. 자연 속에서 힐링을 추구하는 여행이 유행하는 만큼 캠핑카는 계속해서 인기가 높아질 전망이다.

차박이란 숙소를 잡지 않고 차에서 숙박하며 여행한다는 의미다. 눈이나 비가 와도 차 안에서 식사와 숙박이 가능한 것이 장점이다. 평상시 운전하던 차를 잘 수 있게끔 꾸미고 캠핑 용품만 갖추면 언제든 떠날 수 있다. 아예 차박형으로 출시된 차도 있다. 반면 모터홈 캠핑카는 차량이 큰 만큼 주차 및 이동 시에는 불편할 수 있다고 한다. 그러나 장박(長泊)을 할 경우에는 더 많은 내부 시설을 갖추고 있는 만큼 차박형 캠핑카보다는 편리하다고 한다. 국내에는 캠핑카 제작업체도 많고, 캠핑카를 대여해 주는 곳도 있다.

나는 여행이 좋다. 일상에 지친 몸과 마음이 자연을 보면 치유되는 기분이 든다. 요즘 여러 여행 동영상을 보며 캠핑카에 관심을 갖게 되었다. 그러던 중 약국을 방문한 손님과 각종 여행을 다녀온 이야기를 나누게 되었다.

그분은 가을이면 꼭 칠갑산 장곡사에 다녀오신다고 했다. 어떤 풍경을 자랑하는 곳인지 궁금해서 인터넷으로 '칠갑산 장곡사'를 검색해 보니 가을 풍경이 무척 아름다웠다. 그 후로 나는 국내 여행지에 대한 궁금증이 생겨서 국내 여행 명소 여러 곳을 검색했다. 뿐만 아니라 우리나라 여행지에 대해 소개하는 책을 사서 읽어 보았다. 그런 뒤에 남편과 함께 당일치기 국내 여행을 시작하게 되었다.

남편과 나는 직장생활을 하고 있으므로 주말 이외에 시간을 따로 내기가 매우 힘들다. 그래서 주말이나 공휴일을 이용한 당일치기 여행을 주로 하게 되었다. 캠핑카에 대한 관심은 이러한 상황에서 비롯되었다. 짧은 시간 안에 많은 것을 눈에 담아야 하기 때문에 보다 편리하고, 시간 대비 효율적인 이동수단이 필요했기 때문이다.

현재는 11인용 이상의 승합차로 된 캠핑카를 판매할 수 있기 때문에 경차로 캠핑카를 만들기가 불가능했다. 하지만 2020년 3월부터는 관련 법 개정으로 인해 경차 캠핑카도 출시될 것이라고 한다. 올해 기아 사의 레이 캠핑카 '로디'가 출시될 예정이라고 한다. 로디는 폴란드어로 아이스크림이라는 뜻이다. 작아도 있을 건 다 있다. 하지만 내부가 크지 않다 보니 혼자 또는 2명이서 캠핑하기에 좋을 듯하다. 또한 캠핑카임에도 부담스럽지 않은 가격으로 출시될 예정이라고 하니 금상첨화다.

캠핑카가 있다면 여름에는 원하는 곳에 가서 신선한 공기를 마시며 맑은 물에 몸을 담그고 싶다. 밤에는 별들이 무리 지어 있는 곳에서 반짝이는 별들을 눈에 가득 담고 싶다. 또한 함께 여행을 떠나는 사람과 맛있는 커피를 마시면서 그동안 밀린 이야기를 나누고자 한다. 가 보고 싶은 여행지로는 청옥산 육백마지기, 칠갑산 장곡사, 예당저수지 출렁다리, 추사 고택, 치악산 휴양림 등이 있다.

올해, 가족과 여행하며 느낀 점이 있다. 건강해야지만 즐거운 여행을 할 수 있다는 것이다. 최근에 다녀온 크루즈여행 도중에 남편이 근육통을 호소했다. 단순한 근육통인 줄 알았는데 시간이 지나면서 발진이 온몸에 돋는 것이었다. 대상포진이었다. 그런데 외국이라서 약을 사는 것이 쉽지 않았다. 준비해 간 비타민과 영양보충제로 버틸 수밖에 없었다. 점점 심해지는 통증에 남편은 기항지 투어조차 함께하지 못했다. 아쉬움이 많이 남았던 여행이다. 이러한 경험을 통해 즐거운 여행을 위해서는 건강이 필수라는 것을 깨달았다. 또한 나이를 더 먹기 전에 많은 곳을 여행해야겠다는 생각이 들었다.

군대에서 강연하며
청춘에게 희망 불어넣어 주기

　나는 중학교에서 고등학교로 진학하면서 성적이 많이 떨어졌었다. 공부를 게을리했던 것도 아닌데 성적이 좋지 않았다. 고등학교 3학년 시절, 부모님은 맏딸인 나에게 수학과 영어 과외도 시켜 주셨다. 그래도 성적은 그다지 좋지 않았다. 대학 입학 예비고사를 치른 후, 가고 싶은 대학의 학과에 소신 지원했다가 낙방했다. 조금 융통성 있게 지원했더라면 재수를 하지 않고도 대학교에 진학할 수 있었을 텐데 말이다.

　그 후 나는 공부가 하기 싫어서 1년 동안은 취직을 염두에 두고 이것저것 배우러 다녔었다. 그렇게 다양한 것들을 배웠지만 취직에는 실패했다. 그래서 그다음 해에 다시 공부를 시작해서 대입 시험에 도전했다. 1차에는 낙방했으나 다행히 2차 대학에 합격해서 현재의 모교를 다니게 되었다.

　그 당시의 나는 현실에 치여 부정적인 생각으로 가득 차 있었다. 그때 내가 명확한 꿈과 긍정적인 사고를 가졌다면 더 나은 미래를 쟁취할 수 있었을 텐데. 그 부분이 다소 아쉽다. 그래서 나는 청년들에게 긍정적 사고와 명확한 미래에 대해 이야기해 주고 싶다. 나와 같은 실수를 범하지 않게끔 도와주고 싶은 마음이다.

2017년, 그동안 내가 속해 있던 교회 목사의 추악한 범죄 행각이 수면 위로 드러났다. 인간으로서 도저히 범할 수 없는 범죄를 저지른 사실을 알고 난 후, 나는 큰 충격에 빠졌다. 허무함과 배신감 그 자체였다. 나는 그 사건을 계기로 마음공부에 관심을 가지게 되었다.

2019년에는 유튜브 〈김도사TV〉를 통해서 '네빌 고다드'를 알게 되었다. 김도사가 가르쳐 준 네빌 고다드의 책 4권을 읽고 나는 나의 의식이 새롭게 확장된 것을 느낄 수 있었다. 이를 통해 하나님은 외부에서 찾는 것이 아닌, 내부에서 찾는 것임을 알게 되었다. 또한 상상이 현실을 창조한다는 것, 느낌이 상상의 비밀이라는 것도 알게 되었다. 네빌 고다드의 책이 나에게 많은 교훈을 준 셈이다.

우리나라 청소년들은 외국 청소년들에 비해 얼굴이 많이 어두워 보인다. 추측컨대 입시제도로 인한 부담감이 그들의 어깨를 무겁게 하고, 얼굴을 어둡게 하는 것 같다. 힘듦에 있어 타국의 추종을 불허하는 입시제도가 청소년들의 꿈을 앗아 간다고 생각한다. 뿐만 아니라 학생들에게 견디기 힘든 스트레스와 심적 부담감 또한 안겨 준다고 느끼고 있다.

2013년 이후, OECD 국가 중 부동의 자살률 1위 국가가 바로 한국이라고 한다. 뿐만 아니라 2018년 10~30대 사망 원인 중 1위가 자살이라고 한다. 특히 10대와 20대의 자살과 연예인의 자살에는 연관성이 있다고 한다. 유명 연예인의 자살 사건이 보도된 후에 청소년들의 자살률이 급증한다는 연구 결과가 있다. 참으로 안타까운 일이 아닐 수 없다.

어렵게 원하는 대학교에 입학한다고 해서 스트레스가 멈추는 것은 아니다. 요즘은 대학생들이 취업을 위해 1학년 때부터 학점 관리에 돌입한다고 한다. 대학생활의 낭만을 맛보기도 전에 취업을 위한 스펙 쌓기에 여념이 없는 것이다. 뿐만 아니라 어릴 적의 다채롭던 꿈들은 사라지고, 안정적인 직장을 얻기 위해 너도나도 공무원 시험에 뛰어들고 있다. 공무원 시험을 준비하는 공시생의 숫자는 나날이 늘어 가지만, 합격률은 매우 낮다. 100명 중 2명만이 공무원 시험에 합격한다고 한다. 낙타가 바늘구멍에 들어가는 것만큼 어려운 것이다. 이것이 현재 청년들의 현실이다. 그들은 끝없는 경쟁에 내몰리고 있다.

청년 실업난이 갈수록 심해지는 추세다. 뿐만 아니라 사회·경제적 압박으로 인해 연애, 결혼, 주택 구입 등 많은 것을 포기하고 있다. 그런 세대를 지칭하는, 'N포 세대'라는 신조어가 생겨난 지경이다. 3포 세대(연애, 결혼, 출산 포기), 5포 세대(연애, 결혼, 출산, 내 집 마련, 인간관계 포기), 7포 세대 (연애, 결혼, 출산, 내 집 마련, 인간관계, 꿈, 희망 포기) 등 그 종류도 무척 다양하다. 참으로 안타깝고 슬픈 현실이다.

그래서 나는 작가이자 동기부여가로서 꿈을 잃은 세대에게 꿈과 희망을 불어넣어 주겠다는 꿈을 갖게 되었다. 내가 군대에서 강연하기를 꿈꾸는 이유가 있다. 군대에서 복무하는 20개월이 그들에게 새로운 꿈과 희망을 주는 시간이 되기를 소망하기 때문이다. 내가 책을 통해 얻은 귀중한 교훈들과 잠들기 전 시간을 현명하게 쓰는 방법을 가르쳐 주고 싶다.

내가 그들에게 알려 주고 싶은 또 다른 것은 다음과 같다. 원하는 것들을 보기 위해서는 원하는 상태에만 의식을 놓아야 한다는 것. 예를 들어, 현실의 나는 아직 취업을 준비하는 사람이더라도 '이미 원하는 기업에 합격하고 사원증을 목에 건 상태'에 의식을 두고 그것만 계속해서 생각하는 것이다. 또한 소망을 이루기 위해서는 나 자신을 사랑하는 것이 먼저라는 것도 이야기해 주고 싶다. 이러한 마음 훈련, 생각 훈련을 통해 나 자신을 더욱 단련시키는 것이 중요하기 때문이다.

PART 03

원하는 것은
모두 누리는
후회 없는
삶 살기

-이채윤-

이채윤

식문화연구가, 강연가

고려대학교 일반대학원 가정교육학 박사과정 중으로, 대한생활습관의학회 회원이며 서울식문화연구원 대표로 재직 중이다. 현재 국제로타리 3640지구 사무차장으로 활동 중이다. 작가이자 강연가로 세상 사람들에게 건강한 식생활을 알리는 활동을 하고 있다. 현재 '젊음을 유지하는 건강한 식사법'을 주제로 개인저서를 집필 중이다.

책을 써서
나를 브랜딩하기

나의 어머니의 예기치 않은 죽음은 나를 완전히 바꿔 놓았다.

편찮으시다는 연락을 받고 달려간 친정집에 어머니는 수척해진 모습으로 힘없이 앉아 계셨다. 언제나 에너지가 넘치던 분이셨는데…. 내 어머니라고 믿기지 않을 만큼 병색이 짙었다.

검사 결과는 나쁘게 나왔지만 자식들은 희망을 놓지 않았다. 환자의 CD를 들고 이른바 명의들을 찾아 나섰다. S의료원과 H병원, S대학병원을 찾아다녔지만 모두 치료가 힘들다고 했다. 절망적인 답만 돌아올 뿐이었다. 어머니는 말기 간암에 3개월의 생존 선고를 받았다. 이렇게 짧은 기간 동안에 어떻게 이리되셨을까 믿기지 않았다.

나는 그길로 아버지와 함께 어머니를 집으로 모셔 왔다. 안방을 내어드리고 내 손으로 직접 식사도 챙기면서 보살펴 드렸다. 어머니는 그 후 9개월을 더 사시고 우리 곁을 떠나셨다.

어머니의 죽음 이후, 나는 나의 열정과 목적이 이끄는 길로 들어서게 되었다. 그동안 나는 '내가 원하는 삶을 살아왔는가'라는 질문에 '그렇다'라고 대답할 수 없었다. 결혼 후 외며느리로 살면서 나의 삶에는 늘 시댁이 먼저였다. 친정 부모님에게는 다른 형제들이 있다. 그러니 나는 나중에 잘하리라 생각하면서 살아왔었다. 그러나 부모님은 기다려 주시지 않았다. 후회가 무겁게 내 마음을 짓눌렀다.

때가 되면 나도 뭔가 의미 있는 삶을 살고 싶었다.

결혼 후 나는 한 집안의 며느리로서 남편을 내조하고 아이들을 키우며 살았다. 그러다 보니 이채윤이란 사람은 점점 옅어져 갔다. 아내, 며느리, 엄마라는 이름으로 살아졌다. 그러다 아이들이 모두 성장하고 비로소 나를 돌아보는 시간을 맞닥뜨렸다. 나는 사람들 앞에 내 이름으로 당당히 서고 싶어졌다.

2년 전 두 아이가 모두 독립해서 혼자만의 시간을 갖게 되었다. 내가 경험해 온 지난 일들을 차례로 정리해 보는 시간이 책을 쓰는 것으로 이어지고 있다. 그동안 관심을 가지고 공부해 왔던 식생활을 주제로 삼아 책 쓰기부터 시작하기로 결심했다. 책 쓰기를 통해 그동안 내가 경험한 것을 사람들과 나누려고 한다. 변화해 가는 식생활에 어떻게 적응해 가면서 살아왔는지, 또 앞으로 어떻게 살아 나갈 것인지 고민해 보는 시간을 갖고자 한다.

틈틈이 읽어 온 책들은 식품 관련 전문서적들이 대부분이다. 그래도 종종 베스트셀러로 선정된 책들을 읽게 된다. 그 저자들의 생각과 철학이 담겨 있는 다양한 책 중에 특히 감명 깊게 읽었던 책들과 저자들을 소개해 본다.

《성공해서 책을 쓰는 게 아니라 책을 써야 성공한다》의 저자 김태광 작가, 《당신은 드림워커입니까》의 저자 권동희 작가, 《꿈이 있는 아내는 늙지 않는다》의 저자 김미경 작가, 《꿈꾸는 다락방》의 저자 이지성 작가, 《내가 확실히 아는 것들》의 저자 오프라 윈프리 등.

그들은 모두 힘들었던 지난날을 극복하고 성공한 삶을 살고 있다. 그리고 모두 책을 펴냈다는 공통점을 갖고 있다. 이들의 글을 읽다 보면 어쩌면 나의 이야기 같기도 하다. 가까운 이웃의 이야기 같기도 하다. 이처럼 별로 특별할 것 없는, 누구나 갖고 있는 기억의 조각일 뿐이다. 그런데도 어떤 사람들은 그것을 잘 다듬고 정리해서 책으로 펴낸다. 그저 무심히 세월을 흘려보내며 사는 사람들도 있다. 그런가 하면 어떤 사람은 지난날의 기억들에 의미를 부여하고 슬픈 일이나 행복했던 기분을 글로 표현하고 정리해서 책으로 낸다. 그렇게 자신을 브랜딩해 강연의 연사로 초대받기도 한다. 사람들과 소통하며 많은 돈을 벌기도 한다.

그들의 이야기를 읽으면서 나도 그렇게 해 보고 싶다는 생각을 해 본다. 내가 과연 할 수 있을까?

나를 브랜딩하는 가장 빠르고 좋은 방법은 책을 쓰는 것이다. 사람은 누구나 자신만의 영감과 지혜를 갖고 있다. 지금 어떤 사람은 나의 경험이야기를 절실히 필요로 하고 있을지도 모른다.

책 한 권을 쓴다고 해서 당장 세상에 알려진 유명 전문가가 되진 않을 것이다. 하지만 열정을 가지고 차근차근 배워 가면서 목적이 이끄는 길로 나아갈 것이다. 그러다 보면 지난날 내가 세웠던 내 삶의 목표점에 반드시 도달할 것이라고 믿는다. 내 이름이 브랜딩된다면 내가 경험한 일을 사람들에게 알려 줄 기회가 생기게 될 것이다. 나는 나를 믿고 따르는 사람들이 성공하도록 도울 것이다. 그들에게 정보를 제공하고 그 대가를 받을 수 있을 것이다. 그렇게 나는 점점 더 성장해 나가고 안정된 수입을 보장받게 될 것이다. 상상하는 것만으로도 설레고 흥분된다.

지난 25년간 친환경 식재료 소비자 운동을 했다. 그러면서 건강한 식재료에 대해 고민해 왔다. 아이들은 대부분 친환경 식재료로 직접 만들어 먹이고 키웠다. 두 아이 모두 누구보다 건강하고 체력도 좋다. 음식이 인체에 미치는 영향이 얼마나 큰지 아이들을 통해서 느낀다. 적어도 체력이 부족해서 공부를 못하겠다는 말은 들어 본 일이 없다.

나는 요즘 그동안 쌓아 온 나의 경험과 지식을 바탕으로 지속 가능한 식생활에 대해 강연하고 있다. 조금씩 강의 요청이 들어오고 있다. 사람들 앞에 서서 나의 경험을 나누는 그 시간이 즐겁고 보람되게 느껴진다. 앞으로 책을 펴내고 이름이 나면 더욱 많은 사람들에게 도움을 줄 수 있을 것이다.

건강의 칠 할은 음식이라고 말한다. 100세 시대에 살고 있는 현대인들에게 음식을 잘 선택하고 먹는 일은 정말 중요하다. 그저 오래 산다는 건 의미가 없다. 건강하고 보다 젊은 모습으로 활기차게 오래 사는 것이 중요하다고 생각한다. 그러기 위해서는 적당한 운동과 건강한 생활습관도 중요하다. 하지만 무엇보다 어떻게 먹고 사느냐 하는 것이 핵심이다.

그동안 내가 해 온 공부와 경험을 통해서 나는 그 비밀을 잘 알고 있다. 그것을 집필 중인 책《100세 건강의 비결은 음식에 있다》에 모두 풀어낼 것이다. 수많은 사람들이 읽고 보다 젊고 건강하게 살아가기를 바란다.

어린 시절부터 나는 남을 돕는 일을 꾸준히 해 왔다. 앞으로도 나는 나에게 도움을 받으려는 이들을 도울 것이다. 나를 필요로 하는 곳이라면 어디든 주저하지 않고 갈 것이다. 그래서 언젠가 내 생을 마감할 때 세상에 조금이라도 도움이 되어서 만족스러웠다고, 한평생을 후회 없이 살았다고 말하고 싶다.

내면과 외면
모두 아름답게 나이 들기

독일 프랑크푸르트에서는 매년 2월이면 세계 최대 소비재박람회 '앙비앙떼(Ambiente)'가 열린다. 그릇을 좋아하는 나는 세계적인 명품 도자기 브랜드인 마이센과 헤런드, 로열코펜하겐, 로젠탈 등의 신상품을 직접 보고 싶었다. 그래서 어느 해인가 독일 프랑크푸르트로 날아갔다.

그러곤 매일 전시장을 돌며 하루를 보내고 호텔로 돌아왔다. 그렇게 사흘쯤 반복하던 날이었다. 그날도 일찌감치 호텔 조식을 먹고 서둘러 전시장으로 향했다. 전시장인 '메세'에 도착해서 부지런히 전시 부스를 돌아보던 중이었다. 문득 조명전시관 한쪽에서 은발의 노인을 보게 되었다.

그녀의 나이는 족히 일흔은 되어 보였지만 눈을 뗄 수 없을 만큼 아름다웠다. 어떻게 노인이 저렇게 아름다울 수가 있을까? 바른 자세와 세련된 옷차림, 젊은 여자에게서는 볼 수 없는 노련한 제스처. 그리고 풍부한 표정. 정지화면처럼 넋을 놓고 바라보고 있는 나를 발견한 그녀가 내게 인사를 건넸다. 그 순간 나도 모르게 그녀에게 "당신은 너무 아름다워요."라고 말해 버렸다.

독일에서 돌아온 후에도 한동안 그녀의 모습이 잊히지 않았다. 그리고 생각했다. '나이가 들어도 여자로 살 수 있구나, 아름다울 수 있구나. 나도 그녀처럼 살아야겠다. 나의 일을 꾸준히 하면서 멋지게 늙어 가야겠다'라고.

아름답게 사는 사람은 자신의 일을 열심히 하고 외모를 매력적으로 가꾸며 남을 배려하고 남과 나누면서 사는, 향기가 나는 사람을 말할 것이다. 바로 사랑과 봉사의 아이콘이자 세계적인 배우 오드리 헵번 같은. 그녀는 생이 다하는 날까지 희생과 봉사를 실천하며 살았다. 그녀가 남긴 말이다.

매혹적인 입술을 갖고 싶으면
친절한 말을 하라.
사랑스러운 눈을 갖고 싶으면
다른 사람의 좋은 점을 보아라.
날씬한 몸매를 갖고 싶으면
네 음식을 나누어라.
윤기 나는 머리카락을 갖고 싶으면
하루에 한 번 아이의 손으로

쓰다듬게 하라.

아름다운 자세를 갖고 싶으면

네가 결코 혼자 걷지 않음을

명심하며 걸어라.

기억하라.

만약 네가 도와줄 수 있는

손이 필요하다면

너희 팔 끝에 달린 손을 이용해라.

네가 더 나이를 먹는다면,

너의 손이 2개란 걸 알게 될 것이다.

한 손은 너 자신을 위한 손이고,

다른 한 손은 남을 위한 손이다.

그녀는 외모만 아름답지 않았다. 그녀는 어떤 상황에서도 기죽지 않고 당당했다. 덜 배운 사람들과도 잘 어울렸다. 길게 말하지 않아도 '난 당신을 이해합니다'라는 눈빛을 보냈다. 진정한 아름다움이란 이런 배려와 이해심에서부터 자연스레 배어나는 것이 아닐까.

나의 어머니는 평생을 봉사하며 나보다는 남을 먼저 배려하고 돕는 삶을 살아오셨다. 1970년대 한국 여성들 사이에 혁신적 변화를 불러일으킨 새마을운동이 있었다. 특히 새마을부녀회의 활동은 양성평등 의식을 고취시키고 지역사회의 발전을 견인했다는, 유네스코 심사위원회의 평가가 있다. 나의 어머니는 당시 작은 소도시를 대표하는 새마을부녀회 총회장으로 활동하셨다. 지역사회 주민 조직의 리더 역할을 하신 분이셨다.

어머니가 주변 사람으로부터 진심으로 존경받고 계시다는 느낌을 받은 적이 있다. 지금도 또렷하게 기억이 나는 장면이다. 하루는 어머니와 손을 잡고 길을 걷고 있었다. 그날은 중학생이 되는 내가 처음으로 교복을 입고 나선 날이었다. 그때 지나가던 학부모님들이 어머니 주위로 모여들면서 나를 보곤 "따님인가 봐요. 어머니를 꼭 닮았어요."라고 말하는 것이었다. 어머니를 바라보는 그들의 눈빛을 보면서 어린 나에게도 내 어머니가 참 빛나는 분이라는 생각이 들었다.

어머니의 영향 탓인지 학창시절부터 나는 늘 봉사하는 그룹에 속해 있었다. 현재는 국제로터리클럽 3640지구에 소속되어 활동하고 있다.

로터리안들은 정기모임을 통해 위험에 처한 어린이, 빈곤과 기아, 환경, 문맹, 폭력 등 중요한 이슈들을 해결하기 위한 지역사회 봉사 프로젝트들을 개발한다. 뿐만 아니라 청소년 프로그램을 지원하고 학생, 교사를 비롯해 기타 전문인들에게 교육과 국제 교류의 기회를 제공한다. 각 클럽은 소속되어 있는 지역사회의 어두운 면을 밝히는 일을 찾아 나서고 있다.

보고 배운 대로 산다는 말이 있다. 이런 나의 삶의 태도는 어머니가 내게 물려준 소중한 유산이라고 생각한다. 앞으로도 나를 필요로 하는 곳이라면 어디든 찾아가서 도우며 살려 한다.

누군가를 돕는 일은 자존감을 높여 주고 자신을 사랑하는 좋은 방법이다. 받는 것보다 주는 마음이 더 기쁘다는 것은 경험해 보면 알 수 있다. 이것도 일종의 중독이다. 기쁜 마음으로 즐겁고 행복하게 세상을 살아 나가는 방법이다. 그렇게 살다 보면 내면의 아름다움이 자연스레 몸에 배어 향기로운 사람으로 살아가게 된다.

건강관리는 무엇보다 우선순위에 두어야 한다. 건강을 잃으면 모든 걸 잃기 때문이다. 돌이킬 수가 없다. 치료가 가능해서 회복한다고 해도 치료하는 동안 일의 기회를 놓칠 수 있다. 건강을 회복한다고 해도 생존을 유지하는 데 필요한 경제활동을 다시 못하게 되는 경우도 있다. 뜻있는 일을 하고 싶어도 자신의 건강을 유지하기 어렵다면 아무것도 할 수 없다. 나의 생활습관을 잘 유지하면서 열심히 일하고 나눔을 실천하며 사는 것이 진정한 아름다운 삶이라고 말할 수 있지 않을까.

시간으로부터
자유롭기

나의 어린 시절의 꿈은 유능한 디자이너가 되어 세계 곳곳으로 자유롭게 여행을 다니는 것이었다. 그러나 나는 그 꿈을 이루지 못하고 일찍 결혼해 두 아이를 키우며 평범하게 살아왔다. 물론 시간으로부터 전혀 자유롭지 못한 채로 말이다.

육아를 도맡아 하게 되면 잠을 편히 자기도 어렵다. 큰아이와 다르게 작은아이는 초등학교까지도 엄마 품을 떠나질 못했다. 그런 만큼 아이들을 키우면서 늘 자유로움을 고대하며 살아왔던 것 같다.

나의 두 아이 모두 성장해 지금은 외국에서 생활하고 있다. 첫째인 딸아이는 대학을 졸업하고 스포츠기자로 2년을 일했다. 그러다 공부도 하면서 독일 현지에서 일하고 싶다고 뮌헨으로 떠난 지 햇수로 3년째다. 둘째인 아들은 군복무 후에 네덜란드에서 유학 중이다. 아이들이 내 손을 모두 떠난 것이다. 하지만 여전히 나는 자유롭지 못하다.

시간으로부터 자유롭다는 건 경제적인 자유로움을 뜻하기도 한다. 시간이 많아도 경제적으로 자유롭지 않다면 의미가 없다. 나는 아직은 경제적인 자유로움을 갖지 못했다. 마음만 먹으면 떠날 수 있고 어디든지 갈 수 있는 그런 자유로움. 일하지 않아도 고정 수익이 안정적으로 쌓여 가는, 그런 자유로움을.

아이들과 정기적으로 대형서점을 가는 것은 아이들의 교육을 위해서 시작된 우리 가족의 오랜 습관이다. 그 덕분인지 아이들은 책을 가까이하는 아이들로 성장해 주었다. 그렇게 아이들이 성장한 후에도 우리는 종종 서점 데이트를 했다.

언젠가 아들과 미술관에서 전시회를 보고 근처에 있는 K문고에 갔다. 각자 책을 보고 있는데 우연히 한 권의 책이 나의 눈에 들어왔다. 바로 김태광 작가의 《마흔, 당신의 책을 써라》라는 책이었다. 그 우연한 만남은 나도 언젠가 꼭 책을 써야겠다고 생각하게 된 계기가 되었다.

끌어당김의 힘이었는지 수년의 시간을 보내고 거짓말처럼 책의 저자를 직접 만나게 되었다. 나는 지금 그분의 코칭을 받으며 책을 쓰고 있다. 인연이란 참 소중하다는 생각을 하게 된다. 이제는 '내가 생각한 대로 이루어진다'라는 말도 믿긴다.

시간으로부터 자유로워지려면 나는 어떤 노력을 해야 할까. 두 아이가 떠나고 없는 지금, 나는 오롯이 나에게 집중하고자 했다. 그래서 나의 전공인 식생활교육을 본격적으로 연구하기 위해 지난 학기부터 고려대학교 대학원에서 박사과정을 밟고 있다.

그러면서 지속가능한 가치와 교육에 대해 고민해 보는 시간을 가졌다. 혹자는 현재 전 세계적 자원 소비 수준이 '지속가능성'을 기준으로 60% 이상 초과하고 있다고 주장한다. 이런 문제의식은 이미 1940년대부터 어업 분야에서 나타났다. '최대 유지 가능 어획량'이라는 어업자원 보호 지침이 1946년 국제포경단속조약과 1952년 북태평양어업협정에서 마련된 것이다.

1987년 유엔환경계획의 브룬트란트 보고서(Brundtland Report)에서 언급된 이 용어는 인류 미래를 위한 해결책으로 제시되었다. 이는 환경정책과 개발전략을 통합시키는 새로운 지평을 열어 주었다. 지속가능성이란 "미래 세대가 필요로 하는 가능성을 손상시키지 않는 범위에서 현재 세대의 필요를 충족하게 하는 과정이나 능력"으로 해석할 수 있다.

사회 곳곳에 남아 있는 비효율적이고 불합리한 관행을 효율적이고 투명한 것으로 바꾸려는 사회 분위기와 성숙된 시민의식이 필요하다. 따라서 효율적이고 건강한 식생활에 대한 고민 또한 필요하다. 나는 이러한 생각을 정리해서 '지속가능한 식생활'이라는 주제로 강연하고 있다.

'기후 위기'에 대한 문제의식이 높아지면서 자연스레 사람들의 눈이 환경을 위한 식품으로 향하고 있다. 매 끼니 우리의 식탁 위에 올라오는 음식의 종류를 신중히 선택하는 것만으로도 기후변화로 인한 지구의 위기를 극복할 수 있기 때문이다.

앞으로 나는 계속해서 책을 펴낼 생각이다. 영향력 있는 식생활교육자로서의 나의 영역을 넓혀 나가는 방편으로 교육아카데미를 설립하려 한다. 강사들을 양성하고 그들이 강의할 수 있는 자리를 많이 만들어 낼 계획이다. 인지도 있는 학회로 크게 키울 생각이다.

유치원생부터 성인에 이르기까지 단계별 교육시스템을 구축할 것이다. 그렇게 해서 누구나 손쉽게 교육받을 수 있도록 다양한 프로그램을 개발해 낼 것이다.

교육자로서의 나의 모습은 어린 시절 내 어머니가 딸에게 심어 준 나의 모습이었다.

"넌 교육자가 될 거야. 너무 잘 어울려. 사람들 앞에 서 있는 너의 모습을 상상만 해도 너무 기분이 좋아."

어머니의 계획이 내 기억 속에 코딩(coding)되어 그렇게 되려고 애쓰며 살고 있는 나의 모습이 참 신기하다. 나는 교육자가 되고 더 나아가 교육관리자가 되려 한다. 내가 자리를 지키지 않아도 시스템이 돌아가 안정된 수익을 창출하도록. 그러면 자연히 나는 시간으로부터 자유로움을 갖게 될 것이다.

지금은 시작에 불과하지만, 시작이 반이라고 하지 않는가? 앞으로 5년 후 나의 미래를 생각하면 상상만으로도 가슴이 벅차오른다. 나는 가고 싶은 곳으로 언제든 떠날 수 있을 것이다. 언제든 만나고 싶은 사람들을 만나서 즐거운 시간을 보낼 수도 있을 것이다.

내가 갖고 싶은 것, 즐기고 싶은 것, 먹고 싶은 것 그 어떤 것도 구애 받지 않고 누릴 수 있는 자유로움을 갖게 될 것이다. 진정한 자유로움을 쟁취할 것이다. 내 인생은 이미 그렇게 되도록 코딩되어 있다.

기사가 운전해 주는
크림색 밴틀리 벤테이가 타기

출근길이다. 오늘따라 출발이 늦었다. 큰아이와 늦은 밤까지 이야기
꽃을 피우느라 늦잠을 잔 탓이다. 프랑스 출장길에 큰아이가 엄마를 위
해 특별히 공수해 온 와인 맛에 취해 시간 가는 줄 모르고 수다가 길어
졌다.

큰아이는 세계적인 스포츠 스타들이 가장 들어가고 싶어 하는 독보
적인 에이전시 그룹을 소유하고 있다. 이번 출장에서 만족할 수준의 연
봉에 블루칩 선수를 스카우트했다고 했다. 그와 관련한 흥미진진한 이야
기가 와인의 맛을 더해 준 탓이다. 하지만 걱정하진 않는다. 지난 5년간
나의 차를 운전하고 있는 기사님의 운전 솜씨를 믿기 때문이다.

출발이 조금 늦었지만 제시간에 무사히 도착했다. 생각해 보면 불과
5년 전만 하더라도 스케줄 관리하랴 운전하랴 모든 일을 나 혼자서 처리
하느라 쉴 틈 없이 시간을 보냈었다. 그 시절에는 힘도 들고 때로는 지치
기도 했다. 하지만 다가올 나의 빛나는 미래를 기대하면서 하루하루를

감사한 마음과 열정으로 행복하게 지내 왔던 것 같다.

당시 내가 적어 본 버킷리스트 중의 네 번째가 바로 '기사가 운전해 주는 차 타기'였다. 지금 나는 기사님이 운전해 주는 차를 타고 출근하고 있다. 차에서 뉴스도 듣고 서류를 검토하며 때로는 생각을 정리하기도 한다. 나는 이처럼 이동하는 시간을 잘 활용하고 있다. 그리고 무엇보다 심신이 편하다. 문득 '내가 정말 원하는 대로 살고 있구나'란 생각이 들어 절로 입가에 미소가 지어진다.

아이들이 초등학교에 다니던 어느 날이었다. 간암 말기로 죽음 직전에 계시던 친정어머니를 집으로 모시고 와서 생활하던 때의 일이다. '땅을 지키는 사람들'이라는 유기농 소비자 운동을 10년째 해 오던 터라서 자연 재배 재료를 구하기는 어렵지 않았다. 그런 것들로 내가 직접 조리해서 어머니의 세끼를 챙겨 드렸다. 생식을 끊게 하고 육류와 생선, 해산물도 모두 드리지 않았다. 오로지 숙채와 밥에 익은 김치, 김과 간장 그리고 익힌 토마토를 드렸다. 그래서인지 어머니는 정신을 맑게 유지하셨고 통증도 없었다.

일찍 결혼하고 시댁 중심으로 살다 보니 친정에는 자주 가지 못했다. 명절에도 잠깐씩 뵙고 오다 보니 어머니와 긴 얘기를 나누기가 쉽지 않았다. 그렇게 세월을 보내다 어머니가 중병을 얻은 것이다. 그런 어머니를 내 집으로 모셔 와 살다 보니 이런저런 얘기를 나눌 기회가 생긴 것이다.

내게 기대가 크셨던 어머니는 내가 유학 준비 중에 결혼하는 바람에 많이 실망하셨다. 그 일이 두고두고 내 마음에 걸렸는데 어머니는 이렇게 말씀하셨다. "일찍 결혼하는 것이 아쉬웠지만 아이들 잘 키우면서 사는 것을 보니 이제는 다 잊었다."라고. 그리고 "그때 만약에 결혼하지 않고 유학을 갔다 왔더라면 지금하고는 다른 삶을 살고 있겠지…"라고 덧붙이셨다. 후일 내가 하고자 하는 일을 반드시 이루겠다는 의지가 가슴에 담긴 순간이었다.

비록 긴 세월은 아니나 같이 사는 동안에 어머니와 마음을 많이 나누고 표현할 수 있었다. 지금 생각해 보면 그런 시간이 주어진 것이 정말 다행이라는 생각이 든다. 만약 그렇지 못했더라면 두고두고 한이 되었을 것이다.

평범하게 생활하던 내가 5년 전 운명처럼 책을 썼다. 그 이후로 내게는 엄청난 일들이 일어나게 되었다. 책이 팔리면서 한 유명 방송 프로그램에 나가게 되었다. 여기저기에서 출연 요청이 빗발쳤다.

유튜브를 시작하면서 내 이름이 알려지게 되었다. 이름이 알려지자 최고의 대우를 받으면서 쉴 새 없이 건강강연을 하게 되었다.

그리고 교육아카데미를 설립하고 강사를 배출해 내면서 전국적으로 회원 수가 수만 명이 되었다. 정기적으로 그들을 교육시키고 교재를 개발하고 판매하면서 나는 큰돈을 벌어들였다. 그 돈이 시드머니가 되어 투자한 곳에서 더 큰돈을 벌어들이게 되었다. 최근 시작한 HMR 사업이 잘되어 내수뿐만 아니라 미주와 중국, 인도 등으로 수출 중이다. 더불어

푸드 플랫폼 사업을 시작해 동반 성장 중이다. 곧 상장을 앞두고 있다.

지금 나는 꿈꾸었던 경제적인 자립을 이루었다. 그리고 나의 이름이 브랜딩되어 모르는 이가 없을 정도로 유명해졌다. 원하던 대로 교육 사업을 하고 있고 유통회사와 플랫폼 사업도 안정적인 단계로 접어들었다. 언제든 어디든 내가 원하는 시간에 나는 떠날 수 있다.

기사가 운전해 주는 차를 타는 것은 돈만 있다고 할 수 있는 일이 아니다. 돈이 있다면 좋은 차를 타는 것은 누구든지 가능하다. 하지만 돈이 있다고 해서 누구나 기사가 운전해 주는 차를 타지는 않는다. 남편이 대단한 재력가이거나 아버지가 큰 부자가 아니라면 내가 능력이 있는 경우일 때 가능하다.

나는 꼭 이루고 싶은 버킷리스트에 '기사가 운전해 주는 차 타기'를 적어 놓았다. 내가 상상하던 대로 나는 내 소망을 이룰 것이다.

50층 사옥
만들기

경기도 성남시 분당구 정자동에는 온라인 검색포털, 모바일 메신저 플랫폼 회사인 '네이버'가 있다. 집이 근처인 나는 매일 네이버 앞을 지나다닌다.

27층으로 이루어진 네이버 본사의 그린 팩토리(도서관)는 동네 주민들에게 오픈되어 있다. 주말이면 나도 종종 이곳을 이용한다. 그런데 그린 색 유리로 되어 있는 네이버 건물에 들어설 때마다 나도 모르게 가슴이 뛴다. 그리고 생각한다. '나도 언젠가는 이것보다 더 멋진 건물을 꼭 소유하리라.'라고.

나의 조부께서는 혼인 직후 일본으로 건너가서 사업을 하셨다. 당시 일제에 의한 국권 피탈로 조선의 교육은 일본의 황국신민화(皇國臣民化) 정책의 도구가 되었다. 일본은 우민정책(愚民政策)을 그들의 식민지 지배의 수단으로 사용했다. 이처럼 식민지 조선은 청년들에게는 너무나도 괴로운 현실이었다. 집안이 부유한 학생들은 일본 유학을 다녀와서 공무원이 되거나 은행원이 되어 잘 살았다. 하지만 많은 가난한 소작인들의 자녀들은 부랑아가 되어 떠돌거나 징용에 끌려가는 등 온갖 고초를 겪으며 어렵게 살아야 했다.

조부께서는 이런 상황에서 일본으로 건너가게 된다. 처음에는 어려움이 많았지만 돈이 모이자 고물상을 인수해서 운영하셨다고 한다. 장사가 잘되니 매일 밤 돈을 세느라 날이 새는 지도 모르셨다고 한다. 아침이 되면 가마니에 돈을 담아 트럭에 싣곤 당시 은행 역할을 했던 우체국에 입금했다고 한다. 그런 후 하루 일을 시작하셨다고 한다.

돈이 어느 정도 모아지면 조선으로 보내어 주로 토지를 사들이셨다. 조부는 그 일을 장인 되시는 분께 부탁했다고 한다. 토지 중 일부는 고향 땅 일대의 농지였다. 그것으로 사촌들이 편히 농사짓도록 했다고 한다.

우리 집안의 가훈은 '정직한 사람'이다. 가훈과 관련한 일본에서의 일화가 있다. 조부께서 어느 날 아침 토지 매입 자금을 한국으로 보내기 위해 아침 일찍 우체국으로 가셨다. 그런 후 저녁 늦게 일을 마치고 집으로 돌아와 통장을 확인했는데 출금이 안 되어 있더란다. 돈은 찾았는데 잔고가 그대로니 이상하다 여기셨다.

조부께서는 다음 날 아침 출근길에 우체국으로 찾아가서 말없이 통장을 내미셨다고 한다. 통장을 받아 든 우체국 직원은 큰 소리로 "감사합니다!"라며 연신 조부께 인사를 했다고 한다. 뿐만 아니라 지점장까지 달려 나와서 조부의 두 손을 맞잡고 "감사합니다. 정말 감사합니다."라고 인사했다고 한다.

우체국 사건의 전말은 이랬다. 창구 직원이 출금 표시를 하지 않고 조부께 돈을 내주었던 것이다. 그러다 마감 때가 되어 잔고가 맞지 않자 우체국이 발칵 뒤집혔다. 차액만큼의 금액을 찾아간 고객을 알아내도 본인이 돈을 안 찾았다고 하면 어떻게 할 수가 없는 상황이었다. 그런데 고객 스스로 통장을 가지고 찾아와서 이거 잘못되었으니 고쳐 달라고 한 것이다. 그러니 얼마나 감사했을까. 조금은 상상이 된다. 지금 시대 같으면 CCTV가 있으니 그럴 일도 없겠지만 말이다.

그 일로 적어도 그 마을에서는 2류 국민 취급을 받던 조선인에 대한 인식이 바뀌었다고 한다. 그 후에 조부와 우체국장은 가까운 사이가 되었다고 한다. 특히 나의 부친은 마침 동갑내기였던 우체국장 아들과 친구가 되었다고 한다. 훗날 조부가 조선으로 돌아간다고 하자 우체국장의 가족은 몹시 서운해했다고 한다.

조선은 1945년에 광복을 맞이하게 되었다. 광복이 되자 조부께서는 그동안 저축해 둔 돈을 모두 찾으셨다. 그리고 조국으로 돌아와 고향 근처인 부산에 정착하셨다. 그러곤 여생을 편히 사시다가 소천하셨다.

조부와는 달리 공무원으로 평생을 살아오신 부친은 욕심도 없고 야망도 없는 분이었다. 그저 맡은 바 임무에 충실하고 주어진 삶에 만족하며 살아오신 분이다. 주변에서는 부친을 법도 없이 살 사람, 정직하고 청렴한 사람이라고 일컬었다. 부친은 돌아가실 때까지 부모님의 재산에는 손도 대지 않으셨다.

토지를 좋아하시던 조부의 DNA를 물려받은 것인지는 나도 잘 모르겠다. 나는 본능적으로 부동산을 좋아한다. 때가 되면 꼭 50층이 아니더라도 멋진 건물을 지을 것이다.

햇빛이 잘 들고 바람도 통하는 테라스가 층층이 있는 그런 친환경적인 건물을 짓고 싶다. 재일교포 건축가 이타미 준(유동룡)이 설계한 것으로도 유명한 제주 서귀포의 포도호텔이 있다. 이 호텔은 한국적인 정서와 환경을 고려한 공간으로 설계되었다. 게다가 친환경 자재를 사용해 쾌적함을 준다.

친환경 건축 인증제도 LEED의 최고 등급을 받은 뉴욕의 쿠퍼 유니온 강의동. 이런 건축물 리스트 안에 포함될 곳이라는 생각만으로도 설렌다. 앞으로 내가 창립하게 될 식품유통회사와 식품연구소 및 생활습관교육아카데미가 모두 들어갈 곳. 다가올 미래에 근사한 사옥을 짓기 위해 건축가를 만나고 있는 나의 모습을 상상한다.

PART 04

사람을
움직이게 하는
공감의 힘이 담긴
책 쓰기

-윤영희-

윤영희

대구세명학교 교사, 청소년 멘토, 자기계발 작가, 동기부여가

특수교육학 석사로, 현재 대구세명학교에서 교사로 재직 중이다. 작가이자 동기부여가라는 가슴 설레게 하는 꿈을 그리며 청소년 멘토로서 학부모 상담과 강연을 준비 중이다. 현재 '감정공감을 통한 마음치유, 학생과 학부모의 변화된 삶으로의 초대'를 주제로 개인저서를 집필 중이다.

우리 가족 보물 족보
완성하기

부고를 듣고 울면서 달려가지 말고 우리 좋은 날 기쁜 날 행복하게
만나자!

꿈꾸는 만큼 꿈이 이루어진다고 했던가? 어떻게 하면 우리가 원하는
것을 얻을 수 있을까?

우리는 각자의 삶 속에서 소망하는 것을 이루기 위해 매일매일 애쓴
다. 하지만 진짜 내가 하고 싶은 일을 하고, 보고 싶은 사람을 만나는 것
조차 쉽지 않다.

작년 12월 말 집안에 제사가 있어서 온 가족이 시골 아버님 본가로
모였을 때의 일이다. 우리는 2020년에 구순이 되시는 아버님의 생신, 즉
구순연을 하자는 제안을 내놓았다. 그리고 가족이 모두 모였을 때 의견
을 모았다. 사람 사는 일이 그렇듯이 찬성과 반대가 분분했다. 가능과 불
가능 사이, 의심과 믿음의 경계를 넘나들었다. 그러다 하나둘 차근차근

준비해서 진행하기로 결정했다.

그 아버님에 그 어머님이듯 89세와 구순이라는 높은 연세에도 두 분은 모두 건강하시다. 그렇게 자녀들 곁을 지켜 주시니 5남매는 감사할 뿐이다. 아버님은 아들 셋, 딸 다섯의 맏이시다. 아버님은 6·25 참전 용사이시고 작년에는 의성군에서 장한 어버이상도 받으셨다.

아버님의 구순연을 계기로 아버님의 8남매 아래로 불어난 가족들의 얼굴을 한 번 보기로 결정했다. 세 살부터 90세 아버님까지 102명의 가족이 파악되었다. 다들 어디서 살고 있는지 이름, 나이, 거주지, 전화번호, 직장을 파악해서 새로운 가계도를 완성했다.

아버님의 구순연 잔치에 오겠다고 답을 준 사람은 70명 정도였다. 우리는 70여 명이 식사할 장소를 예약해 두었다. 신종 코로나 바이러스에도 불구하고 66명의 식구들이 전국 각지에서 속속 모여들었다. 가족 보물 족보가 완성되었다. 굳이 그럴 필요가 있겠느냐는 아버님 말씀에도 자녀들이 구순연을 강행한 이유가 있다. '숙제처럼 인생을 살지 말고 축제처럼 살자!'라는.

왜 우리는 좋은 일 좋은 날에 만나기보다는 부고를 듣거나 병원에 입원했을 때 찾아가서 울음을 삼켜야 하는가? 90세인 아버님의 친구분들도 모시자고도 했다. 그러나 모두 돌아가시고 한 사람도 남아 있지 않다고 했다. 정말 안타까웠다. 100세 인생이라고 하는데 아버님 어머님 두 분이 모두 살아 계시니 복 받은 날이다.

약속된 만남의 장소로 아침 11시부터 전국 각지에서 친척들이 모여들기 시작했다. 너무나 안타까운 것은 다섯째인 고모님과 고모부님이 먼저 먼 길을 가셔서 참석할 수 없다는 사실이었다. 더욱 가슴 아픈 일은 아버님 바로 밑의 동생이신 고모님이 두 달 전에 돌아가셨다는 사실이었다. 좋은 날 함께하지 못하는 엄마를 생각하는 큰고모 따님의 눈물이 우리들 마음을 적셨다.

할아버지를 위해 우리 막내딸이 직접 만든 케이크와 생일축하 노래를 시작으로 가족별로 사진을 찍고 맛난 음식도 먹었다. 그러면서 그동안 못다 나눈 가족 간의 정을 듬뿍 느끼면서 이야기꽃을 활짝 피웠다. 그리고 즐겁고 행복한 시간을 함께 나누기 위해 가족 밴드를 만들어서 사진과 동영상을 공유했다. 이제 이 소통의 공간을 통해 서로 얼굴도 잘 몰랐던 가족들의 소식을 들으면서 서로 친밀감과 끈끈한 정을 느끼고 있다.

처음 이 행사를 계획할 때는 전국 각지에서 가족들이 얼마나 참석할까, 만나면 서로 얼굴도 잘 몰라서 서먹서먹하면 어떡하지 걱정했다. 하지만 그 생각은 기우에 불과했다. 할아버지 구순연 행사를 위해 전날 서울에서 내려온 아이들을 서울 가는 기차 시간에 맞추어 동대구역으로 서둘러 태워 주었다. 그러자 드디어 가능할까? 가능할까? 했던 102명 가족 보물 족보가 완성되었다. 야호! 미션 완료다.

왜 오겠다던 70명 중 4명이 불참했는가? 독일 출장을 다녀온 쌍둥이 아빠가 기차표를 다 예약해 놓고도 시차 때문에 깊이 잠들어 알림 소리에도 못 일어난 때문이었다. 그 바람에 쌍둥이 엄마와 쌍둥이들도 외가 나들이를 못했다. 대단한 가족이다. 모두 "100세 가즈아~!"를 외치며 우리가 한 가족임을 기뻐하자.

사람을 움직이게 하는
공감의 힘이 담긴 책 쓰기

올해는 신종 코로나바이러스 때문에 졸업식과 종업식을 조촐하게 치르고, 서둘러 봄 방학에 들었다. 아이를 데리러 오신 어머니가 1년 동안 고생 많았다는 인사와 함께 "내년에도 우리 아이 선생님이 되어 주세요."라고 하는데 마음이 뭉클하고, 감사했다.

생애 처음 학교에 오지만 보통 어린이집 2년, 유치원 2~3년 정도를 다니고 입학하는 학생들이다. 학교가 계획하는 교육과정은 사계절과 함께한다. 봄, 여름, 가을, 겨울, 계절을 따라 어린이날, 어버이날, 추석, 설 명절에 먹는 음식을 알아본다. 그리고 그때마다 즐기는 놀이를 익혀 친구들과 함께 따라 해 보게 한다. 나아가 자신의 옷을 정리하고, 신발을 가지런히 넣어 놓는 것을 실천시킨다. 삶에 필요한 바른 습관을 길러 가는 과정인 것이다.

아이들이 교정에서 만나는 자연과 사계절의 변화를 알아 가는 일,

늘 만나는 친구들과 함께하는 익숙한 일상 속에서도 날마다 새로운 것, 놀라운 것을 발견해 나가는 것이 공부며 학습이다. 아이들은 한 공간 속에서 같이 놀고 함께 배우며 친구의 이름을 알아 간다. 친구의 아픔이나 학교에 오지 못한 친구의 부재를 민감하게 알아차리기도 한다. 그때 제일처럼 안부를 물어보는 아이라면 분명 세상 속에서 관심과 주목을 받으며 사랑스러운 아이로 성장하리라.

아지랑이가 어른거리는 봄날 비눗방울을 불어 보는 재미를 갖기도 한다. 비가 오는 날 찰박찰박 발을 구르며 빗물 놀이의 즐거움을 알아 가기도 한다. 뜨거운 여름날 햇살이 눈부셔 손으로 눈을 가리기도 한다. 가을 교정에서 단풍잎과 은행잎을 줍거나 겨울의 눈바람 속 운동장에서 그 작고 시린 손으로 주먹만 한 눈덩이를 뭉쳐 교실로 가지고 오기도 한다. 그러면서 아이들은 그런 일들이 얼마나 행복한지 알게 될 것이다. 예술제에서 엄마 아빠의 박수를 받으며 춤추고 노래하는 기쁨을, 그 사랑을 추억으로 간직해 가는 과정이 배움이다.

한 달에 두 번씩 가는 현장학습과 학생들의 진로를 위해 학교로 찾아오는 공연 등 아이들은 다양한 체험활동을 하게 된다. 그것을 통해 아이들은 뮤지컬도 보고, 영화관에서 환상의 애니메이션을 보며 상상의 나래를 펴게 된다. 책에서 인형극을 보았거나 뮤지컬 배우의 멋진 복장에 반해서라거나 어떤 이유도 좋다. 그러면서 아이들은 자신만의 꿈길을 찾게 될 것이다.

이 아이는 자라서 무엇이 될까 상상한다. 어떤 미래의 직업을 선택할까? 어리지만 살랑살랑 춤추는 포스가 남다른 아이도 있다. 그런 아이를 끼가 있다고 말한다. 고집은 세지만, 물감과 색깔을 사용하는 센스가 다른 아이들과 차이를 보이는 아이도 있다. 그처럼 아이들은 성격이 다르고 반응이 다르며, 저마다의 독특하고 다른 감성과 흥미를 지니고 있다. 그것을 느끼는 지점도 모두 다르다는 것을 표정과 행동을 보면 알 수 있다.

"자세히 보아야 예쁘다. 오래 보아야 사랑스럽다." 어느 시인의 말처럼 우리 아이들도 그렇다. 아이들의 강점이 누군가의 눈에는 보이지 않는 이유는 안개처럼 낀 어른들의 욕심 때문이라고 한다. 등잔 밑이 어둡다고 한다. 어른들이 너무 큰 욕심을 내지 않는다면, 아이들은 저마다의 타고난 소질을 가지고 자신만의 색깔로 행복한 아이, 세상을 품은 아이로 성장해 갈 것이다.

꽃밭이 아름다운 것은 제각기 향기와 모양이 다른 꽃들이 한데 어우러져 피어 있기 때문이다. 아이들의 성장을 상상하면서 나는 무엇이 되고 싶었던가? 내가 꾸준히 지속해서 해 온 것은 무엇이 있는가? 어느덧 이제는 학교 담장 너머를 바라볼 나이가 되었다. 희망을 적으면 꿈이 이루어진다고 한다. 종이 위에 꿈을 적어 본다. 나의 보물지도를! 꿈꾸는 인생을! 나는 독자에서 작가에 도전하는 빛나는 삶을 살기로 했다.

새날! 새봄! 꿈길을 따라간다. 하나님께서 나에게 주신 사랑과 지혜와 능력으로 최선을 다해 걸어갈 것이다. 진심을 담아 건네는 걱정과 위로의 글, 허기진 사람에게 지어 올리는 따뜻한 밥 한 그릇과 같은 글을 쓸 것이다. 집밥 같은 글을 쓸 것이다. 그렇게 사람들의 공허한 마음에 온기를 채워 주는 책 짓는 사람이 될 것이다. 독자에서 작가로의 도전이 빛나는 삶을 펼쳐 가려 한다. 상상을 현실로 끌어당겨 나의 앞날을 더 빛나게 해 줄 성장의 길에 당당하게 나설 것이다. 오늘 첫걸음을 내디디며 책 짓는 작가 윤영희의 꿈꾸는 인생을 새롭게 열 것이다.

재미와 가치를 공유하는
여행 떠나기

대부분의 사람들은 일상생활 속에서 작지만 소중한 것들로 행복을 채워 간다. 그것을 소확행이라고 말한다. 그럼에도 불구하고 사는 게 쉽지 않을 때 우리는 일상을 벗어나 떠나기를 소원하게 된다. 우리를 위로해 주는 것은 때로는 나의 곁에 함께하는 사람이고, 때로는 낯선 곳에서 마주하는 풍경이다.

"여행 가자!"라고 할 만큼 거창한 계획을 세울 시간과 준비가 버거울 때, 우리 가족은 숲이 주는 초록 선물을 만나러 갔다. 굳이 선택하라고 하면 늘 바다보다는 산과 숲을 택했던 것 같다. 여행을 계획하고 준비해서 간 적도 있다. 그러다 어쩌다 가족이 함께 모였다. 시간이 된다. 그럴 때는 그냥 가까운 곳을 마음에 두고 바로 다녀오곤 했다. 저녁 먹고 모인 가족끼리 수성못 주변을 걸었다. 그곳에서 뮤지컬을 홍보하러 나온 오페라 가수들의 공연을 보았다. 그것은 생각지 않은 곳에서 받은 선물이었다.

친가나 외가를 다녀오면서 경주의 남산과 안동 하회마을, 성주 주변의 명승지 나들이를 즐겼다. 그냥 지나치기엔 너무나도 아름다운 성주는 참외가 유명한 곳이다. 아이들의 외가가 있어 어릴 때 할아버지와 함께 낚시도 하고 포천계곡에서 여름 물놀이도 했다. 지금도 어머니가 계시니 자주 가곤 한다. 가야산 야생화 박물관, 포천계곡, 성주 댐, 세종대왕자 태실과 생명문화공원 등 주변이 잘 조성되어 있다. 계절이 달라질 때마다 새롭게 옷을 갈아입고 다가오는 곳, 성주! 나는 그곳이 늘 그립다.

친구들과는 주말을 이용해 만 원의 행복여행을 다녀왔다. 즉, 만 원으로 하루 거리의 시골 장터를 구경하고, 친구도 만나고, 꽃 속에서 사진도 남기고, 맛있는 음식도 먹었다. 충전의 시간이었다. 여행이라고까지는 할 수 없지만 아이들이 초등학교에 다닐 때까지는 늘 함께 떠나는 것이 가능했다. 청소년 센터를 통해 서울 국립박물관과 그 외 유명한 명소도 많이 다녀왔다.

아이들이 중학교에 올라가서는 바쁜 학교생활과 봉사활동 등으로 친구들과 어울리는 시간이 많아 자주 가지는 못했다. 대학을 갈 만큼 성장한 아이들은 방학을 이용해 아르바이트를 하기도 했다. 그리고 그렇게 모은 돈으로 3명이 같이 홍콩, 다낭 자유여행을 다녀오는 것을 보면 다 컸구나! 싶다. 그러면서 서로 의지가 되어 주는 가족의 힘을 느낀다. 큰아이는 같은 과 친구들과 함께 간 여행 사진을 보내 주곤 했다. 서울을 방문할 때면 우리는 서울의 박물관과 고궁과 창경궁을 함께 둘러보았다.

나는 방학을 이용해 친구들과 홍콩 2박 3일, 중국·대만 3박 4일 여행을 다녀오기도 했다. 그때는 봄방학 기간인 만큼 항상 복잡해 사람들에게 부대끼곤 했다. 특히 2월에 가면 가이드가 몇 번이나 바뀌는 일도 있었다. 가이드만 보고 따라다니는 단체여행은 별 만족감이 없었다. 하지만 함께 떠난 곳에서 바라본 풍경들은 잊지 못할 추억이 되어 주었다. 두고두고 꺼내 보는 사진이 우리가 함께한 시간을 응원해 준다.

연말쯤이면 우리 가족은 늘 따로 또 같이 함께하는 여행을 계획한다. 푸르다 못해 검은 겨울 바다는 생각만 해도 설렌다. 그 여행을 통해 우리는 서로 얼마나 외로운 존재인지, 그래서 얼마나 더 사랑하면서 살아가야 하는지, 지금부터 함께하는 시간을 더 많이 만들어 가야 한다는 것을 깨닫고 오게 될 것이다.

새로운 세상에서 함께하는 일주일을 상상해 본다. 우리가 몰랐던 미지의 세계 그곳에서 우리 함께하자. 넓고 더 고요한 시간이 어디선가 우리를 기다리고 있겠지! 가자! 우리가 몰랐던 미지의 세상 그곳으로. 자연과 사람 문화와 역사가 공존하는 대한민국 곳곳이 우리를 부른다.

아이들을 위한 여행이었다고만 생각했는데 이제 보니 그 시간들은 부모인 우리들을 위한 축복의 시간이었다. 가족이 함께 여행한 시간들은 재미와 가치를 공유하는 삶이었다. 소중한 시간을 공유했던 기억과 지나간 추억을 돌아보는 기쁨은 말로 표현할 수 없다. 지친 일상에 우리의 몸과 마음은 또 다른 활력소가 될 무언가를 원한다. 그럴 때 우리 아이들과 함께한 작은 여행이 있다면?

지인들 가족과 함께 미리 준비하고 계획하는 큰 여행은 우리 가족만으로는 엄두도 낼 수 없었다. 하지만 함께했기 때문에 아이들은 언니, 누나가 되고, 동생들을 보살펴 주기도 하고, 또래끼리는 친구가 되어 다양한 추억을 쌓았다. 아이들의 학교에서 실시한, 부모도 함께하는 팔공산 캠핑과 지역 교육청에서 실시한 인문여행에도 참여했다. 이육사, 정지용 시인들의 생가와 육영수 여사 생가를 둘러보고 온 기억이 난다. 아이의 가정통신문을 보다가 학교에서 실시하는 여행 기회가 있을 때마다 아이와 함께 참여했다.

사람들이 가장 많이 부르는 노래가 무엇인지 알고 있는가? 전 세계의 사람들이 해마다 가족을 위해, 남을 위해, 서로를 위해 불러 주는 노래가 있다. 그 노래는 생일 축하 노래다. 가족의 생일날 케이크에 나이만큼의 초를 꽂고 서로를 축복해 주는 노래다.

그러고 보니 생일을 기념해 한자리에 모였을 때 다 같이 여행을 가자는 제안이 늘 나왔다. 모두 머리를 맞대고 각자 가고 싶은 장소를 제안했다. 그렇게 여행 계획을 세웠다. 계획을 세우는 과정, 즉 어디로 갈 것인지, 무엇을 먹으러 가고 싶은지, 같이 갈 시간은 되는지 등을 서로 의논하는 과정 그 자체도 즐거움이었다. 상급 학교로 진학하는 아이의 입학과 졸업을 기념할 때면, 아이들의 성장을 축복해 줄 때면 늘 가벼운 발걸음으로 길을 나섰다.

늘 반복되는 일상이 더욱 감사하게 느껴진다. 새날! 새봄의 봄빛 가득한 학교에서 아이들의 웃음소리가 더 크게 들리길 바라며… 여행을 돌아보았다. 살아온 발자취를 따라가 보았다. 함께하는 우리 가족이 좋다.

아이들의 꿈이 이루어지는
아름다운 세상 만들기

학생들의 생활지도가 갈수록 힘들어지는 가운데 지도 대책 마련을 위해 몇 명의 선생님들이 모였다. 한 선생님이 추천한 〈아름다운 세상을 위하여〉라는 영화를 보기 위해서였다. 영화가 시작되기 전까지는 그냥 제목만 보고 '아름다운 세상'인 미국의 영화 한 편이구나 생각했다. 하지만 영화는 처음부터 빠르게 전개될뿐더러 미국의 여러 장소로 화면이 바뀌었다.

이 영화의 주인공인 트레버는 중학교 1학년 학생이다. 트레버는 또래보다 키가 작고 선한 눈망울을 가진, 꼭 한번 안아 주고 싶은 아이다. 처음 시작 부분에서 이 영화가 의도하는 바가 느껴졌다. 선생님의 사랑을 통해 아이들이 교육적으로 바르게 변화해 가는 모습을 그린 영화일 것 같았다. 영화 스토리를 상상하면서 나는 가벼운 마음으로 몰입하기 시작했다. 트레버의 귀여운 얼굴은 보기만 해도 마음이 따스해지는 느낌을 주었다.

새 학기가 시작되고 유진 시모넷 선생님은 학생들에게 1년 동안 수행할 숙제를 내주었다. 사회 선생님이 내준 숙제는 우리가 사는 세상을 좀 더 나은 세상으로 바꿀 수 있는 방법을 생각해 오라는 것. 그리고 사람들이 스스로 해결할 수 없는 일을 자신이 해 주라는 것. 도움을 받은 사람은 다른 사람에게 똑같은 도움을 베풀라는 것이었다.

다른 아이들은 숙제는 숙제일 뿐이라고 생각한다. 하지만 영화의 주인공 트레버는 진심으로 시모넷 선생님이 내준 숙제를 해결하려 한다. 그러기 위해 '세 사람 도움 주기'라는 구체적인 아이디어를 제안한다. 그리고 자신의 엄마와 선생님을 비롯한 주변 사람들에게 자신의 계획을 알리고, 실천하기 시작한다. 그러나 트레버의 순수한 생각만큼 세상은 그리 만만하지 않았다. 세상을 변화시키려는 그의 용기와 노력은 번번이 좌절되고 만다.

과연 중학교 1학년일 뿐인 순수하고 귀여운 트레버의 세상 바꾸기는 성공할 수 있을까? 트레버의 계획은 한 사람이 세 사람에게 도움을 주면 그 도움을 받은 세 사람이 또 자신과 같이 대가 없는 선행을 베풀리라는 것이다. 그러다 보면 갈수록 도움을 주는 사람이 늘어날 것이다. 이렇게 트레버는 '세 사람 도움 주기'를 통해 세상을 바꿀 수 있다고 믿고 실천한다.

알린 맥킨니는 남편 없이 아들을 키우며 살아가는 트레버의 엄마다.

밤낮없이 두 직장을 다니면서 힘들게 살지만, 아들을 사랑하며 이해하려고 애쓰는 엄마다. 하지만 부모와의 의절, 실패한 결혼생활, 알코올중독까지 그녀를 힘들게 하는 문제들 때문에 자꾸만 지쳐 간다. 그 속에서도 아들 트레버에게는 자신과 같은 삶을 물려주지 않으려고 노력한다. 하지만 그녀가 바쁘게 생활하는 동안 모자 사이에 대화의 벽과 균열이 생기는 것을 엿볼 수 있다.

한편 중학교 사회 선생님인 유진 시모넷은 모든 것이 잘 정리되어 있는 사람이다. 셔츠, 연필 같은 주변 물건부터 주변의 사람들까지 정렬된 삶을 유지시키고자 한다. 그래서 그는 자신의 삶을 있는 그대로 바라보지 못한다. 시모넷 선생님은 외모에서부터 무언가 과거의 비밀이 있는 것 같다. 트레버가 물어보아도 대답을 피한다. 그러다 선생님은 얼굴의 화상 흉터에 대해 고백한다. 시모넷 선생님의 아버지가 아들에게 휘발유를 뿌리고 성냥을 그었다는 것. 선생님은 만족해하던 아버지의 그 눈빛을 지금까지도 잊을 수 없다고 절규했다.

미국에서 가장 상업적인 도시 라스베이거스. 그곳에서 펼쳐지는 도시 생활의 어두운 뒷면. 삶에 찌든 채 살아가는 사람들. 지극히 아들을 사랑하지만 알코올중독자 남편이 떠나고 생계를 책임져야 하는 트레버의 엄마는 버거운 삶의 무게에 자신도 알코올중독자가 된다. 트레버의 바람처럼 우여곡절 끝에 시모넷 선생님과 데이트하기 위해 약속 장소로 가는 엄마에게 트레버가 가르쳐 준다. "엄마! 약속시간에 늦는다는 건 상대를 존중하지 않는다는 뜻이야!"

선생님께서 지각한 친구에게 해 주셨던 그 말의 의미를 트레버는 잘 이해하고 있었던 것이다. 그러다가 트레버는 엄마에게 늦었으니 택시를 타고 가라고 조언해 준다. 그걸 보고 나는 '트레버는 참 귀여운 아이구나!' 생각했다. 그리고 '아! 약속시간에 늦는다는 게 상대방을 존중하지 않는다는 그런 의미였어!'라는 때늦은 깨달음과 함께 선생님들 입가에 살짝 웃음이 번졌다.

트레버의 '세 사람 도움 주기'라는 과제 해결은 실패하는 듯했다. 하지만 먼 곳까지 다른 도시로 아름다운 베풂이 흘러가서 힘들고 어려운 사람들이 서로에게 내미는 작은 손길로 연결된다. 그 고리를 보면서 나는 나비효과처럼 결국에는 사랑으로 승화되는 게 아닐까 예측했다. 기쁨과 희망 없이 그냥 삶의 굴레에 갇힌 사람들 속에서 어린 트레버의 생각은 그것을 숙제로 제시한 선생님의 생각보다 앞서 갔다. 그것은 트레버의 순수함 때문이었다. 하지만 때 묻지 않은 순수한 아이에게 상처를 주게 된 참으로 안타까운 결말에 모두 할 말을 잃었다.

"누가 사랑해 달라고 했어!"
"그래. 엄마는 문제가 많아!"
"오늘 엄마가 널 때린 건 평생을 두고 후회할 일이다."
"그래. 엄마는 문제가 있어! 하지만 네가 엄마를 믿어 주면 엄마도 정말로 술을 끊도록 노력할게!"

"사람들은 너무 겁을 많이 먹는 것 같아요."

"처지가 아무리 나빠도 익숙해져 있는 것을 바꿀 수 있어요."

"나도 처음부터 계획대로 된 건 아니에요."

"자신한테 지는 거죠. 그래서 결국엔 포기하게 되고."

"사람들을 잘 살펴봐야 해요. 스스로 하지 못하니까."

"그건 자전거를 고치는 일보다 훨씬 훌륭한 일이니까요!"

어린 트레버의 기특한 인터뷰 내용이다.

우리 교실에서 이런 대화가 오갔으면 좋겠다.

"어떻게 이런 생각을 다 했니?"

"아이디어가 다채롭구나!"

"훌륭하다. 우리 서로의 착한 마음을 믿어 주자!"

때로는 아이들이 좋아하는 책 속 이야기가 아이들을 변하게 하는 것을 보았다. 그런데 영상의 효력은 책보다 강했다. 영화 하나로 자신의 꿈을 찾은 아이도 있었다. 아이들은 사소한 일로 싸우지만 생각보다 화해도 잘 한다. 그러니까 매일매일 생각이 자라고 키도 크고 마음이 말랑말랑하다.

정채봉 작가의 〈오세암〉 영상을 본 아이들이 엄마를 대하는 태도가 달라졌다는 이야기를 많이 들었다. 좋은 습관을 만들기는 힘들지만 습관 하나하나가 아이들이 살아가는 무기가 된다. 우연은 없다. 사랑은 만들어 가는 것! 우리 아이들은 지상의 별이다. 이 말을 늘 간직하고 기억할 것이다. 보다 더 아름다운 세상을 위해.

스스로 배우고
함께 성장하기

학교 담 밖 세상이 궁금하다. 못 가 본 길이 더 아름답다는데. '또 책을 낼 수 있어 기쁘다'라는 서평을 쓰게 되는 날을 상상한다. 글쓰기는 내면의 여행을 위한 문턱을 넘는 첫걸음이다. 아직 시작도 못한 새 학기를 부탁하고 싶은 마음이다. 작은 교실에서 우리 함께 꿈꾸기를 바라며, 걱정 말아요 한다. 나는 우리의 시작을 응원한다. 유대인은 내 아이를 남보다 특별하게 키우려고 한다. 그들의 천재교육을 살펴보면 '뛰어나게'가 아니라 '개성 있는 아이로' 키우려고 한다. 앨빈 토플러의 "한국 학생들은 미래에 필요하지 않은 지식, 존재하지 않는 직업을 위해 매일 15시간씩 낭비하고 있다."라는 말이 생각난다.

작년 입학식 날이 생각난다. 나 이제 초등학생이야! 하루라도 빨리 학교에 오고 싶었다고. 빈 가방에 실내화를 넣어 두고 날마다 집에서 가방을 메고 다녔다는 초등학교 입학생 아이들이다. 너희들 엄마가 보고 싫다고 울지는 않을 거지? 아이들은 늘 부모와 선생님과 친구 그리고 주변 사람들의 관심과 사랑을 원한다.

학교에서 하루를 신선하고, 상쾌하게 시작하기 위해선 전날의 불쾌했던 감정의 앙금이 없어야 한다. 그런데 엄마들은 아침 기상부터가 전쟁이라고 한다. 그리고 나서 아침 밥 해 먹이느라 또 전쟁을 치른다. 아이들은 늦잠을 잔 탓에 겨우 학교로 달려오거나 여러 가지 이유로 엄마에게 꾸중을 들은 모습이다. 게임하느라 밤잠을 설친 아이들은 잠이 덜 깬 모습이다. 그렇게 와자지껄하게 학교의 하루가 시작된다.

몇 년 전 정말 볼 빨간 사춘기 학생들과 함께할 때다. 인성 교육이 중요하다면서 '다시 인문학'이라는 열풍이 불었다. 나는 아침 시작 5분 동안 오늘 네 기분은 어때? 오늘 네 마음은 어떤지 물었다. 굳이 말로 표현하기 싫으면 캐릭터를 터치만 하면 된다면서. 웃는 얼굴, 찡그린 얼굴 등 자신이 선택한 얼굴 그림만 보여 주어도 알게 되는 네 기분!

그렇게 너의 마음이 어떤지 물어보다 보면 어느새 교실의 아침이 밝아지고, 웃음이 넘쳐 나는 교실이 되었다. 어떤 날은 바로 수업을 시작하기도 한다. 그런데 한 아이가 "오늘 선생님 마음이 왜 그럴까요?" 한다. '물어보기'를 안 하냐면서. 그러면 나는 이제는 너희들끼리 서로가 서로를 살펴봐라! 한다. 내 마음도 네 마음도.

아이들이 자면서 꾸는 꿈은 무의식에서 비롯된다고 한다. 어린 시절의 무서운 꿈, '쿵' 하고 떨어지는 꿈을 어른들은 아이들의 성장 과정의 일부로 치부한다. 하지만 어린 시절부터 축척된 부정적인 감정만은 제거해 주어야 한다. 이는 자녀들이 지난 일을 되새기며 과거에 얽매이지 않고 앞을 내다보면서 성장해 가는 기초가 되기 때문이다. 그런 만큼 부정적인 감정 대신 밝고 고운 생각을 담아 주어야 한다. 아이가 잠자리에 들기 전에 살며시 안아 주고 사랑한다고 말해 주면 된다. 바빠서 챙기지 못한 사랑도 단번에 채워 줄 수 있는 묘약이다.

아침 기상부터가 전쟁이라고 엄마들은 말한다. 그런 것처럼 서로 다른 기질과 성격을 가진 아이들이 학교라는 공간에서 생활한다. 나는 오늘도 무사하고 안전한 학교가 되어 달라고 구호처럼 되뇐다. 복도에서 부딪치고 사과는커녕 실실 웃고 달아나 버린 친구 때문에 상처받은 일, 미술 시간에 물감을 친구 그림에 쏟아 버려서 난감했던 일 등. 학교에서는 여러 가지 상황이 벌어진다.

그럴 때면 나는 아이들에게 "너의 생각과 마음을 오늘 일기장에 적어 줄래?"라고 했다. 그랬더니 아이들은 학교에서 벌어졌던 그 상황을 돌아보고, 자신의 행동을 되돌아보는 모습을 보였다. 복도에서 친구들과 한눈팔지만 않았더라면 달려오는 친구를 피할 수 있었는데⋯. 그렇게 자기 자신을 다독이는 글을 적어 왔다.

맨날 똑같은 일상이어서 적을 게 없다고, 학교 마치면 학원에 가야 해서 시간이 없다는 아이들이다. 나는 도서관이나 집에서 읽은 책에서 딱 한 줄, 네 마음에 와 닿는 글 한 줄만 일기장에 적어 오라고 했다. 그랬더니 한 줄 베껴 적기는 '껌'이라던 녀석이 친구 일기를 훔쳐보며 "니는 오늘 뭐 적었노?" 한다. 날마다 마음에 와 닿는 보석 같은 그 한 줄을 만나기 위해 시간만 나면 도서관을 들락거린다.

안동으로 현장체험학습을 가는 날이었다. 하회탈춤 공연을 보고, 박물관 관람도 다 마치고 식사를 하고 나니 하늘이 어두워졌다. 곧 비가 쏟아질 것 같았다. 회의를 통해 일정도 모두 마쳤으니 서둘러 학교로 돌아가기로 했다.

그때 한 아이가 선생님 왜 일찍 가느냐고 하는 것이었다. 나는 "비가 올 것 같아. 네 어머니가 걱정하실 거야! 바로 주차장으로 가서 우리 반 버스에 탑승하자. 걱정되어서 어머니가 벌써 학교 교문 앞에 나와 계실 걸."이라고 했다. 그랬더니 아이가 "아! 선생님 지금 학교 가면 뭐 해요?"라고 했다. 나는 아이에게 "그럼 너희들은 뭐 할 건데. 지금 뭘 해 보고 싶어?"라고 물었다. 그랬더니 아이가 "아! 지금 출발해서 3시 반 전에 도착하게 되면 우리 엄마가 학원에 가라고 한단 말이에요. 학원 책가방 들고 기다리는 거예요. 적어도 선생님은 오늘 학원에 갈 일은 없잖아요."라고 하는 것이었다.

생각해 보니 아이들 말이 맞았다. 먼 길 간다고 아침 일찍부터 나와서 하루 종일 돌아다니느라 힘들었을 텐데 아이라고 지치지 않을까? 지친 몸을 이끌고 학원에 가 앉아 있으면 공부가 될까? 잠이 쏟아질 것 같은데…. 나는 그 아이에게 제안을 하나 했다. "얘야, 어버이날을 오늘로

당기면 안 될까? 오늘을 어버이날이라고 생각하고 효도 한번 하자! 기분 좋게 학원에 다녀오기. 알았지? 그럼 내일 안동에 다녀온 이야기를 나누고 점심 먹은 후 우리 반끼리 강당 가서 배드민턴 어때?" 아이는 좋아라 하며 교문 앞에서 학원 가방으로 바꿔 들고 손까지 흔들며 학원 차를 타고 갔다.

감정을 표현하는 형용사는 아주 많다. 화가 나고 속상한 감정을 표현하는 형용사로는 '화난다', '열 받는다', '짜증난다', '부글부글 끓는다', '한 대 때려 주고 싶다', '분하다', '속이 뒤집힌다', '속상하다' 등이 있다. 즐겁고 행복한 감정을 표현하는 형용사로는 '행복하다', '뿌듯하다', '날아갈 것 같다', '세상을 다 얻은 기분이다', '힘이 생긴다', '자신감이 생긴다', '충전된다', '마음이 따뜻해진다' 등이 있다.

아이들은 내 마음을 잘 알아주는 엄마와 아빠에게 사랑과 친밀감을 느낀다고 한다. 우리나라 학생들이 부모와 대화하는 시간은 하루 평균 고작 '8분' 정도라고 한다. 가족들과 함께하는 시간이 매우 짧은 것이다.

그런데 마음을 열고 즐겁게 소통한 경험이 짧더라도 기회가 생길 때마다 횟수를 더해 간다면 어떨까? 그날의 기분을 잘 살펴 주고, 마음을 공감해 주는 부모라면 어떨까? 아이들은 이 세상이 다른 사람과 함께 살아가는 곳이라는 것을 느끼게 될 것이다. 나아가 다른 친구들의 감정을 알아차릴 수 있을 것이다.

집 안 청소를 하다가 먼지가 묻어 있는 욕실 거울을 깨끗이 닦으면 내 모습이 훤히 잘 보인다. 부모는 아이를 비춰 주는 거울이라고 한다. 아이의 표정에 나타나는 감정을 우리는 얼마나 민감하게 알아차리고 있을까? 가장 소중한 우리 아이의 시시각각 변하는 감정! 엄마가 마음을 열면 잘 보인다.

나의 어머니 우분이 여사에게 꿈이 담긴 보물지도를 바칩니다. 제 아이 셋을 키워 주신 어머니의 헌신에 감사합니다. 어머니는 일생을 통해 내가 어떤 사람이 되어야 하는지를 알려 주셨습니다.

하나님을 바라보아라!
아이들을 사랑해라!
최선을 다해라! 평범한 일상을 감사하고 또 감사해라!

PART 05

사람들에게 희망을 전하며 선한 영향을 주는 메신저 되기

-최수미-

최수미 ·····················

자기계발 작가, 동기부여가

대학을 졸업하고 직장을 다니던 중 우연히 책을 읽기 시작하면서 자존감이 높아지고 의식이 높아지는 것을 느꼈다. 힘든 가정환경과 직장생활을 밝은 성격과 더불어 책의 도움으로 긍정적으로 극복하면서 살아가고 있다. 앞으로는 사람들에게 희망을 전해주는 메신저가 되어 선한 영향력을 펼칠 예정이다. 현재 책이 주는 긍정 메시지에 대해 개인저서를 집필 중이다.

사람들에게 희망을 전하며
선한 영향을 주는 메신저 되기

20대 중반쯤의 내 생각이 난다. 그때의 나는 독서에 심취해 있었다. 학창시절 책을 읽지 않던 내가 스물두 살 때쯤부터 미친 듯이 책을 읽기 시작했다. 이렇게 유익하고 재미있는 것을 왜 그전엔 몰랐을까? 역시 사람에게는 때가 있나 보다.

책을 읽기 시작하면서 나는 변해 가고 있었다. 어린 시절 나에게는 꿈과 희망이 없었다. 꿈과 희망을 어떻게 갖고 생각하는지 전혀 몰랐다. 그런 것을 가져야만 하는지도 몰랐다.

우리 집은 가난했다. 하루 벌어 하루 먹고살기도 힘겨웠다. 항상 쪼들리며 살다 보니 아이 셋을 키우는 부모님은 매일 싸웠다. 싸움이 일상인 집안환경 때문에 나에게 꿈과 희망은 먼 나라 이야기였다. 의욕도 없었다. 그저 학교에서 시키는 거 하고 나면 친구들과 노는 것이 나의 유일한 재미였다.

그렇게 그럭저럭 학창시절을 보냈다. 그러곤 전문대를 졸업하고 취업했다. 하지만 사회생활은 정말 어려웠다. 사회는 험난한 정글과도 같은 곳이었다. 경험해 보지 못한 새로운 환경에 울타리 없이 적응하려고 하니 그렇게 힘들 수가 없었다. 나는 첫 직장을 1년 다니고 그만두었다.

그렇게 공백기가 1년이 생겼다. 나는 다시 정글 속으로 들어가기가 겁이 났다. 공백기 동안 언니가 있는 안산으로 가서 생활하게 되었다. 그곳에서 우연히 책을 접하게 되었다. 그 당시 읽었던 책이 《토정비결》이었다. 토정 이지함에 대해 쓴 소설이었는데 너무 재미있어서 단숨에 읽어 버렸다.

책에 의하면 이지함은 사람의 운세를 봐 주는 주역가였다. 그는 사람마다 타고난 운이 있다고 믿었다. 하지만 그 운도 본인의 노력으로 개척할 수 있다고 했다. 그래서 이지함은 타고난 사주를 사람들에게 그대로 말해 주지 않았다. 희망을 더 얘기해 주었다. 이 책을 읽으면서 '그래! 내 삶도 정해진 운명이 아닌, 노력하고 개척하면 더 행복해질 수 있지 않을까?'라는 희망을 품게 되었다.

내가 가진 첫 희망이었다. 그때부터 나는 이 책 저 책 닥치는 대로 섭렵했다. 그러면서 나는 지금보다 더 좋은 집에서 살고 싶어졌다. 더 행복하고 싶어졌다. 더 많은 돈도 벌고 싶었다. 더 높은 지위에도 올라가고 싶어졌다. 욕구가 생긴 것이다.

그리고 20대 중반쯤에는 책을 읽으면서 변해 가는 나의 모습을 따라 '나도 사람들에게 희망을 전해 주는 책을 쓰고 싶다'라는 꿈을 갖게 되었다. 나도 예전에는 이렇게 힘든 삶을 살았다. 하지만 독서를 하면서 꿈과 희망을 품게 되었다. 그리고 지금은 이렇게 변하고 성공했다. 그러니 당신들도 할 수 있다! 나보다 더 잘할 수 있다! 그렇게 힘내라고 응원해 주는 등대가 되고 싶었다.

현대사회의 각박한 현실에 사람들은 힘들어한다. 위로받고 싶어 한다. 극심한 경쟁에다 가족이나 지인들에게도 쉽게 기댈 수 없는 시대이기 때문이다. 그런 이유에서인지 유튜브를 통해 희망을 전해 주는 사람들이 속속 생겨나고 있다. 사람들은 그런 유튜버들에게 열광한다. 내가 아는 대표적인 예가 김새해 작가와 정민의 〈마인드풀TV〉다. 나는 2018년 4월쯤에 아는 동생으로부터 김새해 채널을 추천받았다. 나는 이전에 그렇게 예쁘게 말하고, 생각하고, 예쁘게 생긴 사람을 본 적이 없다.

나는 2018년 2월에 신장암 진단을 받고 3월 9일에 수술을 하게 되었다. 워낙 건강에는 자신이 있었고, 정신력도 강하고 긍정적이어서 나는 금세 회복될 줄 알았다. 그런데 내 예상은 빗나갔다. 수술 후 내 체력은 많이 약해졌다. 예전 같지 않은 체력에 나는 가끔 슬퍼지기도 했다. 갑상선암 수술 경험이 있는 동생은 내가 그럴 것이라 예상했다고 한다. 그래서 도움이 될 것 같다며 추천해 준 채널이었다.

김새해 작가의 삶은 녹록지 않았다. 하지만 그 모든 걸 이겨 내고 지금은 행복한 삶을 영위하고 있다. 그런데 그 모습을 보는 나에게까지 그 행복이 전해지는 것이 아닌가? 악플이 성행하는 요즘 시대에 그녀가 운영하는 카페의 댓글은 모두가 선플이고 행복 그 자체였다. 거기 모인 모든 사람들이 서로 칭찬하고 응원하고 축하해 주고 있었다. 나에게 희망을 주는 메신저의 롤 모델이었다.

또 다른 예는 정민 쌤이다. 2018년 7월인가 8월쯤에 채널을 알게 되었는데, 뭔가 깨달음을 얻은 듯한 그녀의 말에 나는 빠져들었다. 힘든 어린 시절을 보낸 그녀는 명상을 통해 진정한 자신을 찾았다고 한다. 애쓰지 않고, 집착하지 않고 사는 삶이 우리를 더 행복하고 나은 삶으로 이끈다는 것이었다. 그녀가 이슬람 경전을 빌려 "가장 좋은 때에 가장 좋은 것이 온다."라는 멘트를 할 때는 머리에 스파크가 일어났다.

그녀들을 보면서 그동안 잊고 지냈던, 희망을 전하는 메신저가 되겠다는 꿈이 다시 생각났다. 나도 사람들에게 이들처럼 예전의 나는 힘들었지만 그걸 현명하게 잘 이겨 냈다고, 지금은 너무나 행복하고 평온한 삶을 누리면서 살아가고 있다고 말해 주고 싶었다.

희망을 전해 주며 선한 영향력을 끼치는 메신저가 되자! 그러려면 우선 나를 알려야 하는데 어떻게 알리나? 요즘은 유튜브나 SNS가 대세다. 그러니 이걸 배워야 하나? 그럼 SNS나 유튜브는 어디서 배워야 하나? 사람들에게 희망의 메시지를 전달할 주제는 뭐로 하면 좋을까? 고민과 생각이 많았지만 가닥이 잡히질 않았다.

그러던 중 2019년 12월 26일 새벽에 눈이 뜨여 유튜브를 보고 있는데 〈김도사TV〉 채널이 잡혔다. 김도사님은 이렇게 말씀하셨다.

"성공해서 책을 쓰는 것이 아니라 책을 써야 성공한다."

이 말을 듣는 순간 나는 '그렇지! 김새해 작가도 책을 써서 본인을 알렸잖아'라고 생각했다. 그런데 김도사님 본인이 김새해 작가의 스승이라고 했다. 나는 그 말에 화들짝 놀랐다. 진짜 원조를 발견한 것이었다. 역시 하늘은 스스로 노력하는 자를 돕는가 보다. 내가 사람들에게 희망을 전하는 메신저가 되기 위해서는 제일 먼저 나를 알려야 한다. 그러기 위해서는 책보다 좋은 것이 없다는 생각이 들었다. 내가 이 세상에 존재한다는 것을 알려야 사람들이 나를 찾을 것이 아닌가? 그러기 위해선 책을 써야 했다.

나는 당장 김도사님이 운영하는 네이버의 '한국책쓰기1인창업코칭협회(이하 한책협)' 카페에 가입했다. 1일 특강도 들었다. 특강 당일 나는 첫 번째로 수많은 인파에 놀랐다. 와! 이렇게 많은 사람들이 자신의 이야기를 쓰고 싶어 하는구나! 그리고 두 번째는 김도사님의 에너지와 그동안의 내력을 듣고 놀랐다. 듣고 있으면 나는 이미 성공한 메신저가 되어 있었다. 이 또한 내가 꿈꾸는 희망 메신저의 모습이었다.

나는 여기다 싶었다. 그리고 2월에 등록하고 나를 알리기 위한 책을 쓰기 위해 지금은 과정을 수료하고 있는 중이다.

나는 생각에 잠긴다. 내가 사람들에게 희망을 전하며 선한 영향력을 끼치는 삶은 얼마나 행복하고 보람될까? 메시지를 전해 주는 나도 행복할 것이다. 그리고 나의 메시지를 받고 성장해 가면서 자신의 삶을 더 행복하게 살아가는 사람들의 피드백을 듣고, 볼 것이다. 그러면서 '내가 이 길을 잘 선택했고, 잘 가고 있구나'라는 생각에 하루하루가 행복 그 자체일 것이다.

사람들의 관계는 에너지로 이뤄져 있다. 서로 비슷한 것끼리는 끌어당기는 법이다. 나를 필요로 하는 사람들은 나를 끌어당기고, 나는 내가 필요로 하는 사람들을 끌어당길 것이다. 내가 그들의 등대가 되면 그들도 언젠가는 다른 이들의 등대가 되어 주지 않을까? 그런 생각을 하게 된다.

좋은 것은 자꾸 나누다 보면 배가 되는 법이다. 나로부터 전해지는 희망의 메시지가 널리 널리 퍼져 선한 영향력의 초석이 되길 바란다.

내가 좋아하는 일을 하면서
경제적, 시간적 자유인 되기

20대 때 나의 첫 월급은 65만 원이었다. 그때는 그 월급에 맞춰서 안 입고, 안 먹고, 안 쓰고, 아끼면서 살았다. 그때는 그렇게 사는 게 답인 줄 알았다.

직장생활을 하면서 사회복지 야간대학에 다시 입학했다. 그러곤 학점 은행제 시간 이수까지 하면서 4년제 졸업장도 생겼다. 하지만 직장생활을 하면 할수록 이건 내 일이 아니라는 생각이 자꾸 들기 시작했다. 직장인에서 벗어나 내 시간을 자유롭게 쓰면서 돈도 많이 벌고 싶어졌다.

나는 직장을 다니면서 항상 생각했다. 내 시간을 자유롭게 쓰면서 살고 싶었다. 월급에 속박되어 하루 8~9시간씩 좋아하지 않는 일을 하는 것, 벗어나고 싶은 인간관계에 속박되어야 하는 것이 몹시 싫었다. 나는 나만의 일을 하겠다고 입버릇처럼 친구들과 직장 동료들에게 말하곤 했다. 그런 나에게 친구들과 동료들은 "너는 맨날 그 소리냐.", "최수미, 또 시작이다.", "내 일 하는 게 그리 쉽냐." 등의 핀잔과 야유를 퍼붓기 일쑤였다. 나는 그래도 그때의 현실에서 몸서리치게 벗어나고 싶었다.

나는 서른 살에 시골 직장을 그만두고 서울로 올라왔다. 동기들에 비해 늦은 나이의 서울 상경이었다. 새로운 곳에서 터를 잡는 것은 생각보다 많이 힘들었다. 그 당시에 면접을 얼마나 많이 보러 다녔는지 모른다. 취업이 안 되는 이유도 '나이가 많다', '시골에서 올라와 능력 여부를 알 수 없다' 등 갖가지였다. 많은 면접들을 보면서 나는 또 직장에 대한 환멸을 느꼈다. '나이야 세월이 흐르니까 당연히 먹는 것이고, 능력 여부는 일을 해 봐야 아는 것 아닌가?'라는 생각이 들었기 때문이다.

그렇게 퇴짜를 맞다 몇 개월 만에 취업이 되었다. 직원들도 좋았고, 원장님도 좋은 분이었다. 월급도 시골보다 훨씬 많았다. 인센티브도 있었다. 그런데도 나는 마음을 잡지 못했다. 지금의 직장이 내 자리가 아닌 것 같았다. 나는 나비처럼 훨훨 자유롭게 내 시간을 가지면서 돈을 벌고 싶었다. 그것도 많이 벌고 싶었다. 월급이라는 족쇄에 물려 싫은 일을 하는 것도, 나이가 많다는 이야기를 듣는 것도 싫었다.

'내 일을 하면 이런 취급을 받지 않아도 될 텐데.'

그렇게 방황하던 중 나는 우연히 《나는 쇼핑보다 경매가 좋다》라는 책을 읽게 되었다. 책에는 가난한 집안에서 태어나 경매로 성공하기까지의 저자의 삶의 과정이 쓰여 있었다. 저자는 경매를 시작할 때 겨우 마련한 돈은 300만 원이었다고 했다. 300만 원으로 경매를 시작해서 자산을 일군 것이다. 나는 '이거다!' 싶었다. 직장에 얽매이지 않고 내 시간을 자유로이 쓰면서 경제적 자유를 누릴 수 있는 방법 말이다. 나는 내가 성공할 수 있는 길은 경매가 답이라는 결론을 냈다.

저자는 300만 원으로 경매를 시작했다고 했다. 나에게는 저자보다 200만 원이나 많은 500만 원이 있었다. 그렇다면 나는 더 희망적이지 않은가! 책을 읽은 후 바로 검색에 들어갔다.

나는 필이 꽂히면 바로 행동하는 행동파다. 경매 특강을 들은 후 바로 수강 신청을 했다. 그때 나는 부동산의 '부' 자도 몰랐다. 하지만 마음은 이미 부동산 부자였다. 모르면 배우면 된다. 그래서 돈을 주고 배우는 게 아닌가. 경매 공부는 나에게 신세계 그 자체였다. 너무나 재미있었다. 내가 열심히 노력해서 낙찰을 받으면 그 수익은 온전히 나의 것이 되는 것이었다. 그러니 더 재미있었다. 더욱 열심히 할 수밖에 없었다. 내가 꿈꿔 왔던 경제적 자유를 얻으면서 시간적 자유도 누릴 수 있다는 희망이 생겼으니 말이다.

직장을 다니면서 참 열심히도 부동산을 공부했다. 직장이 끝나면 지리도 모르는 서울, 인천, 부천의 밤거리를 헤맸다. 해당 물건지를 찾아서. 험한 세상에 여자 혼자 겁도 없이 물건지의 집도 두드리고 세입자나 집주인을 만나 이야기도 나눴다. 그래야만 했다. 그래야 실수가 줄기 때문이다. 그리고 집에 도착하면 밤 12시가 되었다.

그 당시에는 스마트폰도 없었다. 서울 지리도 모르는 나는 물건지의 지도를 뽑아서 가지고 다니곤 했다. 그래도 모르겠으면 해당 동사무소에 전화하거나 주변의 큰 병원에 전화해서 어떻게 가냐고 물었다. 겨울 날씨는 너무나 추웠다. 허벅지가 터질 것 같다는 느낌과 칼바람에 살이 에이는 듯하다는 표현을 그때 처음 느꼈다. 하지만 극심한 추위도 나의 열정을 막진 못했다. 경제적 자유를 얻어 시간을 자유로이 쓰면서 살 수 있다는 희망이 나를 움직이게 만들었다.

내가 가진 종잣돈이 적었기 때문에 남들보다 더 많이, 더 부지런히, 더 빨리 움직여야만 했다. 나는 그런 마음가짐을 갖고 더 멀리 다녔다. 인천, 김포, 천안, 철원, 의정부, 파주, 화곡동 등.

그렇게 1년 정도가 되어 갈 때쯤 나는 김포의 원룸 빌라를 낙찰 받았다. 법원에서 최고 낙찰 매수인으로 내 이름을 호명할 때의 그 순간! 너무 좋아서 손이 떨렸다. 그동안의 고생을 보상 받는 느낌이었다. '이제부터 시작이구나'라는 생각이 들었다.

첫 낙찰의 기쁨을 엄마에게 전했다. 엄마는 기뻐하시면서도 항상 조심하라고 말씀하신다. 그런 분이시다. 좋으면서도 좋다는 표현보다 걱정이 앞서는 분이다. 살아온 삶이 힘들다 보니 그렇다는 것을 나는 안다. 내가 돈을 많이 벌고 싶은 이유다.

그동안 누리지 못하고 살아왔던 부모님의 삶에 등불이 되어 주고 싶었다. 호강시켜 드리고 싶었다. 식당 일로 손마디가 굵어지고, 손가락이 휘어지게 일해도 나아지지 않는 엄마의 삶이었다. 나는 성공해서 그런 엄마가 누리면서 살게 해 주고 싶었다. 항상 돈이 없는 집안인지라 돈 때문에 싸우곤 했다. 나는 그게 싫었다. 그 가난의 고리를 내가, 내 대에서 끊고 싶었다.

그 뒤로 몇 개월 후에 파주에 있는 빌라를 또 낙찰 받게 되었다. 그 집은 1년간 세를 줬다. 그러다가 아픈 오빠가 서울로 이사 오고 싶어 해서 지금은 엄마와 오빠가 그 집에서 살게 되었다. 내가 경매를 배우지 않았다면 서울로 올라오고 싶어 하는 가족들은 지하 월세방을 전전했을 것이다. 나는 경매를 공부하길 잘했다 싶었다.

지금 나는 파주의 30평대 아파트에서 살고 있다. 2018년 11월에 30평대 아파트를 사서 이사를 왔다. 너무나 만족스럽다. 빌라와 달리 아파트는 넓고, 볕도 잘 들고, 따뜻하고, 7층이라 하늘도 잘 보인다. 그런 데다 앞에 건물이 없어 시야가 탁 트여서 좋다.

우리 가족은 지금까지 살면서 가장 넓은 집에 살고 있다. 나는 지인들에게도 말한다. 내가 살아온 인생 동안 지금이 제일 부자라고. 그리고 엄마에게도 조금은 효도하고 있다는 생각도 한다.

지금은 또 다른 경로로 나와 우리 가족이 경제적 자유를 누리는 꿈을 꾸고 있다. 그것은 바로 내가 작가가 되는 것이다. 당연히 베스트셀러 작가다. 작가로 성공해서 강의도 하고, 강연도 할 것이다. 사람들이 나를 찾아오도록 커리큘럼도 만들어서 경제적인 자유를 얻을 것이다. 작가를 초석으로 1인 지식 창업가가 되어 행복하고 성공한 삶을 누릴 것이다. 작가가 되겠다고 마음먹었을 때 엄마에게 말해 줬다.

"엄마, 앞으로 일 안 하고 편하게 살게 해 줄게. 매달 생활비를 500만 원씩 줄 테니까 일하지 마. 편하게 살아."

"매달 500만 원이 부족해? 그럼 분기별로 보너스로 1,000만 원씩 줄게. 어때? 좋지?"

이런 나의 말에 엄마는 내심 어처구니없어하면서도 좋아하시는 거 같다.

나의 성공은 나와 나의 가족 모두를 편안하고 풍요롭게 살도록 하기 위함이다. 머지않아 그렇게 되리라는 것을 나는 알고 있다.

가족들과 1년에 한 번씩 크루즈여행 가기

우리 집에는 항상 돈이 없었다. 그래서 부모님은 돈 때문에 늘 싸우셨다. 뼈 빠지게 일하는데 손에 돈이 쥐어지지 않았다. 모래알처럼 손가락 틈새로 빠져나가곤 했다. 워낙 없는 집이었기 때문에 모이는 돈보다 항상 쓰이는 돈이 더 많았던 것이다. 모이려고 할라치면 꼭 일이 생겨 돈이 빠져나간다고 엄마가 말씀하시곤 했다. 힘들게 일하는데도 희망이 없는 현실에 두 분이 할 수 있는 것은 싸움밖에 없었던 것 같다.

항상 돈에 쪼들리며 사는 우리 집은 여행이라는 것을 모르고 살았다. 특히나 가족여행은 꿈도 꿀 수 없었다. 가족끼리 정답게 여행한다는 것은 있을 수도 없는 일이었다. 여행은 돈이 많거나, 가족 사이가 좋은 사람들이나 하는 거라고 생각했다. 아마 이마저도 돈에 쪼들리며 살다 보니 자연스럽게 생긴 고정관념이었을 것이다. 자라면서 외식 한 번 안 했으니 말이다.

안 했다기보다는 못한 쪽에 더 가까웠을 것이다. 우리 집에서 여행이라는 것은 아이들에게는 수학여행, 부모님에게는 계에서 몇 년에 한 번씩 가는 여행이 다였다. 그마저도 엄마는 가질 않으셨다. 자식들의 밥걱정, 돈 걱정 때문에 그마저 포기하셨던 것이다.

그런데 나이가 들면서 주위를 둘러보니 사람들은 여행이라는 것을 참 많이도 다녔다. 혼자 또는 가족끼리, 친구끼리, 동료끼리 가는 제주도 여행, 유럽여행, 일본여행, 중국여행, 패키지여행 등등.

내 대학 동기 L만 해도 그렇다. 그녀는 결혼하고 나서부터는 친정 부모님을 모시고 1년에 몇 번씩은 해외나 국내 여기저기를 여행하고 있었다. 가끔 통화하면 여기 가니까 좋더라, 저기 가니까 좋더라 말하곤 했다. 엄마 모시고 한번 갔다 오라고도 했다. 그런 말들을 들을 때마다 '너니까 다니지', '그래, 넌 여유가 있어서 다니는구나', '부럽다'라는 생각만 들었다. 그때까지만 해도 여행은 나에게 부담이었다.

요즘은 SNS만 보더라도 자신을 위해, 가족을 위해 국내외로 며칠에서 몇 주씩 여행했다는 후기가 많다. 그러나 그런 사람들의 사진을 보더라도 나에겐 큰 감흥이 없었다. "고기도 먹어 본 사람이 먹을 줄 안다."고 했던가. 원래 안 먹어 봤던 나는 부러우면서도 나와는 거리가 먼 삶이라고 생각했었다.

그러던 중 유튜브 〈김도사TV〉를 통해 김도사님을 알게 되었다. 그런데 김도사님은 1년에 몇 번씩 크루즈여행을 한다고 했다. 그것도 호화 크루즈여행이었다. 김도사님께서 운영하는 한책협 카페에 올라온 크루즈여행 사진을 보면서 나는 영감을 받았다.

'그래, 나도 가족들과 1년에 한 번은 크루즈여행을 하자!'

특히나 김도사님이 부모님을 모시고 간 크루즈여행 동영상을 봤을 때가 제일 부러웠다. 나도 가족들과 크루즈여행을 하고 싶어졌다.

언제인가 '부모님이 살아 계실 때 잘하자'라는 말이 내 뇌리를 스쳤다. 그때부터 조금씩이나마 효도를 실천하며 살고 있다. 엄마에게 옷도 자주 사 드린다. 그것도 브랜드로. 맛있는 게 생각나면 같이 먹으러도 간다. 아픈 데가 있으면 약도 지어 드리고 마사지도 받게 해 드리고 있다. 많은 사람들이 성공해서 부모님께 효도하려고 했더니 그때는 옆에 부모님이 안 계시더라고 한다. 살아 계실 때 잘하는 게 효도다.

갑자기 이 말들이 생각나고부터는 부모님이 돌아가시고 나서 '그때 잘할걸'이라고 후회하고 싶지 않았다. 그래도 살아 계시는 동안 최선을 다해 부모님께 효도했다는 생각을 하고 싶었다. 나의 만족을 위해서인지도 모른다. 하지만 후회하는 삶은 싫다.

그래서 난 결심했다. 더 늦기 전에 가족들과 1년에 한 번씩은 크루즈여행을 하기로. 나는 우리 가족 모두가 호화 크루즈여행을 하는 모습을 생생하게 그리고 있다. 가족 모두가 행복해하면서 크루즈여행을 만끽하는 모습을 옆에서 지켜보는 나 자신을 생생하게 상상한다. 어마어마한 배 안에서 놀 거리, 먹을거리, 즐길 거리 등을 여유롭게 만끽하는 여행이니 얼마나 행복하겠는가.

벤츠 S클래스, 제네시스 SUV 오너 되기

내 나이 올해 마흔넷. 나에게는 지금까지 차가 없다. 나뿐만 아니라 우리 집은 차를 소유해 본 적이 없다. 그래서일까? 나는 살아오면서 차의 필요성을 못 느꼈다.

초등학생일 때만 해도 나는 거의 1시간 정도 되는 거리를 걸어 다녔다. 그때는 버스가 다니질 않았다. 그래서 내 몸이 걷는 데 익숙해진 것일까? 어린 나에게 등하교 시간은 신나는 놀이 시간이었다. 걷는 게 싫다는 생각을 해 본 적이 없다. 친구들, 언니, 오빠들과 삼삼오오 등하교하면서 색깔 맞추기 놀이, 끝말잇기를 했다. 고랑이나 논두렁의 개구리, 올챙이, 잠자리, 물방개, 쇠똥구리 등을 보면서 걷는 길은 놀이 그 자체였다. 참 재미있었다. 나중에 버스 편이 생겼지만 이런 재미를 느낄 수 없어 어떨 때는 일부러 걸어 다녔다. 그래서 나는 걷는 것에 대한 거부감이 없다. 오히려 더 좋아한다. 운동도 덤으로 되니까.

대학을 졸업하고 친구들은 하나둘 운전면허증을 따기 시작했다. 다른 친구들보다 나는 좀 늦게 운전면허증을 땄다. 대학 친구 J가 어느 날 나에게 말했다.

"수미야, 운전면허증 따."

"나? 지금 차도 안 살 건데 운전면허증이 있으면 뭐 해."

"지금 차는 안 사도 면허증은 있어야 돼. 빨리 따."

"…."

그 친구 성화에 나는 운전면허증을 땄다. 그런데 친구 J가 운전면허증이 있는 줄은 알았지만 차가 있는 줄은 몰랐다. 어느 날 약속 장소에 J가 차를 몰고 왔다. 내심 놀랐다.

"어! 누구 차야?"

"아빠 차야."

학창시절 J는 항상 나와 버스를 타고 다녔다. 때문에 그녀에게 차가 있는지 몰랐다. 정확히 말하면 J의 아빠 차였지만. 나는 친구들이 다 우리 집처럼 사는 줄 알았다. 나중에 안 사실이지만 J의 아빠는 지역 유지였다. 아빠 직업이 항만 조합장이라고 건너 들었다. 나는 항만 조합장이 그렇게 대단한 직업인지 몰랐다. 어쩐지.

가끔 J 집에 놀러 가거나, 자러 가서 밥을 먹곤 했다. 그런데 우리 집에서는 한 번도 먹어 보지 못한 전복죽, 육전 등이 반찬으로 나왔다. 삼겹살은 수시로 먹었다. 과일도 항상 넘쳐 났다. 창고에는 먹을 게 쌓여 있었다. 소고기 꽃등심을 J 집에서 처음 먹어 봤다. 아니, 떡국에 넣어 먹는 소고기 말고 구워 먹는 소고기는 처음 먹어 봤다. 그럴 때마다 나는 내심 놀라곤 했다.

나는 서로 다른 집안 환경에 놀라면서도 그럴 수도 있는 거라며 크게 개의치 않았다. J는 배려심이 많고 친절한 친구였다. 자신과 차이가 많이 난다고 내가 느낄까 봐 먼저 신경 쓰고, 배려해 준 친구였다. 가끔은 J의 그런 과도한 배려가 나를 더 비참하고 속상하게 할 때도 있었다. 하지만 나는 이때까지만 해도 차의 필요성이나 존재의 가치를 못 느꼈다.

나는 워낙에 걷는 것을 좋아해 웬만한 거리는 걸어 다녔다. 차를 가지고 있는 친구들이 데려다준다거나 데리러 온다고 하면 나는 "괜찮아, 걸어가면 돼.", "나 잘 걸어. 운동한다 생각하면 금세야."라고 말했다. 그때는 정말 그랬다. 걷다 보면 운동도 되고, 이 생각 저 생각, 많은 생각이 떠오른다. 나는 걸으면서 떠오르는 생각들을 좋아한다. 생각하기 위해 일부러 걷지는 않는다. 걸으면서 떠오르는 생각을 좋아할 뿐이다. 나는 그 시간을 즐긴다. 나는 그 시간이 참 좋다.

20대 후반쯤 되었을 때 친구들은 하나둘 차를 뽑아 몰고 다녔다. 하다못해 결혼한 친구들은 남편 차라도 있었다. 유일하게 차가 없는 사람은 나뿐이었다. 속상하지는 않았다. 버스를 타야 할 때는 시간을 맞춰야 하는 불편은 있었다. 하지만 그것 때문에 차를 소유해야지 하는 필요성은 못 느꼈다. 왜 그랬을까? 주변 사람들이 자기 차든, 집안 차든 다들 차를 운전하고 다녔는데 나는 왜 필요성을 못 느꼈을까? 먼저 차를 사려면 돈이 많이 든다는 생각을 했었다. 사실이기도 하다.

그 당시 아반떼가 1,500만 원 정도라고 들었다. 1,500만 원. 휴. 우리 집엔 그만한 돈이 없었다. 먹고살기도 힘든데 차 살 돈이라니. 언감생심이었다.

"엄마, 우리도 차 있으면 좋겠다."

"뭐 하게. 차를 사려면 돈이 있어야 되는데 우리에게 그럴 돈이 어디 있어?"

"내 친구들은 다 차를 몰고 다녀."

"걔네 집은 돈이 많나 보지. 차를 사면 보험료 내야지, 기름 값 들지, 고장 나면 수리해야지. 그러니 그냥 걸어 다녀. 그게 돈 안 들고 편해. 나중에 결혼하면 남편 차 타고 다녀."

우리 집의 대화는 이랬다. 그 당시 차가 있는 친구들도 이런 말을 하곤 했다.

"차가 있으면 좋지. 근데 사는 순간 돈이야."

"있으면 편하긴 한데, 돈이 많이 들어."

이런 말을 들을 때마다 차는 나에게 건널 수 없는 강처럼 느껴졌다. 차를 살 수 없는 형편인 만큼 이런 말들을 위안 삼았다. 하지만 가끔 가까운 데 바람을 쐬러 가고 싶다거나, 대형마트에 장을 보러 간다거나 할 때면 이래서 차가 필요하구나 하는 생각을 한다. 바람 쐬러 가고 싶어도 교통편이 나쁘거나 시간이 너무 오래 걸려서 포기하기도 한다. 마트에

장을 보러 갈 때도 지금 당장 쓸 것만 사야 해서 불편하다.

2년 전부터 나는 나에게 좋은 차가 오기를 기도하고 있다. 특별한 차 종이나 모델을 원하는 건 아니다. 차가 없어 본 만큼 그냥 좋은 차가 나한테 왔으면 하는 생각이다.

그러던 중 직장 회식을 하는 날이었다. 회식 장소로 이동하기 위해 원장님 차를 탔는데 와! 승차감이 구름 위를 떠가는 것 같았다. 차종은 제네시스였다. 승차감이 너무 좋아 다음에 내 차는 제네시스였으면 했다.

나는 유튜브 〈김도사TV〉를 자주 본다. 김도사님은 자동차를 여러 대 소유하고 있다. 그것도 모두 외제차로. 벤츠는 S클래스, E클래스를 소유하고 있다고 했다. 차에 대해 잘 모르는 나도 벤츠가 비싸고 좋은 차라는 건 안다. 대단하다 싶었다. 한책협의 포민정 코치 차도 벤츠라고 한다. 그녀는 지금 스물아홉 살이다. 멋져 보였다.

내가 다니는 필라테스 원장님도 벤츠를 타고 다닌다. 필라테스 원장님에게 물어보니 벤츠는 C클래스, E클래스, S클래스가 있다고 한다. 그중 S클래스가 제일 좋은 거라고 했다. 나는 생각했다. '그래. 이왕 갖는 거라면 벤츠를 타야지. 그것도 제일 좋은 S클래스로.' 길에 다니는 차를 보고 있노라면 벤츠만 눈에 띈다. 아마도 내가 벤츠 S클래스를 갖겠다고 마음먹으니 우주가 나에게 가질 수 있도록 허락해 준 거 같다. 내가 앞으로 타게 될 벤츠이기 때문에 자꾸 보여 주는 게 아닐까.

그리고 하나 더 갖고 싶은 차는 제네시스 SUV다. 원장님 차의 승차감에 반해 나는 제네시스를 사야겠다고 생각했다. 그런데 세단은 이미 벤츠 S클래스로 정했다. 그런 만큼 SUV도 세컨드 차로 괜찮을 거 같다. 이번에 제네시스에서 SUV인 GV 80을 출시했다. GV 80이 궁금해서 유튜브 영상을 보니 가죽도 고급스럽고 차의 색도 예뻤다. 무엇보다 내부가 잘 나왔다고 다들 호평이다. 그걸 보면서 제네시스 세단보다는 GV 80으로 세컨드 차를 정했다.

예전에 나는 지금 당장 필요하지 않으면 원하지 않았다. 어차피 가질 수 없었으니까. 가정환경이 그랬다. 그러다 보니 그 생각이 나의 관념이 되어 버렸다. 하지만 지금은 아니다. 예전의 내가 아니란 말이다. 그때는 원하는 것이 무엇인지도 몰랐고, 무엇을 원해야 하는지도 몰랐다. 하지만 지금은 강력한 믿음을 갖고 원하고 있다.

벤츠 S클래스와 GV 80을 타고 강연을 하러 다닐 것이다. 그 차들을 타고 내 사무실을 오갈 것이다. 가족들과 바람도 쐬러 다닐 것이다. 지인들과의 약속 장소에도 편하게 다니는 내 일상의 모습을 느끼고 생각한다. 힘든 일상을 참고 견디는 것이 당연하다고 여기는 삶이 아니라, 편안하고 안락한 삶을 누리는 나와 가족을 생각한다. 그러면 행복감에 저절로 미소가 지어진다. 여름은 시원하게, 겨울은 따뜻하게, 눈비 오는 날에 구애받지 않고 편하게 차를 타고 다니는 모습을 상상하면 행복하다. 나는 그 삶이 곧 이루어질 거라 강력하게 믿는다.

한강이 보이는 서울 30평대 아파트로 이사 가기

나는 배우는 것을 좋아한다. 학창시절에는 배우거나 뭔가를 한다는 것을 싫어했던 거 같다. 아마도 스스로 원해서 하는 것이 아니라 의무적으로 해야 했기 때문일 것이다. 그래서 뭔가를 한다는 것에 재미도, 흥미도 느끼지 못했다.

그러다 스물세 살부터 책을 읽기 시작하면서 나는 변했다. 책을 읽어나가면서 나는 서서히 의욕도 생기고 욕구도 생겼다. 배우고 익혀서 적용해 보는 것이 재미있어지면서 책을 좋아하게 되었다. 나는 책을 읽으면서 세상 이치를 터득하고 배워 나갔다.

직장생활은 힘들고 적응하기가 어려웠다. 아침에 등교하는 것보다 더 싫었다. 하지만 살아가기 위해 적응해야만 했다. 나는 책을 읽으면서 힘든 직장생활에의 적응도 터득해 가고 있었다. 학창시절과는 다르게 인간관계도 힘들었다. 인간관계가 힘들 때는 인문고전을 읽었다. 또한 인생을 어떻게 살아야 할지 고민될 때는 철학책을 읽었다. 어려웠지만 조금씩 배우고 익히면서 조화하는 법을 알아 갔다. 그러면서 나는 조금씩 성장해 가고 있었다.

나는 서른 살쯤에 시골에서 서울로 상경했다. 적지 않은 나이였지만 혼자 살 용기가 없어서 언니네 집에 얹혀살았다. 5년 정도 언니 네서 살았던 거 같다. 그러다 우연히 경매 책을 접하게 되었다. 그길로 나는 경매에 입문하게 되었다. 2년 동안 열심히 공부한 결과 김포와 파주에 있는 빌라도 낙찰 받았다. 김포 집은 5년 후에 매도했다. 파주에 있는 집은 1년 정도 세를 줬다가 엄마와 아픈 오빠가 들어가 살게 되었다. 그러면서 나도 자연스럽게 파주에서 살게 되었다.

그런데 파주에서 살다 보니 듣고 싶은 강의가 있거나 지인들을 만나기 위해 서울로 나가는 것이 무척이나 힘들어졌다. 물론 대중교통은 편리한 편이다. 그러나 거리상 오고 가는 데 드는 시간이 문제였다. 아무리 대중교통이 잘되어 있어도 거리가 멀다 보니 오고 가는 시간이 너무 많이 걸렸다. 그 거리를 왕복하면서 나는 지쳤다. 서울에 살 때는 느끼지 못했던 불편함이었다. 서울에서 강의를 들으러 가거나 지인들과 약속이 있을 때는 길어 봐야 30분에서 1시간 정도면 충분했다. 그런데 파주는 가깝게는 1시간에서 2시간이 걸렸다. 거리가 먼 곳은 3시간이 걸리는 곳도 있었다. 너무 멀었다. 왕복 시간이 너무 길다 보니 가고 싶어도 가지 않게 되었다. 나는 점점 퇴보해 가고 있었다.

서울에서 살 때는 마음만 먹으면 거리, 교통에 구애받지 않고 다녔다.

반면 파주에서는 거리와 교통 시간이 내 배움과 만남을 제약하고 있었다. 음. 절실함이 덜했을지도 모르겠다.

파주에 살면서 나는 항상 서울로 이사 가고 싶어 했다. 지금도 그렇다. 그러나 쉽지 않은 현실이다. 서울 집값이 너무 비싸 대출을 받아야 하는데 대출 금액을 감당하기 힘들기 때문이다.

가끔 듣고 싶은 강의가 있어서 서울에 큰마음 먹고 가면 나는 생동감을 느낀다. 서울만이 주는 활력이 있다. 많은 사람들이 오가는 데서 맞닥뜨리는 분주함이 나는 좋다. 그럴 때마다 역시 나에게는 서울이 맞는구나 생각한다. 주변 지인들은 서울은 복잡하고 공기도 안 좋아 싫다고들 한다. 사람들은 보통 나이가 들어 가면서 서울 외곽으로 이사 나오고 싶어 한다. 그런데 나는 서울에 입성하고 싶다. 서울은 기회가 많은 곳이기 때문이다.

TV나 유튜브에서 연예인이든 보통 사람이든 그들의 집을 소개해 주는 프로그램을 본다. 그럴 때면 나는 부러움과 흥분을 동시에 느낀다. 볼 때마다 '와, 좋다,' '나도 저런 집에서 살아 보고 싶다'라는 생각이 든다. 예전에는 '아무 데서나 살면 되지'라고 생각했었다. 그런데 한강이 보이는 전망이나 서울의 야경이 보이는 멋진 아파트에서 사는 영상을 보면 그렇게 부러울 수가 없다. 그렇게 주변 환경이 멋진 아파트에서 살면 어떤 기분일까? 멋지지 않을까?

살다 보니 주변 환경이 무척이나 중요하다는 것을 느낀다. 그래서 내가 서울에서 살게 된다면 이왕이면 산이 가깝거나, 공원이 있거나, 한강이 보이는 곳이었으면 좋겠다고 생각한다. 한강이 보이는 30평대 아파트로 이사하고 싶다. 창문을 열고 지낼 수 있는 계절이 되면 강바람도 솔솔 불어올뿐더러 한강의 야경은 그야말로 황홀할 거 같다. 그리고 날씨가 좋은 날에는 한강에서 가볍게 운동도 할 것이다. 강아지 쿠쿠와 여유롭게 산책도 할 것이다. 그런 여유로움을 만끽하며 사는 삶을 생각하면 행복감에 젖어 든다.

내가 어렸을 때 우리 집은 고향 시골집을 떠나 타지에서 셋방살이를 했었다. 방 하나에 온 가족이 살았던 기억도 있다. 우리들이 커 가면서 방이 2개인 집에서 살았던 기억도 있다. 그러다 내가 고등학생일 때 방 2개짜리 근로자 아파트에서 살게 되었다.

집이 작다 보니 명절이나 제사 때 친척들이 오거나 언니, 오빠가 직장 생활을 하다가 휴가 때 집에 오면 잘 곳이 마땅치 않았다. 그래서였을까? 나는 우리 집보다 평수가 큰 친구들의 집이 부러웠다. 우리 집에 오면 답답함이 느껴졌다. 우리도 내 방도 있고 침대도 놓을 수 있는 넓은 집에서 살고 싶었다.

하지만 그때는 이사는 생각지도 못했다. 그럴 형편이 아니었다. 현실을 그대로 받아들이면서 사는 것이 최선이었다. 그런 현실 속에서 나는 상상했다. 내가 20평대 아파트에서 살게 된다면, 30평대 아파트에서 살게 된다면 어떻게 하고 살아야지, 하면서. 그것만으로도 행복했었다.

살다 보니 지금은 나의 바람처럼 30평대 아파트에서 살고 있다. 이 집은 내가 2018년 두 번의 암 수술 후 직장을 쉬고 있을 때 스치듯 상상한 집이다. 지금 우리 집은 너무 낡은 빌라다. 어른 셋에 강아지와 갑작스럽게 입양한 아기고양이까지 살기에는 집이 좁다. 그러니 넓고 좋은 집으로 이사 가면 좋겠다는 생각을 했었다. 강아지 쿠쿠와 산책할 때면 20평대도 좋지만 이왕이면 30평대 아파트 6, 7층 정도면 좋겠다고 생각하곤 했다. 지금 살고 있는 아파트를 보면서. 그런데 운명처럼 2018년 11월에 지금 살고 있는 집에서 살게 되었다. 내가 원했던 아파트에, 30평대에, 7층이다. 앞에는 건물도 없어서 하늘도 잘 보인다. 햇빛도 너무나 잘 들어서 따뜻하다. 도로와 거리가 있어서 교통 소음도 없다.

생각해 보라. 내가 원하던 조건들에 맞는 아파트에서 산다는 것이 얼마나 기쁘고 행복한 일인지 말이다. 그래서 나는 지금도 원하고 있다. 항상 서울로 이사 가고 싶었던 나의 바람이 이루어질 것임을 확신하게 되었다. 내가 바라면 하나님께서는 항상 가장 좋은 때에 가장 좋은 것을 주신다는 것을 확인했기 때문이다. 그래서 이번에는 한강이 보이면서도 가까운 서울 30평대 아파트로 이사 가고 싶다는 바람을 가져 본다. 이 또한 몇 년 안에 이루어질 것임을 나는 안다.

그리고 나는 사무실도 필요하다. 내 목표는 베스트셀러 작가가 되는 것이다. 작가가 되기 위해 나는 한책협에서 김도사님께 열심히 책 쓰기를 배우고 있다. 책 쓰기를 배우다 보니 아무에게도 방해받지 않고 집중할 수 있는 나만의 공간이 필요하다는 것을 절실히 느낀다. 집에는 아무래도 가족들도 있고, TV도 켜져 있고, 반려동물들도 있어서 집중하기가 만만치 않다.

물론, 책을 쓰기 전에도 나만의 휴식 공간이 있었으면 하는 생각을 종종 했다. 조용히 생각을 하고 싶거나, 혼자만의 시간을 보내고 싶을 때 마음 놓고 있을 곳이 필요하기 때문이다. 책 쓰기 과정을 다 밟고 내 책을 쓰고 나면 강연 의뢰가 들어온다거나 내가 만들 프로그램을 알고 찾아오는 이들이 있을 것이다. 그럴 경우 더 좋은 책을 집필하고 강연을 준비하고 싶기 때문이다. 그래서 나는 집이 두 채가 필요하게 되었다. 가족들이 편안하고 행복하게 살 수 있는, 한강이 보이는 30평대 아파트. 그리고 나만의 사무실 겸 휴식 공간인 오피스텔이 그것이다.

PART 06

대한민국 최고의
유아 영어 명강사 되어
더 많은 사람들과
소통하기

-채수현-

채수현

유아 영어지도사, 어린이 영어지도사, 실버레크레이션 지도사, 동기부여가

미국 오페어(Au pair) 경험을 바탕으로 10년간 어린이집, 유치원에서 유아 영어를 지도했다. 지금은 초등학생 자녀를 둔 평범한 엄마이지만, 새로운 것에 대한 호기심과 도전을 경험하며 나누기를 희망하는 동기부여가로도 활동 중이다. 현재 유아 영어에 관련된 개인저서를 집필 중이다.

전국을 누비는
유아 영어 명강사 되기

초등학교 6년 동안 나는 한 번도 개근상을 놓친 적이 없었다. 그런데 그런 나에게는 반전이 있었다. 나는 너무 조용해서 존재감이 거의 제로인 학생이었다. 말수도 적고 얼굴도 까맣고 키도 작았다. 그리고 지극히 평범한 얼굴이었다. 그렇게 초등학교 시절을 보냈다. 물론 공부도 딱 중간이어서 별로 티가 나지 않았다. 숙제도 꼬박꼬박 하고 성격도 모나지 않은, 있는지 없는지도 모르는 투명인간처럼 학교를 다녔다.

하지만 나는 6년 내내 개근상을 거머쥐었다. 학교에서는 성실함보다 성적을 중요하게 여겼다. 때문에 나에게만 소중한 개근상이었지 아무도 별로 대단한 상이라고 여기지 않았다. 그저 당연한 것이라고 여겼다. 정말 속상했다. '성실한 사람이 이 세상에 얼마나 필요한 존재인데'라고 외쳐 보았지만 나는 투명인간과 같은 존재였을 뿐이다. 나는 너무 건강해서 아프지도 않고 병원 신세도 진 적이 없었다. 그런 만큼 어쩔 수 없이 개근상은 항상 내 차지였다.

중학교 시절이라고 해서 별다를 게 없었다. 나는 여전히 조용한 여중생이었다. 나는 매주 일요일마다 교회에 출석했다. 교회에 가지 않으면 엄마 아빠한테 혼나기 때문이었다. 나는 교회도 열심히 다녔다. 아마 교회에도 개근상이 있었다면 나는 분명히 그것을 받았을 것이다.

당시 나는 중등부 예배에 참석했다. 그런데 학생회에서 회장단을 조직하고 임원을 뽑는다고 했다. 학교에서는 아무런 존재감이 없던 내게 임원으로 활동할 기회가 생긴 것이다. 나는 얼떨결에 중등부 서기로 추천되었다. 그럼으로써 나는 임원 활동을 하게 되었다.

이때부터 나는 서서히 존재감을 드러내기 시작했다. 말수가 적었던 내가 교회 언니 오빠들과 회의하면서 의견도 말하고 농담도 하게 되었다. 숨겨져 있던 나의 성격이 나오기 시작한 것이다.

그러다 고등학교를 졸업하고 대학교 1학년 때 유치부 보조 선생님을 하게 되었다. 아마도 훗날 아이들을 가르치도록 연습했던 시절이 아니었나 싶다. 유치부 보조 선생님을 맡게 되면서 병아리 같은 아이들을 매주 일요일마다 만날 수 있었다.

20대의 나는 초등학교에 다닐 때의 내가 아니었다. 나는 더 이상 개근상만 받던 그 초등학생 투명인간이 아니었다. 당시 나는 미국을 동경했다. 나는 미국에 갈 수 있는 방법을 찾았다. 그러던 중에 아주 적은 비용으로 갈 수 있는 방법을 찾아냈다. 바로 오페어(au pair)라는 프로그램이었다. 나는 모든 서류 심사를 통과했다. 그러곤 1년 동안 미국의 호스트 가족과 함께 지내며 아이를 돌볼 수 있었다.

그렇게 미국에서 아이도 돌보고 여행도 하면서 1년 동안 잊지 못할 경험을 했다. 또한 1년 동안은 미국에서 학교도 다니고 한국인이 운영하는 세탁소에서 아르바이트도 했다. 그리고 가발을 파는 뷰티 숍에서도 아르바이트를 했었다. 한국에 들어오기 전에는 미국의 서부 전역을 여행했다. 조용했던 아이가 참 많이도 돌아다닌 것 같다. 한국에 돌아온 나는 학교를 졸업하고 유아 영어 강사의 길로 들어섰다.

처음 유아 영어 강사를 시작할 때는 어린아이들을 지도하는 것이 쉬운 것 같으면서도 어려웠다. 영어로 10분이란 짧은 시간 동안에 아이들에게 정해진 학습 내용을 지도한다는 것은 쉽지 않은 일이었다. 우리나라에서 제일 무섭다는 중2를 만난 기분이라고나 할까? 조용히 하라고 선생님이 소리를 지른다고 말을 듣는 것도 아니었다. 선생님을 쳐다보라고 해도 딴짓을 하고 있거나 친구랑 장난을 쳤다. 아주 다양하게 말을 안 들었다. 게다가 영어로 수업해야 하는 만큼 아이들을 나에게 집중시키는 것은 쉽지 않았다.

그렇게 시간이 흘렀다. 그러면서 나도 병아리 초보 선생님에만 머물러 있지 않게 되었다. 아이들도 점점 나의 수업을 좋아하게 되었다. 나도 아이들이랑 수업하는 것이 재미있었다. 그렇게 1년이 지나고 2년이 지나자 나는 점점 초보 선생님 티를 벗고 베테랑 선생님으로 변해 갔다.

신입 시절 베테랑 선생님들 앞에서 쩔쩔매던 내가 이제는 신입 선생님들을 가르치는 헤드 티처(Head teacher)가 되어 있었다. 나의 성격은 정말 명랑하고 활달해졌다. 말수도 많아졌다. 다시 말하지만 나는 더 이상 초등학교 때의 그 조용한 아이가 아니었다. 오랜만에 친구와 통화하면 친구는 나에게 무슨 좋은 일이 있냐고 물었다. 목소리가 방방 뜨고 있다며 나를 놀리기도 했다. 나는 아이들을 가르치며 명랑하고 쾌활하게 변해 가고 있었다.

아이들을 10년 동안 가르치면서 나는 자녀의 영어공부에 대해 고민하는 부모들을 만날 수 있었다. 아이들을 가르치면서 겪었던 나의 시행착오와 내 아이를 키우면서 겪었던 이야기들을 그들과 함께 나누고 공유하고 싶은 마음이 커졌다. 나의 이야기를 하다 보면 어느새 사람들은 내 말에 귀를 기울이고 있었다. 그들은 내 말을 재미있게 들어 주었다. 나는 나의 이야기를 점점 더 많은 사람들과 나누고 싶어졌다.

그렇게 나에겐 꿈이 생겼다. 어릴 때 조용하고 말수가 적었던 내가 많은 사람들과 서로 소통하고 이야기를 나눌 수 있는 따뜻한 사람이 되고 싶어진 것이다. 나의 이야기를 궁금해하는 사람들과 웃고 이야기하고 고민을 나누는 명강사가 되고 싶어진 것이다.

나의 롤 모델은 김미경 강사님이다. 내가 닮고 싶은 베테랑 강사님이기도 하다. 그분의 강의에는 감동도 있고 웃음도 있다. 게다가 깨달음까지 있으니 완벽한 강의가 아닐 수 없다. 지금 나는 나의 롤 모델을 동경하고 있다. 하지만 나도 언젠가는 전국을 누비는 명강사가 되고 싶다. 나의 버킷리스트 목록 1호가 바로 전국을 누비는 유아 영어 명강사가 되는 것이다. 지금은 버킷리스트일 뿐이지만 머지않아 강연가가 되어 청중들을 만날지도 모르겠다.

그곳이 과연 어디일지 나도 벌써 궁금해진다. 나는 더 이상 존재감 없는 사람으로 살아가고 싶지 않다. 사람으로 태어났으니 내 이름 석 자는 남기고 가야 하지 않을까. 사람들이 기억하는 명강사 채수현으로 말이다.

멋지고 당당한
BMW 오너 되기

어린 시절 우리 부모님은 트럭을 몰고 장사를 했다. 처음에는 과일 장사를 했고, 그다음에는 마늘 장사, 생선 장사, 고추 장사를 했다. 하지만 우리 집 형편은 더 나아지지 않았다. 우리 3남매는 부모님이 장사를 마치고 돌아오시기 전까지 항상 밖에서 놀다가 집으로 갔다. 부모님은 거의 날이 어두워질 때쯤 오셨다.

부모님은 장사를 마치고 집에 올 때 항상 파란 양동이를 들고 오셨다. 그것은 일명 파란색 금고였다. 나는 부모님이 하루 종일 생선을 팔아서 모아 온 돈을 가지런히 정리했다. 돈에서는 생선 냄새가 났다. 하지만 나는 생선 냄새가 싫지 않았다. 왜냐면 부모님이 고생해서 벌어 온 돈이었기 때문이다.

한번은 내가 늦잠을 자는 바람에 학교에 늦을 뻔했다. 그때 아빠는 나를 데려다주겠다고 하면서 빨리 차에 타라고 했다. 하지만 나는 아빠에게 괜찮다고 말하고 학교로 빨리 뛰어갔다. 솔직히 나는 트럭을 타는 것이 싫었다. 다른 아이들은 승용차를 타고 학교 앞에서 내렸다. 나는 그 아이들이 부러웠다. 그런 만큼 아빠가 싫은 것이 아니라 그냥 트럭이 싫었다. 어린 마음에 아빠에게 상처를 준 것 같아서 지금도 미안한 생각이 든다. 아빠는 아마도 철없는 내 마음을 알고도 모른 척하신 것 같다.

내가 중학교, 고등학교 때까지도 우리 집 차는 트럭이었다. 세상에는 멋진 차가 정말 많다. 그런데 여전히 우리 아빠의 차는 트럭이었다. '나는 나중에 크면 트럭은 몰고 다니지 않을 거야'라고 다짐했던 내 모습이 떠오른다. 그런데 아빠가 몰던 트럭이 많이 낡아져서 차를 바꾼다고 했다. 오빠는 그 당시 대학생이었다. 오빠는 버스 대신 트럭을 타고 학교에 다니고 싶다고 했다. 나는 오빠가 이해되지 않았다. 하지만 오빠는 트럭을 몰고 열심히 학교에 다녔다. 버스를 타는 것보다 훨씬 편하다고 하면서 말이다. 우리 오빠는 너무 착했다.

어렸을 때 우리 가족은 할머니와 함께 살았다. 할머니는 한 번도 아빠가 운전하는 승용차를 타 보지 못했다. 할머니는 항상 아빠가 나중에 억대 부자가 되게 해 달라고 기도했다. 나중에 우리 할머니는 폐암으로 돌아가셨다. 아빠를 위해서 한 할머니의 기도가 잊히지 않는다. 아마도 억대 부자가 되어서 좋은 차를 타고 다니라고 기도하신 것 같다.

할머니의 기도대로 아빠는 나중에 SUV 승용차를 샀다. 그 차를 타면서 아빠가 눈물을 흘린 적이 있었다. 살아생전에 한 번도 할머니를 승용차에 못 태워 드렸다면서 속상해하셨다. 맨날 트럭만 태워 드렸다고,

할머니에게 너무 죄송하다며 눈물을 흘리셨다.

나는 운전면허를 1999년도에 취득했다. 필기는 혼자 공부해서 한 방에 붙고, 실기는 운전학원의 도움을 받아 단방에 합격했다. 1종 보통 스틱으로. 도로주행 연습은 아빠의 트럭으로 했다. 내가 그렇게 싫어하던 트럭으로 연습해 운전면허를 딴 것이다. 세상일은 참 알 수가 없다.

저녁에 도로주행 연습을 하던 중 오토바이 폭주족을 만났다. 그 당시는 오토바이 폭주족이 판을 치던 시절이었다. 그 폭주족은 내가 운전하던 트럭의 왼쪽 백미러를 헬멧으로 치고 도망갔다. 오토바이 10대가 줄줄이 이어 가는 것을 보면서 나는 도저히 쫓아갈 용기가 안 났다. 쫓아갔다가 괜히 더 험한 꼴을 당하지 싶었다. 하지만 아빠는 내가 그 상황에서도 당황하지 않고 용감하게 집에 잘 도착했다며 칭찬해 주셨다. 사실 무서워서 벌벌 떠느라 집에 어떻게 도착했는지 기억나지 않았다. 트럭에 얽힌 이야기는 끝이 없을 듯하다.

아빠는 평생 트럭과 중고차만 몰고 다녔다. 최근에 아빠는 아빠 인생 최초로 새 차를 샀다. 나는 너무 감격스러웠다. 아빠와 엄마가 너무 기뻐하셔서 그 모습을 내 휴대전화 속에 찰칵 찍어 보관해 두었다. 아마도 할머니가 이 모습을 보셨으면 정말 기뻐하셨을 것이다. 아빠가 행복해하는 모습을 보니 나도 괜히 눈물이 나올 것 같았다.

어렸을 때의 내 꿈은 멋진 차를 타고 멋진 집에서 사는 것이었다. 나는 아직 그 두 가지 꿈을 다 이루지 못했다. 나는 지금 아주 귀여운 자동차 레이를 몰고 다닌다. 그토록 내가 싫어하던 트럭을 몰고 다니지 않으니 다행이라 할까?

사람은 누구나 성공한 삶을 꿈꾼다. 나에게는 성공하면 꼭 해 보고 싶은 것이 있다. 그것은 BMW를 타고 선글라스를 낀 채 창문을 활짝 열고 운전하는 것이다. 집 근처에서 이런 모습으로 BMW를 몰고 가는 운전자를 본 기억이 생생하다. 비록 얼굴은 못생긴 아줌마였지만….

나는 BMW를 빨리 타는 날이 오기를 바란다. BMW를 사게 되면 가장 먼저 부모님을 태워 드리고 싶다. 아빠가 트럭으로 학교에 태워다 준다고 했을 때 그냥 가겠다고 했던 미안한 마음을 이것으로 대신하고 싶다. 할머니도 살아 계셨으면 태워 드렸을 텐데…. 지금은 그저 마음뿐이다.

부모님은 점점 늙어 가신다. 어서 빨리 BMW를 사야 하는데… 마음만 급하다. 부모님이 더 늙기 전에 내 꿈을 이루고 싶다. 멋지고 당당하게 BMW를 타고 부모님과 맛집에도 가고 싶다. 멋있는 경치도 구경시켜 드리고 싶다. 부모님과 하고 싶은 것이 아직도 많다. 꿈이 꿈으로 끝나지 않기를 바라며 BMW 매장 앞을 지나간다. 내 버킷리스트 2번 BMW야, 안녕!

명품가방 구찌 메고 쇼핑몰 가서 가격표 안 보고 쇼핑하기

여자들의 로망은 한 번쯤 명품 백을 메고 거리를 활보하는 것이리라. 나도 이제 명품 백 한 개 정도는 사서 메고 싶다. 하지만 남편이 들으면 정신 나간 소리 한다고 할 것이다. 가방만 명품이면 뭐 하냐고, 사람이 명품이 아닌데 하면서 말이다. 나도 어깨에 명품 가방만 딱 걸치면 바로 명품녀가 되는 건데 용기가 나지 않았다. 가정의 평화를 위해서 선뜻 내 욕망대로 살 수는 없었다.

어릴 때 나는 부모님이 시장에서 사 주는 옷을 입었다. 그때는 브랜드가 무엇인지 잘 몰랐다. 예쁘기만 하면 다 좋은 옷이라고 생각했다. 핑크색에 리본만 달려 있으면 바로 오케이였다. 신발과 가방, 그리고 옷은 언제나 모두 시장표였다.

그러다 중학생이 된 나는 브랜드를 알게 되었다. 일명 메이커를 알게 된 것이다. 나이키, 아디다스, 빈폴, 기타 등등. 브랜드 이름은 잘 알고 있었다. 하지만 그것을 사는 것은 남의 이야기였다. 우리 집 형편에 메이커를 사 달라고 하면 혼날 게 뻔했다. 그래서 나는 떼를 쓰지 않았다. 너무 착한 아이였다. 하지만 남동생은 달랐다. 본인이 원하는 브랜드 제품을 사 달라고 떼를 써서 결국 그것을 얻었다. 남동생은 용감했다. 오빠와 나는 브랜드와는 상관없이 학창시절을 보냈다.

나는 20대에 처음으로 나이키 운동화를 샀다. 그 감격은 말로 할 수 없었다. 내가 나이키 운동화를 신다니… 정말 기분이 너무 좋았다. 남들이 들으면 웃을 일이지만 나는 신발이 더러워질까 봐 조심조심 다녔다. 물이 고여 있는 웅덩이는 피해 다녔고, 흙이 있으면 최대한 밟지 않았다. 나는 나이키 운동화를 아기를 다루듯 조심스럽게 신었다. 그 나이키 신발이 뭐라고 그렇게 좋아했는지 모르겠다. 초등학생 우리 아들은 어릴 때부터 브랜드 신발을 신었다. 그런 아들이 과연 내 마음을 이해할 수 있을까?

검소한 남편을 만나서 나도 자연스럽게 검소한 사람이 되었다. 20평도 안 되는 작은 아파트에서 신혼생활을 시작했다. 남편과 나는 불필요한 것은 사지 않았다. 조금씩 저축하고 대출을 받아서 조금 더 큰 임대 아파트로 이사했다.

어느 날 인터넷 쇼핑을 하다가 우연히 중고 옷을 파는 사이트를 알게 되었다. 그곳에서 옷을 사기도 했다. 그러다 나도 이 사이트에서 옷을 팔면 되지 않을까 하는 생각이 갑자기 떠올랐다. 나는 어렵게 중고 옷을 파는 공장을 알아냈다. 지금은 유튜브에서 중고 옷 공장을 다 공개한다. 하지만 그때는 고급 정보였기 때문에 알아내기가 힘들었다.

　주말에 사람들은 바다를 보러 해운대를 간다. 하지만 나는 중고 옷을 사러 해운대에 갔다. 남편은 나에게 별걸 다 하려고 한다면서 잔소리를 했다. 나는 상관하지 않고 차를 몰고 옷을 사러 가겠다고 했다. 남편은 고집불통인 내가 걱정된다고 했다. 그러면서 순천에서 부산까지 직접 운전을 해 주었다. 나를 사랑하는 것이 확실했다. 하지만 남편은 부산에 도착할 때까지 잔소리를 했다.

　나는 중고 옷 공장에 도착해서 옷이랑 신발, 가방, 모자 등등 여러 가지를 커다란 자루에 담았다. 그리고 바로 무게를 재고 계산을 했다. 집에 돌아와서 사 온 물건을 모두 정리했다. 그것들을 당시 내가 알고 있는 지인들과 같은 아파트 친구들에게도 팔았다. 당연히 서비스도 주었다. 하지만 취미로 이 일을 하는 것은 쉽지 않았다. 몇 번 더 부산과 대구에 다녀온 후에 나는 중고 옷 파는 일을 접기로 했다. 남편의 잔소리로부터 해방되는 날이었다.

　쇼핑을 하노라면 여자들의 마음과 눈은 항상 즐겁다. 예쁘고 멋진 옷과 가방, 신발 등은 우리의 눈을 바쁘게 만든다. 그런데 마음에 드는 옷은 항상 비싸다. 이것은 진리다. 나도 모르게 가격표에 먼저 손이 가는 것은 그 때문이다. 내 옆에서 쇼핑하던 여자도 내가 고른 똑같은 옷의 가격표를 만지고 있었다. 다행히 나만 그런 것은 아니었다. 여자들이 보는 눈은 모두 비슷한 것 같다.

솔직히 나는 아직 명품을 한 개도 가지고 있지 않다. 하지만 명품이 없어서 슬프거나 불행하다고 생각한 적은 없다. 창피하다고 생각한 적도 물론 없다. 그래도 한 개 정도는 갖고 싶다. 나도 내 어깨와 손목에 명품을 걸쳐 보고 싶다. 생각만 해도 너무 행복하다. 그런데 어디선가 남편의 목소리가 들리는 것 같다. 상상 속에서도 남편 목소리가 들리는 이 슬픈 현실은 뭘까?

나의 세 번째 버킷리스트는 명품 구찌 가방을 가격표도 안 보고 쇼핑하는 것이다. 누군가는 죽기 전에 가 보고 싶은 명소 리스트를 종이에 적는다. 하지만 나는 죽기 전에 갖고 싶은 명품 리스트를 적을 것이다. 나이키 운동화를 샀던 그 마음으로 리스트를 하나씩 적을 것이다. 당연히 구찌 가방은 목록 1번이다. 구찌 가방을 사면 카카오톡 프로필 사진에 한 달 동안 올려놓을 것이다. 남들이 뭐라고 하든 내 버킷리스트니까 무조건 찍어서 올릴 것이다. 따끈따끈한 구찌 신상 가방이 나를 기다리고 있는 것 같다. 너무 행복하다.

크루즈 타고
유럽과 남미 땅 밟아 보기

나는 신혼여행을 중국으로 갔다. 당시 우리 부부가 중국으로 신혼여행을 간다고 했더니, 주변 사람들은 깜짝 놀랐다. 나와 남편은 아무렇지 않았는데도. 그들은 왜 중국으로 신혼여행을 가려 하느냐며 우리 부부를 말렸다. 남편은 결혼 전 직장에 다닐 때 이미 중국을 다녀온 적이 있었다. 당시 나는 중국 북경에 가고 싶었다. 그래서 남편에게 중국에 가고 싶다고 했다. 남편은 무조건 좋다고 했다. 우리 둘에게는 아무런 문제가 되지 않았다. 그때는 그랬다. 내가 말하면 남편은 무조건 오케이였다.

남편은 오래전에 무역회사에서 근무했다. 그래서 다른 나라를 많이 다녔다. 외국에 여행보다는 거의 직장 일 때문에 갔다. 남편의 여권에는 정말 많은 나라의 스탬프가 찍혀 있었다. 그래서 외국에 가는 것이 별로 재미없다고 말할 정도였다. 하지만 나랑 가면 날마다 가도 재미있을 거라고 했다. 남편은 항상 내 기분을 잘 맞추어 주었다. 결혼을 잘한 것 같았다. 내가 남자를 보는 눈이 좀 있는 것 같다.

내 여권에도 스탬프가 아예 안 찍힌 것은 아니었다. 내 여권에는 필리 핀, 홍콩, 미국 이렇게 3개 나라의 스탬프가 찍혀 있었다. 나는 신혼여행 을 어디로 갈까 고민했다. 유명한 관광지는 차고 넘쳤다. 하지만 나는 중 국의 수도인 북경에 가 보고 싶었다. 남편과 나는 중국으로 가기로 최종 결정했다. 우리는 여행사의 제일 럭셔리한 상품으로 계약했다. 그리고 설 레는 마음으로 중국행 비행기에 몸을 실었다.

중국여행은 패키지여행이었다. 그래서 그 여행에는 일행들이 있었다. 그런데 역시나 그 패키지여행의 일행들도 우리를 보고 놀랐다. 중국으로 신혼여행을 가는 것이 이렇게 신기한 일인가. 생각지도 못한 반응이었다. 사람들이 쉽게 중국여행을 가니까 그런 걸까? 하는 생각이 들었다. 그들 에게는 중국을 신혼여행지로 선택한 것이 뭔가 이상하게 느껴졌나 보다.

하지만 나와 남편은 아무렇지 않았다. 다른 사람들만 우리를 신기하 게 여겼다. 나의 신혼여행은 내가 가 본 여행 중에서 최고였다. 장소는 중 요하지 않았다. 누구와 가느냐가 정말 중요했다. 나의 인생사진은 모두 신혼여행 중 찍은 것이었다. 그때가 제일 예뻤던 것 같다. 그 후로도 나 는 또 우리 아들과 함께 중국을 갔다.

우리 부부에게도 예쁜 아기가 태어났다. 아이가 점점 자라서 다섯 살 이 될 무렵이었다. 우리 가족은 매주 캠핑을 다녔다. 마음에 맞는 지인들 과 함께 가기도 했다. 맨 처음 캠핑을 갔을 때가 생각난다. 텐트를 치는

데 애를 먹었다. 세상에 텐트를 치는 데 1시간도 넘게 걸렸다. 아들은 옆에서 배고프다고 칭얼대고, 텐트는 잘 안 쳐지고…. 정말 속상했다. 분명히 어떻게 하는지 설명서를 다 읽었는데 잘되지 않았다.

그렇게 겨우 텐트를 치고 밥을 준비해 먹었다. 밥맛은 당연히 꿀맛이었다. 밥을 다 먹고 하늘을 쳐다보았다. 밤하늘의 별들이 우리 가족을 위해 반짝이고 있었다. 우리 아들은 배가 부르자 기분이 좋아졌는지 다음에 또 오자고 하며 꿈나라로 갔다.

주말에 시간이 날 때마다 우리 가족은 여행을 다녔다. 여행이라고 해서 거창한 여행은 아니었다. 그냥 소소하게 가고 싶은 곳을 갔다. 지리산에 가고 싶으면 지리산에 갔다. 그리고 땅끝마을에 가고 싶으면, 해남으로 갔다. 지금 생각해도 너무 행복한 시간이었다. 나는 아이와 함께 행복한 시간을 많이 보내고 싶었다.

나는 어릴 때 부모님과 거의 놀러 가 본 적이 없었다. 부모님은 장사하느라 늘 바빠서 우리 3남매와 놀러 갈 시간이 없었다. 그래서 내 아이에게 더 행복한 기억을 갖게 해 주고 싶었는지 모르겠다.

우리 아들이 일곱 살 때 남편은 육아휴직을 했다. 그 당시 남편의 직장에서는 남자가 육아휴직을 하는 경우가 드물었다. 하지만 남편은 직장 일에 많이 지쳐 있었다. 그래서 1년 정도 쉬는 시간을 갖고 싶다고 했다. 나는 아무렇지도 않게 그렇게 하라고 했다. 남편이 정말 고생한 것을 알고 있었기 때문이었다. 그리고 아이와 시간을 많이 보낼 수 있는 좋은 기회라고 생각했다. 나는 내가 벌면 되지 했다. 그래서 남편의 육아휴직에 적극 찬성했다. 지금 생각해 보면 무슨 자신감으로 그렇게 했는지 모르겠다.

남편이 휴직한 지 한 달 정도 흘렀다. 남편은 산에도 가고 바다도 가면서 잘 쉬고 있었다. 남편은 너무 행복해했다. 그런데 그런 남편의 모습을 보니 나도 쉬고 싶었다. 하지만 둘 다 쉬면 돈은 누가 벌지? 우리 아들 과자는 누가 사 주나? 하는 생각이 들었다.

우려하던 일이 벌어졌다. 우리는 둘 다 철없는 부부였다. 나도 직장을 그만두고 남편과 함께 쉬기로 한 것이다. 정말 우리는 대책 없는 부부였다. 주변에서는 걱정이 이만저만이 아니었다. 한 사람은 쉬더라도 한 사람은 사람 구실을 해야지, 뭐 하는 거냐며 걱정했다. 직장에서도 우여곡절을 겪었다. 사람들은 갑자기 왜 그런 결정을 했냐고 물어왔다. 그런데 우리 부부는 아무 걱정 없이 쉴 생각에 너무 행복해했다. 사실 걱정이 아예 안 된 것은 아니었다. 하지만 이미 물은 엎질러졌다.

우리 부부는 전국일주를 떠나기로 계획했다. 우리 아들도 어린이집을 당분간 쉬기로 했다. 온 가족이 모두 휴직한 것이다. 우리는 황당하지만 행복한 가족이었다. 우리가 아는 지인들은 우리 부부에게 모두 대단하다는 말만 계속했다. 그들에게는 그럴 용기가 없는 것 같았다.

우리 아들은 여행을 간다고 하니 무조건 좋다고 했다. 펄쩍펄쩍 뛰면서. 내 마음도 아들처럼 펄쩍펄쩍 뛰었다. 우리의 여행은 경주에서부터 시작되었다. 동해를 거쳐서 서해까지 여기저기 가고 싶은 곳을 여행했다. 머물고 싶은 시간만큼 있다가 이동했다. 그리고 먹고 싶은 것이 있으면 먹고, 자고 싶을 때 잤다. 정말 너무너무 행복한 시간이었다. 길게 할 수 없었지만, 내 인생 최고의 여행 중의 하나였다.

나는 이제 더 멋지고 신나는 여행을 꿈꾼다. 바로 크루즈여행이다. 크루즈여행은 금시초문이었다. 나는 인생에서 한 번 갈까 말까 하는 여행을 꿈꾼다. 크루즈로 유럽여행도 하고 싶고, 남미여행도 하고 싶다. 나는 아직 유럽 땅을 밟아 보지 못했다. 그리고 남미 땅도 밟아 보지 못했다. 우리 남편은 이미 유럽도, 남미도 가 보았다. 하지만 이번에도 내가 가자고 하면 기꺼이 따라나설 것이다. 우리 아들은 아마 더 좋아할 것 같다. 학교 대신 크루즈여행을 가자고 하면 또 펄쩍펄쩍 뛸 것이다.

나의 버킷리스트 4번인 크루즈여행은 우리 가족에게 더 멋진 여행으로 기억될 것이다. 빨리 짐 싸서 출발하고 싶다. 내 여권에도 스탬프가 2개 더 찍히겠구나 생각하니 벌써부터 신난다. 저 멀리 내가 타고 갈 크루즈가 보이는 듯하다. Let's go!

1년에 10억 원씩 버는
1인 창업가 되기

처음 직장생활을 했을 때 내 월급은 60만 원이었다. 건설회사 경리를 볼 때였다. 나는 60만 원을 받아서 저축도 조금 했다. 또한 생활비로도 쓰고 여가생활도 했다. 심지어 그 돈으로 학원도 다녔다. 아마도 부모님과 같이 살고 있어서 가능했던 것 같다. 만약 나 혼자 살았다면 60만 원으로는 월세 내고 나면 남는 것이 없었을 것이다. 겨우 밥만 먹을 정도였을 것이다. 지금 생각하면 60만 원을 벌어서 어떻게 생활했을까 싶다. 아무튼 내 첫 월급은 60만 원이었다.

백만장자들은 돈을 어떻게 그렇게 많이 모았을까? 아마도 그들은 열심히 공부하고 일해서 돈을 모았을 것이다. 전문대를 졸업한 나는 백만장자가 되기는 글렀구나 항상 생각했다. 60만 원을 모아 어느 세월에 백만장자가 된단 말인가.

어릴 때 어른들은 공부를 열심히 해야 훌륭한 사람이 된다고 했다. 나는 내가 너무 공부를 열심히 하지 않은 것 같았다. 그래서 너무 후회가 되었다. 그런데 나도 열심히는 했다. 점수가 안 나와서 그렇지. 절대 평가가 아니다. 분명한 것은 나는 공부를 좋아하지 않았다는 것이다.

대학교에 다닐 때 나는 아르바이트를 했다. 한번은 주유소 아르바이트 구인광고를 보았다. 그래서 전화를 했더니 주유소 사장님은 한번 와 보라고 했다. 나는 면접을 보러 갔다. 불합격이었다. 아니, 내가 무슨 문제가 있다고 주유소 면접에서 떨어진단 말인가. 이해가 되지 않았다. 너무 화가 나고 속상했다. 사장님은 내가 키도 작고 힘이 없어 보여서 안 된다고 했다. 아니, 주유하는데 키가 무슨 상관이란 말인가. 나는 내가 힘이 엄청 세다고 사장님 귀에다 대고 말하고 싶었다. 하지만 불합격자는 말이 없다. 그냥 집으로 사라졌다.

아픈 기억의 주유소 아르바이트를 뒤로하고 나는 다른 아르바이트를 알아보았다. 바로 아르바이트의 꽃인 카페 아르바이트였다. 나는 당당히 합격했다. '할렐루야'를 외쳤다. 그리고 다시 외쳤다. "주유소 사장님, 저 카페 아르바이트에 합격했어요!"라고 말이다. 아니, 주유소에 직접 찾아 가서 알려 주고 싶었다.

그렇게 나는 저녁에 카페 아르바이트를 했다. 아르바이트를 하면서 한 가지 깨달은 것이 있다. 돈 버는 일은 정말 쉬운 게 아니구나. 우리 부모님도 이렇게 힘들게 돈을 벌었겠구나 하는 깨달음이었다.

전문대 졸업 무렵 교수님은 나에게 광주은행 직원공고가 났으니 지원해 보라고 하셨다. 사실 나는 전문대에서는 상위 1% 장학생이었다. 거기에서는 내가 잘나갔었다. 은행 시험 과목은 일반상식과 영어였다. 필기에 합격하고 연수원에서 1박 2일간 면접을 봤다. 하지만 결과는 낙방이었다. 나는 내 키가 작아서 떨어졌다고 생각했다. 키가 작아도 돈은 잘 셀 수 있는데…. 너무 속상했지만 어쩔 수 없었다. 세상일이 내 마음처럼 되지 않았다.

나의 아르바이트는 미국에서도 계속되었다. 나는 세탁소와 가발을 파는 뷰티 숍에서 일했다. 미국에 있는 동안 용돈을 마련하기 위해 아르바이트를 한 것이다. 마침 한국인이 운영하는 세탁소에서 사람을 구하고 있었다. 카운터를 볼 사람을.

나는 세탁소로 전화를 걸었고 다음 날부터 일하기로 했다. 사장님은 무척 친절하셨다. 그리고 혼자서 미국까지 와서 고생한다며 잘 대해 주셨다. 나는 새벽에 일찍 나가서 손님들의 주문을 받았다. 옷을 종류별로 구분해 놓으면 되는 일이었다. 일하면서 손님들과 나 사이에 당황스런 일들도 있었다. 하지만 나에게는 더 좋았던 기억이 많다.

학교 수업이 끝나면 오후에는 뷰티 숍에서 아르바이트를 했다. 그곳은 흑인들이 많이 오는 가게였다. 나는 오전에는 백인들이 많이 오는 세탁소에서 아르바이트를 하고, 저녁에는 흑인들이 많이 오는 가발 가게에서 아르바이트를 했다.

뷰티 숍 사모님은 나보다 키가 더 작았다. 그런데 목소리는 웬만한 흑인 남자보다 컸다. "What' up?"이라고 큰 소리로 단골손님들 등을 두드리며 인사했다. 한마디로 똑순이였다. 나에게 미국에 와서 고생한 이야기도 많이 해 주었다. 눈물 없이는 들을 수 없는 이야기가 대부분이었다. 고생을 참 많이도 하셨다. 이렇게 키 작은 여자도 미국에서 장사만 잘하며 살고 있었다. 갑자기 옛날 주유소 사장님이 다시 생각났다. 키가 작아도 힘만 세고 장사만 잘할 수 있다고⋯. 미국에 산증인이 계시다고⋯.

다시 생각해 봐도 돈을 번다는 것은 세상에서 제일 어려운 일인 것 같았다. 성공한 사람들의 책을 읽어 보면 대단한 이야기가 많다. 정말 어려운 과정을 헤쳐 나온 이야기가 수두룩하다. 대단하다는 생각밖에 들지 않는다. 이에 비해 나는 아직도 멀었나 보다. 내 이야기는 눈물이 별로 나지 않는다. 아직 더 고생해야 부자가 될 수 있을 것만 같다. 부자가 되기 위한 노력도 별로 하지 않은 것 같다. 막연히 부자가 되고 싶다는 생각만 하고 살아온 내가 후회된다.

나는 지금 1인 창업가를 꿈꾸고 있다. 나는 책을 써서 작가도 되고, 인터넷 카페도 만들고, 강연가도 될 것이다. 유튜버가 되어 다양한 사람들과 소통할 것이다. 젊은 시절 다양한 아르바이트를 하며 세상을 배웠다. 세상은 정말 넓고 할 일도 많았다. 내가 모르는 일은 더 많았다.

백만장자를 꿈꾸는 사람은 너무나도 많다. 나도 백만장자가 되기를 늘 꿈꾼다. 나는 한 걸음씩 부자가 되는 길을 걸어갈 것이다. 그리고 부자가 될 것이다. 한 달에 1억씩 벌어서 1년에 10억을 버는 것이 나의 버킷리스트 5번이다. 생각만 하고 실천하지 않으면 이루어지지 않는다. 나는 하나씩 하나씩 실천할 것이다. 나의 부자 프로젝트는 현재진행형이다.

1년에 10억을 버는 사람이 되면 과연 어떤 기분이 들까? 상상만 해도 벌써 기분이 좋아진다. '1년에 10억씩 버는 1인 창업가'라는 명함을 사람들에게 나누어 주고 싶다. "저 이런 사람이에요." 하며.

PART 07

힘들어하는
사람들을 위한
책을 쓰는 우울증 극복
메신저 되기

-김지수-

김지수

미술학원 원장, 우울증 극복 메신저, 라이프 코치, 자기계발 작가, 동기부여가

서울대학교 서양화과를 졸업하고 20년째 아이들에게 미술을 가르치고 있다. 심리상담을 받으면서 직접 심리상담사가 되었다. 학생들을 심리상담하면서 아이들의 내면의 치유와 나의 내면의 치유가 같이 됨을 경험하였다. 바라는 것 없이 준 것에 스스로가 치유되는 기적을 경험하고 감사함에 더욱 진정성과 실력을 갖춘 상담가가 되겠다고 결심했다. 현재 '우울증 극복'을 주제로 개인저서를 집필 중이다.

인생이 우울한 사람이 꼭 보고 친구들에게도 추천해 주는 베스트셀러 쓰기

나의 인생 스토리의 표면에는 엄청난 고난과 역경이 있지는 않다. 남들이 보기에 나에게는 강남 반포 아파트에 살면서 예중, 예고를 갈 만큼 자녀교육에 힘써 준 부모가 있다. 그리고 그것에 보답하듯 열심히 공부한 딸인 내가 있다. 그런데 그 딸이 대학을 가면서부터 맨날 아프고, 정신적으로 힘들어하고, 급기야 암에 걸리고, 결혼도 못하고, 지질하게 폐인처럼 살아온 것이다.

이것은 객관적 혹은 타인의 관점에서 보면 그렇다는 이야기다. 하지만 나의 관점에서 보면 완전히 다른 이야기가 된다. 극적인 내용의 소설이 아니고, 아주 내밀하고 지루한 심리 스릴러다. 나의 이야기에는 중요한 등장인물이 있다. 바로 나의 엄마다.

나의 이야기는 보통 사람들의 삶 혹은 정서와는 조금 다른 면이 있다. 자식을 사랑하지 못하는 엄마라는. 차라리 계모라면 이해라도 될 텐데 떼려야 뗄 수도 없는 천륜. 친엄마이기 때문에 길어질 수밖에 없었던 고민. 낙숫물에 바위가 뚫리듯이 나의 멘털은 그렇게 무너져 내렸다.

자기 자신만을 너무 사랑하는 엄마가 자식에게 끼치는 영향은 재난이다. 인간으로서 자식으로서 그 악영향에서 벗어나기 위한 평생의 발버둥이 무엇이었는지 드러내고 싶었다. 사실 세상에 고발하고 싶었다. 내 엄마에 대해 쓰는 이야기는 스스로 얼굴에 침 뱉기일 수도 있다. 그리고 또한 도덕적으로도 고민이 되었다. 그래도 낳아 주고 키워 준 엄마인데 '그 엄마에 그 딸이구먼' 하는 시선도 걱정되었다.

그래서 처음에는 큰 욕심은 없었다. 그저 표현하기만 하면, 책으로 쓰기만 하면 속이 좀 풀릴 것 같았다. 자비출판을 해서 나만 볼까? 하는 생각도 했다. 마치 비밀 일기장을 자비로 출간하고 나만 보려고 했던 꼴이다.

하지만 작가가 될 결심을 하고 의식을 확장해 가는 지금 포커스가 변해야 함을 느낀다. 다시 말해 나는 우울증의 마침표를 찍는 셈치고 책을 쓰려고 결심했었다. 그런데 한책협을 만나고 완전히 관점이 바뀌었다. 우울증에서 벗어난 지금이 시작이구나, 진정한 책을 써야 하는구나 하고 느낀다. 그러면서 그 관점이 바뀌어야 함을 알리는 베스트셀러 작가가 되고 싶다는 꿈을 가지게 되었다. 걸어 다니는 종합병원, 정신과 병원에도 들락거렸던 나 같은 사람도 해냈다. 그러니 누구나 할 수 있다는 것을 알려 주고 싶기 때문이다. 진정한 욕구와 욕망을 가진다는 것이 얼마나 기쁜 일인지도 알리고 싶기 때문이다.

나는 베스트셀러 작가 중 조앤 K. 롤링을 좋아한다. 나는 그녀의 유머감각과 치밀한 상상력과 따뜻한 마음을 녹여 낸 소설이 너무 좋다. 인간 세상에 대한 그녀의 관점, 사람을 구분하는 방식, 그녀의 치열함, 따듯한 인간애와 우정, 끝까지 포기하지 않는 열정, 승부사 기질, 생생하고 고유한 그녀만의 표현. 전 세계 어린아이들뿐만 아니라 어른들까지 열광하게 만든 그녀의 마성의 흡입력까지.

게다가 그녀의 성공스토리는 또 하나의 소설이지 않나. 불행했던 결혼생활과 아이와 겪은 생활고 속에서도 자신이 가장 잘하는 글쓰기를 통해서 인생을 역전시킨 작가이자 주인공. 나는 조앤 롤링의 이야기를 들을 때마다 전율을 느낀다. 나도 나의 불행이 조앤 롤링처럼 역전되기를 바라기 때문이다. 우리나라 작가 중에서는 최근 김태광 작가를 흠모하게 되었다. 김태광 작가의 글에도 조앤 롤링처럼 세상과 인간에 대한 명확한 관점과 사람을 웃고 울리는 코드가 있다.

김태광 작가는 시인이어서인지 압축적인 어휘와 아름다운 표현으로 지친 마음을 쉬게 하고 다독인다. 글자의 홍수 시대에 그의 정갈한 표현은 독자의 마음도 단정하게 만드는 매력이 있다. "무엇이든 어렵지 않아요. 아주 쉽습니다."라고 다정하게 이야기하는 듯한 문장들이다. 김태광 작가도 조앤 롤링에 못지않은 고난을 극복하고 성공한 삶을 만들어 가고 있다. 그런 점에서 나는 이런 작가들을 감히 나의 롤 모델로 삼는다.

내가 쓴 책을 인생이 우울한 친구들이 많이 보도록 하기 위해서는 앞에 말한 작가들의 작품들처럼 재미와 감동 그리고 비전까지 있어야 한다. 나는 독자들이 내 책을 보면서 울고 웃을 수 있기를 바란다. 희망으로 가득 차는 벅찬 경험을 하면 더욱 좋겠다. 그런 만큼 나는 다양한 감정들을 살피고, 촌철살인의 묘사와 유머를 위해 더욱 섬세한 감각으로 주변을 살필 것이다. 감동을 넘어 충분한 영양가가 있고, 미래를 살찌울 수 있는 조언들도 아끼지 않을 것이다.

지금 나는 배움의 길 위에 있다. 의식의 확장에 대한 공부가 필수가 될 것이다. 나는 의식 확장의 측면에서 위대한 작가들의 다양한 책들을 읽을 것이다. 그 내용들을 내 것으로 만들어서 나의 표현으로 녹여 낼 것이다. 표현력과 어휘력도 늘리고 부지런히 모으고 쓰는 노력을 경주할 것이다. 이것이 단기간에 이루어지는 것은 아니므로 나는 죽을 때까지 갈고닦을 것이다. 그리고 나에게는 나만의 재산인, 인생 전체를 관통하는 내면의 고통이 있지 않나. 이것들이 분명 빛나는 보석이 되어 줄 것이라 의심치 않는다.

주위의 힘들어하는 친구들에게 조언 대신 슬며시 내놓을 수 있는 책. 그런 책을 쓰고 싶다. 보는 순간 마음의 위로가 되는 책. 책장을 넘기며 웃다가 울다가도 고통의 본질을 깨닫게 되는 마법의 책을 만들고 싶다. 세상에는 위로를 하고 싶지만 위로하는 방법을 몰라서 힘들어하는 사람들도 많다. '내가 무슨 말을 하겠어'라며.

괜히 아는 척하다가 친구의 자존심을 상하게 할까 봐, 혹은 모른 척해 주는 게 낫겠다 싶은 어색하고 아쉬운 상황들이 있다. 내 친구들도 나의 어려움을 같이 나누고 싶어 했지만 도와줄 수 없어 안타까워하기만 했던 기억이 있다. 그때 이 책이 있었더라면. 나는 울음을 멈추고 벌떡 일어나 신나게 젊음을 즐겼을 것이다. 지금도 그럴 수 있도록 나에게 해 주고 싶은 말들로 가득 채울 것이다.

과거의 나는 나를 죽도록 미워했었다. 그 원인을 알았기 때문에 캄캄하고 음습한 지하 방에서 나올 수 있었다. 이젠 이렇게 생각한다. '왜 나 같은 어른은 없는 거지?'라고 말이다. 나는 지금의 내가 엄마였으면 좋겠다. 나는 아직 미혼이고 출산의 경험도 없다. 하지만 나는 누구보다도 좋은 엄마가 될 수 있을 것 같다. 그러면 나는 다시 사는 기분일 것 같다.

내가 쓴 책이 베스트셀러가 된다면 대토지 농장의 소유주가 된 기분일 것 같다. 마치 척박한 나의 땅의 바위와 돌덩어리들이 모두 골라내어 비옥하고 영양이 풍부한 땅으로 만든 것처럼. 내가 뿌린 씨앗들이 그 땅속에서 따뜻하게 움틀 준비를 할 것이다. 풍요로운 햇살을 받아 싹을 틔우고 새싹들이 무럭무럭 건강하게 자라는 모습. 이런 모습을 지켜보는 뿌듯한 마음이지 않을까 싶다. 성경에서 예수님은 제자들에게 사람 낚는 어부가 되어라 하셨다. 나는 어부도 좋고 농부도 좋다. 글쓰기와 책 읽기와 책 쓰기로 우울증에서 해방되는 방법을 알려 주는 메신저가 될 것이다.

한남동
더힐 아파트 사기

아파트 사기, 내 집 마련하기는 현재 나의 가장 절실한 소원이다. 47세가 되도록 집 한 칸 장만하지 못했다는 사실이 무척이나 낯부끄럽다. 내놓고 이야기하고 싶은 주제도 아니다. 마음에 품고 몰래 이루고 싶은 꿈이었다. 버킷리스트를 쓰게 되면서 꿈을 더 빨리 이루기 위해 용기를 냈다.

서른여덟 살이 되던 2011년부터 나는 엄마와 같이 살던 집에서 나와 언니와 둘이 살고 있다. 본가로부터의 독립하게 된 계기는 2005년부터 정신과 상담을 받고, 정신과 병원에서 일하면서부터였다. 그렇게 치료를 받으며 서서히 엄마와 건강한 거리를 두게 되었다. 생활도 분리할 수 있었다.

나는 의사선생님께 상담도 받고, 그 병원에서 일하면서 사회생활에 적응했다. 나는 그 당시 2003년의 항암 투병으로 무기력과 극심한 의욕 저하를 겪고 있었다. 하루 12시간 이상 잠을 잘 정도였다. 항상 피곤하고 기력이 없는 환자였다. 그런 나에게 정신과 병원에서의 업무와 생활들은 내 몸과 마음에 활력을 되찾아 주었다. 당시 나는 일할 수 없는 상태였기 때문에 상담센터는 나에게 최적의 직장이자 안식처였다.

그렇게 늦게나마 독립해 체력을 회복하고, 저하된 사회적 지능을 높이면서 상담일을 돕고 배웠다. 하지만 간신히 월세를 유지하는 벌이로 재테크는커녕 저축도 못했다. 오히려 모아 두었던 돈을 쓰면서 살았다. 상담 공부와 일이 나를 치유하고, 나를 알아 가는 과정이었기 때문에 지속할 수 있었다. 살아 있는 것만도 감지덕지했었다.

부자가 되고 싶다거나, 내 집을 사고 싶다는 생각은 해 보지도 못했다. 그렇게 13년이 지났다. 나는 하나님만을 찾았고, 살려 달라고 애원했다. 그렇게 보통 사람들과는 완전히 다른 삶을 살았었다.

요즈음 살고 싶은 집을 생각하면 머릿속이 행복으로 분주하다. 편리함을 고려해서 아파트에서 살까, 자연과 쾌적함을 위해 주택에서 살까. 혹은 도시의 냄새가 풀풀 풍기는 고층의 주상복합 아파트에서 살아 볼까. 새소리가 아침을 깨우고 주변에 나무가 가득해 풍광이 좋은 집에서 살고 싶기도 하고. 아니면 연예인들만 산다는, 한강이 보이는 럭셔리한 집은 어떨까? 이 모든 것을 상상한다. 느낌의 자유를 만끽한다.

내가 살고 싶고, 사고 싶은 아파트는 한남동 더힐이다. 서울 한가운데에 있으면서도 6~10층의 건물들이 산자락에 멋진 콘도처럼 지어져 있다. 김태희도 살고, 방탄소년단 숙소로도 유명해진 곳이다.

나는 현재 싱글인 만큼 아담한 집을 선호한다. 26평의 아파트 두 채가 있었으면 싶다. 언니와 한집에서 동거하지 않고 같은 층이지만 내 집과 언니 집의 대문이 달랐으면 한다. 각각의 집에 살면서 각자의 취향에 맞게 인테리어도 했으면 싶다. 각자의 취미를 누리면서 편안하게 일할 수 있는 집이었으면 싶다. 나는 그 집에서 편안하고 따듯하게 책을 쓰고 싶다. 독서도 많이 하고, 그 집에서 유튜브도 찍고 싶다. 일도 하고, 생활도 하는 집. 꿈의 집, 꿈의 직장이다. 무엇보다도 나는 럭셔리한 집에서 살고 싶다.

현재 그 아파트의 가격은 20억이 조금 넘는다. 20억 2,000만 원이다. 어떻게 하면 내가 이 아파트를 살 수 있을까? 경제적 자유인이 되기 위한 첫 단추인 내 집을 어떻게 마련할 것인가? 한번 웃어젖혀 본다. 하. 하. 하.

나는 나의 숨어 있는 재능을 찾고 싶다. 아직 돈, 재테크, 부동산 투자, 주식투자 등 경제 관련 분야에 재능이 있는지 없는지 모르겠다. 하지만 누구나 배우면 부자가 될 수 있다는 것을 알게 되었다. 못한다고 좌절하고 시도하지 않았을 뿐이다. 김도사님 유튜브를 보면서 희망과 기대가 부풀어 오르고 있다. 작가가 되어 수입을 낼 수도 있고, 부동산 재테크도 할 수 있는 거구나. 그렇게 자신감이 생기고 있다.

돈 없이 시작해서 120억 부자가 된 스승님도 계시다. 남편 빚을 갚으면서도 아이들을 키우고 재산을 만들어 가는 대단한 분들을 보면서 동기부여도 받는다. 김도사님을 비롯한 부자학 코치님들께 책 쓰기처럼 재미있게 부자가 되는 방법을 배울 수 있을 것 같다. 세상에 이렇게 재미있는 것이 많을 줄은 정말 몰랐었다.

나와 언니는 마음이 답답할 때 드라이브를 하거나, 서울 시내를 산책한다. 한남동과 이태원, 남산, 광화문, 종로 1~5가, 광장시장, 동대문 시장, 경복궁, 명동 등 서울 시내를 싸돌아다니는 것을 즐긴다. 나는 서울 토박이다. 서울 종로에서 태어났고, 강남에서 살았다. 중학교, 고등학교를 모두 서울 시내에서 다녔다. 그런 만큼 서울 시내는 나의 놀이터다. 그런데 우리에게 있는 돈으로는 서울에 전셋집도 마련할 수 없는 것이 현실이다. 울고 싶은 순간이 한두 번이 아니었다.

나는 매일 언니에게 우리는 집안 업보를 해결하느라 지금까지 결혼도 못하고 성공하지 못한 거니까 너무 슬퍼하지 말자고 위로를 건넨다. 하지만 언니는 많이도 슬픈 것 같다. "내가 먼저 기운을 차렸으니 내가 먼저 할게.", "내가 꼭 책을 쓸게. 조금만 기다려.", "내가 증거를 보여 줄게."라고 나는 언니에게 큰소리쳤다. 그래서 나는 꼭 이루어야만 한다. 내가 원하는 집을 3년 내에 살 것이다.

나는 2017~2019년 내내 매일 영화를 보듯이 꿈을 꾸었었다. 생활의 기억보다 꿈들이 더 생생할 정도였다. 하나님 목소리도 들리고, 조상님들도 나오셨다. 내 영혼은 스펙터클한 꿈 한가운데에 있었다. 꿈은 첩보 영화를 방불케 하기도 했다. 나는 꿈속에서 도망치고, 또 도망쳤다. 차를 타고 달리기도 하고 산을 넘기도 했다. 아슬아슬하게 건물에서 떨어지기도 했다. 높은 건물에서 엄청난 크기의 해일도 맞았다. 꿈속에서 그런 역경들을 헤쳐 나왔다. 그러다 넓은 들판과 밝은 태양이 드넓은 창공에 떠오르는 꿈을 꾸었다. 결론은 승리다. 하나님이 혹여 내가 나쁜 생각이라도 할까 봐 보내 주시는 꿈 같았다.

나와 언니가 애써 엄마와 분리되는 과정은 전쟁과 같았다. 그 여정의 끝은 우리가 원하는 우리의 보금자리를 만드는 해피엔딩이다. 나의 믿음이 나를 살리고 책을 쓰는 여기에 이르게 했다. 원하는 대로 이루어질 테니 걱정하지 말라고, 부정적으로 생각하지 말자고 수천, 수만 번도 더 되뇌곤 했다.

나와 언니는 옆집에 산다. 나는 나의 집에서 책을 쓰고, 작업을 하고, 일을 한다. 언니는 언니의 집에서 언니의 주특기인 요리를 해 유튜브에 올린다. 그렇게 각자 자유를 누리고 산다. 이것이 내가 바라는 미래의 모습이다.

1년에 2개월은 외국으로
여행하며 살기

나는 27년간을 지독히도 내면에 침잠해서 지냈다. 그것은 마음공부의 형태를 띠었지만 자폐의 수준이었다. 마음의 문을 걸어 잠근 것이다. 친구들을 사귀지도 않았다. 골똘히 생각에 잠기기만 했다. 사람들과의 교류가 피곤했다. 20대에 여행 갔던 것을 제외하고는 해외여행도 다니지 않았다.

나를 사랑하지 못하는 병이 내 몸에 잠식해 들어왔다. 인간관계도 틀어지게 만들었다. 남을 쳐다보지도 않고 나의 내면에만 시선을 두었기 때문에 주위의 사람들과 자연스럽게 멀어지게 되었다. 그런데 이것은 진정 내가 원했던 것이 아니다. 누구인들 건강한 '나'가 스스로를 고립시키겠는가?

세상에 대한 흥미와 호기심을 모두 잃자 내면의 내 영혼의 자리가 축소되었다. 무한대의 영혼이 초라하게 쪼그라들어 내 한 몸 간신히 눕힐 자리 하나 정도 남았던 것 같다. 그렇게 감옥에 갇힌 듯 답답하게 보낸 세월을 보상받고 싶은 마음이 있다.

예전의 나라면 좋은 것을 보아도 하나도 좋아하지 않았을 것이다. 가지고 싶은 것도 없었다. 어디 여행을 떠나려 하면 지치기부터 했다. 지금이라면 어떨까? 지금은 "너무 좋아.", "감동이야."란 말을 입에 달고 산다. 제대로 맛보고, 느끼고, 내 것으로 만들고 싶을 뿐이다. 할 수만 있다면 외국을 넘어 달나라도 가 보고 싶은 심정이다.

과거와는 백팔십도로 다르게 나는 지금 이 세상의 역사와 변화가 너무나도 궁금하다. 친구도 사귀고 싶고, 지구인으로 태어났으니 다양한 나라도 구경하고 싶다. 해외의 문화에도 참여해 보고 싶다. 또한 나의 그리기 재능도 다시 살려 내고 싶다. 그래서 글과 그림을 자유자재로 표현하는 작가가 되고 싶다. 어디를 가든 그곳의 풍경과 사람들, 그 분위기를 나만의 스타일로 포착하고 싶다.

이젠 치유적 삶은 더 이상 살고 싶지 않다. 더 이상 아프지 않기 때문이다. 공격적이고 적극적인 삶을 살고 싶다. 여자의 로망으로서의 해외여행을 말하라면 2010년도 영화 〈먹고, 기도하고, 사랑하라〉가 떠오른다. 물론 잘 먹고, 기도하고, 인생의 동반자도 발견하는 여행이라면 더할 나위 없을 것이다. 하지만 나는 더한 것을 원한다.

2017년 내가 가장 어려운 시기에 도움을 받았던 책이 있다. 심리 조종자에 대해 소개해 주고 세세하게 설명해 주어 나를 정신 차리게 해 준 고마운 책이다. 작가는 크리스텔 프티콜랭이다. 프랑스인이고, 작가이며,

심리치료사다. 한국에도 왔었는데 나는 그녀를 만나지는 못했다.

그녀의 책을 읽으며 세계 어느 나라 사람이든 '사람은 다 똑같구나'라고 처음으로 느꼈었다. 나는 책을 써서 프티콜랭에게 보낼 것이다. 더 나아가 그녀를 만나 보고 싶다. 그래서 감사인사를 전하고 싶다. 이렇게 책에서 만났든, 유튜브에서 보았든 만나 보고 싶은 세계 방방곡곡의 사람들이 늘어날 것 같다. 그리고 가 보고 싶은 곳도 많아질 것 같다.

내가 원하는 여행은 그때마다 테마가 달라지는 여행이다. 내가 사는 곳, 집과 환경이 중요하듯이 그 환경을 색다른 곳으로 바꿔 보는 것도 의미가 있을 것이다. 지금 이 장소가 아닌 다른 곳에 있다면 나는 어떤 글을 쓸 수 있을까. 그곳에서 어떤 것을 배울 수 있을까. 어떤 사람들을 만나게 될까.

에어비앤비도 경험해 보고 싶고, 내가 선택한 동네에 살면서 언어도 배워 보고 싶다. 서툴러도 배우면 너무 재미있을 것 같다. 정말 재미를 위해서 살 것이다. 이탈리아에 가서 요리학교를 다녀 보고 싶기도 하다. 나는 음식을 즐기는 미식가다. 프랑스에 가서는 박물관과 미술관을 이 잡듯이 뒤져서 모조리 감상해 보고 싶다. 그곳에서 지나간 세기의 천재 화가들의 발자취를 따라가 보고 싶다.

지평선을 보면서 넓은 대륙을 자동차로 달려 보고 싶기도 하다. 스위스의 동화 속 세상 같은 곳에서도 살아 보고 싶다. 추운 나라에 가서 동계 올림픽도 구경해 보고 싶다. 축구 경기도 보러 가고 싶다.

상상력이 닿는 대로 그렇게 매년 여행을 다니고 싶다. 1년에 한 달 넘게 두 달이면 여한이 없을 것 같다. 그림을 그려 해외에서 전시회도 열 것이다. 한류가 세계적으로 인정받고 최고의 찬사를 받는 이 좋은 시절에 나도 책을 쓰리라. 그 책이 번역되어 세계적으로 초청받는 작가가 되면 또 한 번의 여행을 할 것이다.

이전의 나는 '하고 싶다'가 없어서 걱정인 사람이었다. 요즘은 하고 싶은 것도 많고, 가지고 싶은 것도 많다. 이렇게 변한 나 자신이 행복하고 대견하다. 벌써 부자가 되었기 때문이다. '이런 자유로운 삶이 가능한 것이구나', '삶은 아주 세세한 부분까지도 재미있는 것이구나', '삶의 여러 측면들이 다른 사람들에게 도움이 되는구나.' 나는 이런 감정들을 매일매일 느끼고 있다.

나아가 '나의 아팠던 경험이 나에게 보상으로 되돌아오는 구조를 만들 수 있구나', 그리고 '실제로 실행하고 있는 천재가 있구나' 하며 놀라워한다. 우리나라에 많은 사람들을 자유로운 삶으로 이끌어 주고 코칭해 주는 스승님이 있다는 사실에 매우 가슴이 벅차다. 버킷리스트를 쓰면서 내용도 내용이지만 내가 버킷리스트를 쓰고 있는 것 자체가 감사하다. 이렇게 여행을 다니고 싶은 만큼 시간의 소중함을 다시 한 번 느낀다. 나에게 말하고 싶다. "너무 신나고 재미난 게 많은 세상이니 부지런히 책 쓰고, 멋지게 놀자!"라고.

그림 작품 개인전 열고
그림과 글로 된 책 출간하기

미술은 나의 첫사랑이다. 어린 시절 집에서 동화책을 보는 것이 나의 유일한 취미였다. 하루는 온 가족이 작은외할아버지 댁에 갔다. 할아버지 댁은 왕십리에 있는 작은 주택이었다. 처음 가는 집인지라 집을 구경하는 재미가 쏠쏠했다. 옛날 주택이 그렇듯이 1층에 거실과 안방이 있고, 2층에 작은 방들이 있었다. 우리는 2층에 올라가 작은 방들을 순서대로 구경했다.

당시 이모와 외삼촌은 고등학생들이었다. 그런 만큼 그 방들에서 다들 공부를 하고 있었다. 재미가 없었다. 마지막으로 거실을 막아 방으로 만든 큰 방이 있었다. 그곳이 내 눈에는 방이 아니라 신기한 것들이 가득한 전시장처럼 보였다. 나는 놀라서 눈이 휘둥그레졌다.

그 방에는 그림 작품들과 작은 공예품들이 놓여 있었다. 순간 나는 그 방에 매료되어 이것저것 구경했다. 이모는 그 당시 미술대학을 다니고 있었다. 그림과 공예품은 이모가 직접 만든 작품들이었다. 조그만 유치원생의 눈에 대학생인 이모 방은 완전히 보물들로 가득 찬 방이었다. 이런 내가 기특해 보였는지 이모는 자신이 만든 조그만 도자기를 내 손에 쥐어 주었다. 나는 아직도 나의 고사리 같은 두 손으로 곱게 감쌌던, 기분 좋게 차갑던 조그만 컵이 눈에 선하다.

나는 집으로 오는 길에 엄마에게 물었다. "엄마, 나 이모처럼 저런 거 하려면 어떻게 해야 해?" 내 기억으로는 내가 태어나 엄마에게 처음으로 진지하게 한 질문이었다. 나는 어릴 때부터 말수가 많지 않던 아이였다. 그런 나의 질문에 엄마는 시큰둥하게 대답했다. "응, 이대 미대에 가면 돼."라고. 당시 나는 미술이 뭔지도 잘 몰랐고 화가가 된다는 게 무슨 의미인지도 몰랐다. 그런데도 그때 이렇게 말했다. "엄마, 나 이대 미대에 갈래." 1979년 내가 일곱 살 때다.

그렇게 시작되어 미술에 대한 나의 사랑은 꾸준히 지속되었다. 별달리 좋아하는 것이 없는 나에게 미술은 운명 같았다. 그림을 그리고 있을 때는 걱정이 사라졌고 행복했기 때문이다. 대단한 화가가 되고 싶었던 것은 아니었다. 삶을 멋있게 풍요롭게 예술적 분위기 속에서 살고 싶었을 뿐이다.

미술대학에 가면 여러 수업을 들으면서 작품을 만들고 전시를 한다. 모양새만 갖추어도 되긴 했지만, 나는 꽤나 고지식한 편이었다. 학생이지만 자신의 이야기를 작품에 담아내지 않으면 안 된다고 생각했다. 그런데 결정적으로 곤란한 문제는 내가 내 이야기를 하는 방법을 몰랐다는 것이다. 가뭄에 콩 나듯 어쩌다 한 번 솔직하게 그림을 그려서 교수님들께 칭찬을 듣기도 했다. 나는 그럴 때마다 누가 내 그림을 볼까 봐 두려워서 그림을 없애 버렸었다.

그렇게 나는 대학 4년을 매우 고통스럽게 보냈다. 나에 대한 관념이 부정적이었기 때문에 그리고 싶지 않은 이야기만을 마음에 담고 있었다. 그래서 대학시절에는 아무것도 그릴 수 없게 되었다. 그러다 보니 나의 마지막 전시는 학부 졸업 전시회였다.

나는 올해 47세다. 40년 동안 무식하고 지순하게 미술을 짝사랑해 왔다. 무엇이 나를 미술 주위를 맴돌게 한 것일까. 미술비평가 존 러스킨이 말했다.

"위대한 국가는 자서전을 세 권으로 나눠 쓴다. 한 권은 행동, 한 권은 글, 나머지 한 권은 미술이다. 어느 한 권도 나머지 두 권을 먼저 읽지 않고서는 이해할 수 없지만, 그래도 그중 미술이 가장 믿을 만하다."

지극히 미술적 관점이지만, 화가의 눈으로 포착해 낸 그 과거가 가장 사실에 가까운 증거라는 것이다.

이 말을 증명이라도 하듯, 우리는 해외여행을 가면 그 나라의 미술관 앞에 줄을 선다. 입장권을 구입하기 위해서. 여름의 땡볕 아래에서도 〈모나리자〉를 보기 위해서 루브르 미술관을 찾는다. 그 앞에서의 몇 시간의 기다림도 기꺼이 감수하면서.

나는 이런 관점에 동의한다. 위대한 화가는 어린아이의 눈을 가지고 있다는. 그래서 솔직하다는. 그래서 피카소는 이런 어록을 남겼다.

"여덟 살에 이미 나는 라파엘로처럼 그렸다. 어린아이처럼 그림을 그리기까지 내겐 평생이 걸렸다."

이렇듯 미술은 어린아이와 같은 순수함을 추구한다. 어른처럼 그린 그림은 못 그린 그림이다. 또한 이미지의 세계인 미술은 다른 예술가들에게 상상력과 영감의 원천이 되기도 한다. 요즘 한창 유행하는 순수미술과 상업적인 디자인의 컬래버가 비즈니스에 시너지를 일으키고 있다.

나는 내 개인전을 열고 싶다. 개인전을 열어서 나 자신의 작업에 시너지를 일으키고 싶다. 책을 쓰는 작가로 활동하면서 이미지 작업도 하고 싶다. 그렇게 나의 능력을 입체적으로 끄집어내고 싶다. 내 머릿속에만 남아 있는, 꿈속에서 보았던 것들도 화폭에 옮겨 보고 싶다. 책을 쓰는 주제와 연결해 이미지 작업을 한다면 환상적일 것 같다. 뒤늦게 성공을 위한 여정을 시작하는 만큼 부릴 수 있는 욕심은 다 부려 보고 싶다.

그림의 주제는 책과 함께 병행해 갈 것이다. 책과 함께 나의 성장기를 그리게 될 것이다. 그러나 궁극적으로 그리고 싶은 주제는 '부와 풍요'다. 그림은 거짓말을 못한다. 때문에 자기 자신을 드러내 보인다. 그러니 주제가 자연스러운 것이다.

여행도 많이 다니면서 그곳의 풍광을 눈에 담을 것이다. 마음에 담은 순간들을 이미지로 녹여낼 것이다. 그림 그리기도 시작인만큼 스스로에게 동기부여를 많이 해 줄 것이다. 남과의 비교는 접어 두고, 내 안의 하나님을 믿고 용기 내어 연필을 들 것이다. 그렇게 아이디어를 스케치하고, 하얀 캔버스를 나만의 이미지와 색으로 채워 갈 것이다.

20세기만 해도 화가, 예술가는 밥 굶기 딱 좋은 직업이라는 인식이 강했다. 그래서 예술가들은 돈 걱정을 참 많이 했다. 하지만 21세기의 대한민국은 완전히 다른 세상이 되었다. 독특한 아이디어와 이미지가 부를 창출하는 원동력이 되고 있다. 나는 나의 개인 사이트를 통해 그림들을 발표할 것이다. 그리고 SNS 광고를 통해 나의 그림과 나를 알릴 것이다. 글쓰기와 그림 그리기를 같이 하면서 그림들이 주인공인 책도 출간할 것이다.

나의 궁극적인 꿈은 '하나님'을 그리는 것이었다. 과거 하나님을 그리는 것은 천재화가들의 특권과도 같은 것이었다. 신이 그림의 주제로 등장하는 시대에 대표주자 자격으로 하나님을 그렸었다. 그러나 나에게는 종교의 한 부분으로서의 하나님을 그려야 하나? 이것을 어떻게 표현해야 하나 막연하기만 했다.

그러다 이제야 깨닫게 되었다. 하나님을 만들어서 그리는 것이 아니라는 것이다. 내가 신이고 내 안에 하나님이 계신다. 따라서 나를 그리면 되는 것이다. 그렇듯이 만물에 녹아 계신 하나님을 그리면 되는 것인데 파랑새를 찾듯이 하나님을 찾아다녔었다. 지금 나는 자신 있게 말할 수 있다. 나는 하나님을 그리는 화가가 될 것이라고.

내 이름을 걸고
유튜브 채널 운영하기

유튜브는 나에게 은인과도 같다. 13년간 일했던 상담센터를 그만두고, 사회생활도 그만두고 두문불출하던 시기에 유튜브는 나에게 친구가 되어 주었다. 내가 지금까지 옮겨 온 채널들을 살펴보면 나의 상태를 점검해 볼 수 있다. 나의 유튜브 시기는 다섯 단계로 나누어 볼 수 있다. 초창기에는 믿고 볼 수 있는 방송국 채널을 주로 보았다. 그러다 시간이 지날수록 선택능력과 취향이 생기면서 자연스럽게 개인 채널로 옮아갔다.

처음 시작은 〈영재발굴단〉이었다. 의식의 흐름을 따라 이어졌던 것이지만 다시 생각해 보니 흥미롭다. 3세~초등학생들이 주로 나오는 프로그램 채널이기 때문이다. 영재들의 재능을 보는 것은 좋았다. 하지만 허를 찔리며 아팠던 것은 영재 아이들의 공감능력 때문이었다. 나는 그들의 공감능력을 보면서 참 많이 울었었다.

나는 나의 재능이 잘 들어 주는 것, 좋은 공감능력이라고 여겼었다.

그런데 천재 아이들의 공감능력을 보면서 겸손해짐을 느꼈다. 천재 아이들의 공감은 상상을 초월할 만큼 아름다웠다. 이 채널을 보면서 아름다운 영혼을 각성할 수 있었다. 천재는 머리가 아니라 영혼으로 되는 것임을 알았다.

두 번째는 〈나는 자연인이다〉였다. 볼수록 마음이 편안해졌다. 그리고 나와 비슷한 주인공들의 삶이 공감되었다. 그런데 막상 이 채널에서 강력하게 느낀 것은 '사람 사는 곳은 도시나 산속이나 다 똑같구나'였다. 그러면서 세상에 내가 숨을 수 있는 곳은 없다는 것을 알게 되었다. 역으로 도시도 자연이라는 것을 깨달았다.

그리고 세 번째로 세상에 나가는 용기를 내어 보자며 〈김미경 강사의 유튜브 대학〉, 김창옥 강사의 〈포프리 쇼〉, 〈세상을 바꾸는 시간, 15분〉 등의 동기부여 강의를 한 달 정도 신나게 보았다. 그리고 나서야 비로소 유튜브가 새로운 스타를 만들어 내는 새로운 산업이라는 것을 알게 되었다. 그리고 그 시점에 용기를 내어 미술학원을 운영하게 되었다.

네 번째로는 정치 유튜브에 빠졌다. 나는 정치에 관심이 없었다. 그런데 그것이 나를 사랑하지 않는 것과 연관된다는 것을 알게 되었다. 나를 모르고, 또 정치를 몰라서 내가 편향된 생각을 한다는 것을 알게 되었다. 뿐만 아니라 뚜렷한 주관이 없어서 여론에 이끌려 다닌다는 것을 알게 되었다.

고백하자면 나는 아무 생각 없는 보수였다. 내 의견이란 없었다. 주변에서 좋아하는 정치인, 후보들에게 눈치를 살피면서 투표했다. 나 같은 사람을 정치에 무관심한 중도층이라 말하기도 하는 것 같다. 하지만 사실은 그냥 무지했을 뿐이다.

정치는 싸우는 것이라는 선입견이 강해서 외면했다. 그런데 이런 점이 악용된다는 것을 알았다. 그러면서 가짜뉴스의 문제점을 통감했다. 정치 유튜브 채널들은 우리나라 근현대사를 공부하게 하면서 나를 유아적 시각에서 빠져나오게 했다. 세상 돌아가는 이야기가 골치 아픈 것이 아니라는 것을 알았다. 싸우는 데는 다 이유가 있다는 것도. 그러다 여기에서도 역시 의외의 깨달음을 얻게 되었다.

오래된 조국 교수의 강의였다. 거기에서 그는 국민이 정치를 알아야 하는 이유는 정치가 '돈 문제'이기 때문이라는 것이다. 그래야 국민이 잘 살게 된다는 것을 너무도 쉽게 알려 주어서 놀랐었다. 그러면서 보수냐, 진보냐가 중요한 것이 아니라 실질적으로 국민들을 잘살게 하는 법을 만드는 정당이 좋은 정당이라는 것도 알게 되었다.

이처럼 유튜브는 나에게 생각지도 못했던 지점의 깨달음을 주었다. 그런 의미에서 나에겐 은인이다. 이제 결정적 단계인 다섯 번째 단계에 이르렀다.

정치를 알아야 하는 이유처럼 나의 현실은 돈이 잘 벌려야 했다. 돌파구가 필요했다. 뭔가 하지 않으면 나의 현실이 바뀌지 않는다는 것을 절실히 느끼고 있었다. 그때 유튜브 인공지능이 나의 스마트폰 화면에 자꾸만 어떤 남자 얼굴을 띄워 주었다. 제목은 더욱 자극적이었다. '똑똑한 당신이 가난한 이유', '영혼에 뼈 때리는', '가난한 사람' 등. 이렇게 자극적이며 나를 아프게 하는 제목이 뜨는 것이었다. 궁금해 도저히 안 들어가고는 못 배기는 채널이었다. 그렇게 한책협 카페에 가입하고 책 출간과 1인 창업을 목표로 책 쓰기를 배우고 있다. 유튜브는 이렇게 리얼 은인도 만나게 해 준다.

나는 그야말로 유튜브 열혈 시청자였다. 유튜브 없이는 못 사는 그야말로 '유빠'였다. 나 같은 사람들이 많을 것이라 여겨진다. 여기까지가 나의 유튜브 역사 태동기다.

이제 제2막의 나의 유튜브 성장기 역사를 만들어 나갈 차례다. 유튜브는 전 세계의 다양한 재능을 가진 사람들을 참 많이 만나게 해 주고, 보여 주고, 교육해 주는 지식과 지혜의 우주와 같다. 문제점들도 많다고 들 하지만, 그것을 능가할 만큼 장점이 많다. 좋은 채널들도 널려 있다.

유튜브는 그렇게 사람들에게 활동의 장을 만들어 주고 있다. 나도 이제 이 우주로 뛰어들고 싶고, 날아가고 싶다. 우주와 소통을 시작하며 더 넓은 세상으로 나가고 싶고 돈도 벌고 싶다. 개인 채널을 만들어서 활동하는 것을 그 시작으로 삼을 것이다.

또한 유튜브는 사람을 끼리끼리 만나게 하는 역할도 한다. 일상의 아름다움, 긍정적인 생각, 좋은 아이디어, 귀한 말씀, 스타일, 부유한 생각들을 전파하며 사람들을 끼리끼리 사귀게 한다. 사람에게 공통의 관심사를 가지고 이야기하는 것만큼이나 즐거운 일이 또 있을까 싶다. 그러니 내가 그런 시각과 에너지를 가지고 채널을 운영하면 그런 유튜브 친구들을 만날 수밖에 없을 것이다.

나의 소원 중 하나는 좋은 친구들과 사귀는 것이다. 좋은 사람과 사귄다는 것이 어떤 행복일지 상상해 본다. 기분 좋은 영혼의 울림. 기분 좋은 교류. 생각만 해도 얼굴에 웃음이 번지는… 나는 이런 것들을 원한다.

나도 누군가의 은인이 되고 싶다. 또한 더 나아가 수많은 은인을 만나고 싶다. 유튜브는 귀한 영혼들을 다이렉트로 만날 수 있는 사귐과 사교의 장이다.

PART 08

경제적 자유를
누리며
행복을 전하는
메신저 되기

-김민정-

김민정 ·······················　💎

자기계발 작가, 동기부여가, 강연가

전업주부로 작가이자 동기부여가라는 가슴 설레게 하는 꿈을 그리며 활동을 하고 있다. 자존감이 높으면 주도적인 삶을 살아갈 수 있으며, '나'는 특별한 사람이자 꿈을 품고 미래를 향해 나아가는 행복한 사람임을 믿는다. 행복한 인생과 성공자의 필수 요소인 자존감에 대해 많은 사람들에게 알리는 활동을 할 예정이다. 현재 '아이의 자존감은 엄마의 말에서 시작한다'를 주제로 개인저서를 집필 중이다.

꿈의 필요성을 알리는
베스트셀러 작가 되기

여기저기 출판사에서 전화가 온다. "작가님. 책이 너무 좋아요. 우리와 계약합시다."라며. 전화기에 불이 난 것 같다. 아! 어느 출판사와 계약해야 할까 고민이다. 나는 나를 최고로 브랜딩해 줄 수 있는 출판사와 계약하기로 결정했다. 드디어 책표지가 나왔다. 우와, 끝내준다. 내 이름이 적힌 책이 서점의 베스트셀러 코너에 진열되었다. 또다시 전화가 빗발친다. 이번에는 방송국과 학교 등에서 독자들이 나를 만나고 싶다고 한다. 책을 쓸 때보다 더 바쁘다. 방송 출연하랴, 강연하랴, 사인회 하랴 몸이 10개라도 모자란다. 이런 나를 상상해 본다.

나는 어릴 때부터 책을 많이 읽는 엄마의 모습을 보며 자랐다. 먹거리에도 무척 신경을 쓰는 엄마였지만 한번 책을 읽으시면 손에서 놓지 않았다. 식사시간이 되어도 책이 재미있으신지 식사 담당은 2남 1녀 우리의 몫이 되곤 했다. 엄마가 "수제비를 만들어라", "라면을 끓여라" 하시면 나는 '책이 그렇게 재미있나'라는 생각을 하곤 했다. 그래도 그때만큼은 엄마가 행복해 보였던 것 같다. 지금 생각하면 엄마에게는 삶의 고달픔을 위로받고 현실을 잊을 수 있는 유일한 시간이 아니었나 싶다.

그런 영향을 받아서인지 나도 힘들면 책을 찾아 읽게 되는 것 같다. 친구들을 만나 신나게 놀 때는 즐겁지만 친구들과 헤어지고 혼자 집으로 돌아갈 때면 왠지 모를 공허함이 늘 있었다. 나는 그것을 책으로 달래곤 했다. 남편과 처음 만났을 때 남편은 기 수련을 하면 좋다고 했다. 나는 관련 책을 먼저 읽어 보고 매료되어 다니던 직장까지 관두었다. 그러곤 나를 찾아 새로운 직업인 기수련 지도자가 되기도 했다.

결혼하려고 마음먹었을 때도 책을 통해 남자와 여자가 어떻게 다른지 알게 되었다. 그런 만큼 결혼생활에서도 남편을 이해하려고 노력했다. 그 덕에 조금은 덜 부딪치며 살게 된 것 같다. 출산을 앞두고 우연히 보게 된 책이 있다. 책에는 병원이 아닌 조산소에서 아이를 낳으면 가정의 분위기와 비슷해 아이가 정서적으로 안정감을 느낀다고 쓰여 있었다. 나는 겁도 없이 그 책의 저자가 한 대로 따라 했다. 지금 생각하면 참 무모했던 것 같다. 그만큼 책에 대한 신뢰감이 나에게 용기와 확신을 주는 놀라운 역할을 한 셈이다.

막상 아이를 낳고 보니 엄마도 처음이고 더군다나 남자아이다 보니 육아는 책과 또 달랐다. 어떻게 하면 될까 고민하다 육아서를 이것저것 보게 되었다. 아이를 잘 키우려면 책을 많이 읽혀야 한다고 했다. 나는 아이가 돌도 되기 전부터 책을 마구 사들이기 시작했다. 대출 등으로 가정형편이 어려워도 1순위는 동화책을 사는 것이었다. 동화책을 아이들에게 읽어 주면서 어른인 나도 위로받고 감동했다. 동화책 읽는 시간은 아이와 함께하는 행복한 시간이었다.

아이들에게 책 읽기를 우선 선택하라고 하는 것은 책이 인생에 많은 영향을 주기 때문이다. 힘들거나 문제에 부닥쳤을 때 현명한 답지를 선택할 수 있기 때문이다. 또한 지혜를 얻을 수 있기 때문이다. 그래서 아이들에게 책이 평생 친구가 되게 해 주고 싶어 노력하고 있다.

"책 속에서 자신을 발견할 수 있고 지혜를 얻을 수 있고 필요한 모든 것을 찾을 수 있다."

헤르만 헤세의 말이다. 나 역시 그동안 책을 안 읽었다면 지금 이렇게 글을 쓸 수 있었을까? 모든 일을 시작할 때나, 문제에 부닥쳤을 때나, 힘들 때 책을 읽으며 앞으로 나아갈 수 있었다. 그렇게 현명한 길을 선택해 지금에 이르렀다. 이토록 책은 나의 인생에 지대한 영향을 주었다. 그런 만큼 나도 남에게 도움과 희망을 주는 사람이 되고 싶다는 생각을 하곤 했다. 하지만 막연하게 생각만 하는 꿈에 불과했다.

사실 그동안 성공하고 싶다는 생각에 아는 사람을 통해 여러 군데의 네트워크를 접하게 되었다. 성공한 사람의 라이프스타일을 정말 닮고 싶었기 때문이다. 그들에게서는 경제적 자유가 느껴졌다. 화려한 생활, 삶을 즐기는 그들의 여유를 너무나 내 것으로 만들고 싶었다. 그런 생각에 앞뒤 가리지 않고 따라 해 보았다. 하지만 남에게 물건을 팔아 실적을 내야 하는 나에겐 성공자의 여유보다는 스트레스만 쌓일 뿐이었다. 현실적으로 내가 하고 싶지 않은 일을 하는 나에겐 동기부여가 되지 않았다. 결국은 지속하지 않게 되었다.

잘살고 성공하고 싶으면 꿈이 없으면 안 된다. 그것을 그동안 성공한 사람, 성공 법칙 등을 다룬 많은 책을 읽어 보아서 알고는 있었다. 하지만 나에게 꿈은 생기지 않았다. 정작 내 것은 되지 않고 성공은 멀게만 느껴졌다. 특정한 누군가에게만 일어나는 일이라며 포기하게 되었다.

링컨은 다음과 같이 말했다.

"내가 알고 싶은 것은 모두 책에 있다. 내가 읽지 않은 책을 찾아 주는 사람이 바로 나의 가장 좋은 친구다."

막연했던 그 꿈을 책 쓰기로 이루리라고는 생각하지 못했다. 나에게도 작가라는 명확한 꿈이 생긴 것이다. 성공해서 책을 쓰는 것이 아니라 책을 써야 성공한다는 말이 처음에는 '나는 할 수 없지. 내가 어떻게 하겠어. 책을 많이 읽었다고 다 책을 쓰는가'라는 자격지심으로 다가왔다. 그동안 책만 읽었지 책을 쓴다는 것은 상상도 하지 못한 일이었기 때문이다. 그런데 지금 이 순간 기적이 일어난 것이다.

지금껏 책만 보아 왔던 내가 책을 쓰는 나로 바뀐 후 나의 모습은 확연히 달라졌다. 꿈이 있다는 것은 그야말로 축복이다. 항상 체력이 안 좋다는 이유와 타협하던 내가 이렇게까지 집중력이 있고 시간 관리, 시간 분배를 잘하는 사람인지 몰랐다.

글쓰기에 집중해야 하니 일의 우선순위를 먼저 생각하게 되었다. 효율적으로 시간을 쓰기 시작했다. 자투리 시간도 허투루 보내는 일이 없다. 그 좋아하던 드라마도 보지 않는다. 초치기, 분치기를 할 정도로 치열하게 시간을 보내지만 힘들거나 지치지도 않는다. 내가 좋아하는 일을 하면 누가 시키지 않아도 이렇게 미칠 수 있구나 하는 생각이 든다.

베스트셀러 작가를 꿈으로 정하고 나니 그것을 더욱 확장해서 도움을 받던 사람에서 도움을 주는 사람으로 살고 싶다는 목표가 생겼다. 참 신기한 일이다. 꿈이 생기니 또 다른 목표가 생겨났다. 이래서 꿈이 있는 사람이 성공하는구나 하는 생각이 든다.

그동안 늦은 나이에 둘째를 낳아서인지 부풀려졌던 나의 배가 줄어들 생각을 안 했다. 운동을 왜 그리 미루고만 있었는지. 날씬하고 싶으면서도 실천하지 않으니 결과를 못 낼 수밖에. 그런데 책 쓰기를 시작하면서 체력이 있어야 글도 쓰겠다 싶어 줌바댄스를 배우고 있다.

꿈이 있으니 적극적으로 실행하게 된다. 꿈이 있으면 이렇게 즐겁고 행복해질 수 있다는 것을 우리 아이들에게도 알게 해 주고 싶다. 꿈을 가져야 한다고 말하는 그동안의 엄마에서 꿈을 이루면 삶이 달라진다는 것을 보여 주는 멋진 엄마가 될 것이다.

돈에 구애되지 않고
일상처럼 세계여행 하기

올해는 어느 곳으로 갈까? 유럽? 아시아? 세도나 명상여행? 세계지도를 펴 놓고 아이들과 의논한다. 우리 집 새해에 펼쳐지는 풍경이다. 올해는 계절별로 가기로 했다. 봄에는 부모님을 모시고 가족 전체가 3박 4일 일정으로 동아시아 쪽으로 가기로 했다. 여름에는 방학 때 딸과 둘만의 데이트를 위해 3박 4일 일정으로 하와이에 가기로 결정했다. 나머지 계절은 추후에 결정하기로 했다. 이렇게 돈에 구애받지 않고 여행이 일상이 되는 삶을 상상만 해도 행복해진다.

나는 기수련을 하다가 너무 좋아서 아예 직업으로 삼기 위해 지도자 교육을 이수했다. 그러곤 수련하는 곳이 아니라 계열사인 여행사로 가게 되었다. 수련이 좋아서 갔는데 여행사라니 처음에는 실망했다. 기수련 단체여서 명상여행을 주로 갔는데 백두산에 가 보게 된 것이 뜻깊었다. 뿐만 아니라 중국, 일본, 홍콩 등 여러 나라를 가 보게 되었다. 세계여행이라는 꿈을 꾼 것은 그때부터가 아니었나 싶다.

아이들을 키우는 집이라면 하나쯤은 갖고 있을 것이다. 학습에 필요한 세계지도, 우리나라 지도, 지구본 등 말이다. 책을 팔 때 사은품이라며 이런 것들을 챙겨 주곤 한다. 고객 서비스 차원에서. 물론 나는 큰아이 전집을 밥 먹듯이 샀기 때문에 이런 것들을 다 활용하지 못할 정도로 차고 넘치게 받았다. 그중 큰아이가 스무 살이 된 지금에도 아직 남아 있는 것이 있다.

나는 '사진으로 떠나는 여행'이라는 사회학습 브로마이드도 받았다. 유럽 여러 나라의 유명한 유적지 사진과 설명이 붙어 있다. 코팅도 되어 있어 욕실 안 변기에 앉으면 딱 보이는 벽면에 붙여 두었다. 유럽 편인데 가족 모두 매일 저절로 그것을 볼 수밖에 없는 상황이다. 유독 그것만은 왜 떼지 않고 그대로 두었는지 모르겠다.

큰아이가 고등학교에 들어가면 바빠질 것이니 지금 가족여행을 가자고 남편이 말했다. 그래서 큰아이의 중3 겨울방학 때 해외여행을 가게 되었다. 처음에는 동남아 휴양지 쪽을 선택했다. 그러다 조금 무리해서 동유럽+발칸 5개국 8일 일정의 패키지여행을 가기로 최종 결정했다. 가족 모두 가는 해외여행은 처음이라서 준비 과정부터 무척 즐겁고 설렜다.

처음 도착한 도시는 낭만의 프라하. 드라마를 통해서 접해서인지 더욱 가깝게 느껴졌다. 야경이 아름다운 부다페스트의 '성 슈테판 성당'이 아직도 강렬하게 떠오른다. 유럽여행 중 가장 기억에 남은 것 같다. 정말 야경이 끝내주었다. 비엔나 쉔브룬 궁전은 합스부르크 왕가가 여름 궁전으로 사용했던 건물이다. 매우 화려한 외관을 지니고 있다. 여름철에만 사용했다고 한다. 극에 달한 사치와 그 화려함에 눈을 뗄 수 없었다.

그리고 합스부르크 왕가는 자신들만이 권세와 부를 누리고 싶어 근친상간을 일삼았다. 그러다 보니 기형인 얼굴을 가진 아이가 많이 태어났다고 한다. 왕족의 얼굴이 볼품없는 것이 인상적이었다. 비엔나에서는 모차르트, 비발디, 베르디, 차이코프스키 등 다양한 음악가의 음악을 실내악 형식으로 감상할 수 있었다. 실제로 귀족 집에서 여는 음악회였다. 현지인들은 양복과 드레스를 입고 있었다. 집에서 그런 음악회를 열다니…. 호화로운 귀족생활을 엿볼 수 있었다. 풍악을 울리고 풍류와 가무를 즐겼던 옛날 우리나라 양반집의 생활모습이 오버랩되었다.

어느 나라나 권력가나 재력가면 서민처럼 밥 먹고 살 걱정 같은 것은 하지 않는다. 그런 만큼 그런 문화생활을 즐기는 게 일맥상통하는 것 같았다. 벨베데레 궁전의 내부를 관람하며 클림트의 〈키스〉라는 작품도 볼 수 있었다. 한국에 와서 딸과 함께 〈키스〉 퍼즐을 발견했다. 우리는 서로 얼굴을 마주 보며 눈을 크게 떴다. 퍼즐을 맞추며 그때의 기분을 돌이키는 시간도 보내곤 했었다.

블레드블 성을 가려면 아름다운 호수를 건너야 한다. 우리는 아주 작은 배를 타고 이동했다. 가는 도중에 일행 중 초등학생 여자아이가 예쁜 목소리로 노래를 불렀던 기억이 난다. 딸도 "그때 그 언니 노래 참 잘

하더라. 나도 그때 불렀어야 했는데."라고 한 번씩 말하곤 한다. 실은 노래 부른 아이에게 사람들이 용돈을 주었기 때문이 아닐까. 여행에서 맛볼 수 있는 낭만이다.

크로아티아의 수도 자그레브에 있는 대성당은 최대 5,000명까지 한 번에 예배를 볼 수 있다고 한다. 그런 만큼 세계적으로 손꼽히는 유적이라고 한다. 어마어마한 스케일을 자랑하고 있었다. 영화 〈사운드 오브 뮤직〉의 배경인 잘츠부르크, '도레미송'으로 유명한 장소인 미라벨 정원과 궁전도 보았다. 모차르트 생가의 외관도 구경했다.

유럽은 공중화장실이 공짜가 아니어서 어딜 가도 따로 유로를 주어야 했다. 딸아이가 갑자기 화장실이 가고 싶다고 해서 남편이 데리고 갔다. 그런데 지금은 5학년이 되었지만 그때는 1학년이었던 만큼 아이가 어리니 깎아 달라고 해서 웃었던 기억이 난다.

동유럽은 정말 장관이었다. 가는 곳마다 성당이 너무나 많았다. 하나같이 웅장하고 화려함의 극치였다. 거리 곳곳의 건물도 예뻤다. 그 와중에 나는 우리와 다른 점을 발견했다. 우리나라의 경우 건물 사이에 일정한 거리를 두어야 한다고 들었다. 그런데 유럽은 건물과 건물이 붙어 있었다. 생소한 경험이었다.

또 하나의 특이한 점은 오래된 건물을 재건축하지 않고 그대로 살려두었다는 점이다. 옛 모습 그대로여서 흡사 시대를 거슬러 올라간 듯한 착각이 들 정도였다. 그럼에도 불구하고 도시 대부분이 아름다웠다. 그때의 기억이 뇌리에 고스란히 새겨져 있다. 여행을 가서 새로운 문화를 접하는 경험과 새로운 음식을 먹어 보는 즐거움도 매우 크다. 사진이나 TV로 볼 때와는 차원이 달랐다. 그때의 기억이 아마도 평생 남을 것 같다.

네빌 고다드는 "상상은 현실이 된다."라고 말했다. 유럽여행을 가리라 시각화한 것이 현실로 이루어졌다는 사실을 이제야 알았다. 잊고 있었던 유럽여행을 생각하며 글을 쓰니 정말 또 가고 싶다는 생각이 든다. 여행 마지막 날 아쉬워하며 서유럽, 북유럽 등도 가 보고 싶다고 아이들과 대화했었다. 하지만 현실은 만만치가 않았다.

사실 매번 패키지로 가족 4인이 해외여행을 다녀온다는 것은 우리 집처럼 평범한 가정에서는 가계가 휘청휘청하는 일이다. 꿈으로 돌리는 수밖에 없었다. 하지만 이제는 상상이 현실이 된다는 믿음을 갖고 있는 만큼 세계여행이라는 꿈은 이루어질 것이다. 벌써부터 너무나 설레고 기대된다. 일상의 스트레스를 날려 버리고 마음의 여유를 만끽하는 여행이야말로 최고의 선물인 것 같다.

그런데 떨칠 수 없는 기억이 있다. 패키지여서 여러 가족과 함께 다니다 보니 빈부의 격차가 한눈에 보였다. 같이 다니지만 생활수준이 다르기 때문에 물건을 사는 스케일도 달랐다. 명품관에 가서 서슴없이 작품을 사는 사람이 그저 부럽기만 했다. 같이 다니는데 나도 모르게 비교가 되면서 초라함을 느끼곤 했다. 그런 만큼 나의 꿈은 더 명확해졌다. 처음엔 세계여행만을 꿈꾸었는데 이제는 명품을 사는 사람을 부러워하기만 할 것이 아니다. 내가 명품을 사는 사람이 되어야겠다. 그렇게 목표가 수정 보완되었다.

그리고 요즘 들어 크루즈여행에 대한 정보를 많이 접하게 되었다. 패키지여행과는 차원이 다르다고 들었다. 귀족 공부를 하는 것처럼 신세계라고 들었다. 거기다가 저렴하기까지 해 가성비 갑이라고 들었다. 그동안은 10년 넘게 돈을 모으고 나이가 들어서야 가는 것이 크루즈여행이라고 잘못 알고 있었다. 멤버십으로 가면 아주 만족스러운 여행을 할 수 있다는 것이다. 직접 크루즈여행을 체험해 보고 싶다. 점점 더 많은 것에 도전하고 행복한 일들만이 펼쳐질 것이다. 나의 미래가 점점 기대된다.

안정적인 투자 수익으로 경제적 자유인 되기

나는 어릴 때 포항에서 자랐다. 아빠가 군인이어서 군인 아파트에서 살았었다. 그런데 내가 여덟 살이 될 무렵 엄마가 하숙을 쳤다. 엄마가 하숙을 시작한 계기가 있었다. 남편이 갑자기 돌연사한 군인 가족을 보고서였다. 그걸 보고 결심하게 되었다고 한다.

하숙생은 25~35명 정도였다. 대부분 3교대를 하는 포스코 직원이었다. 엄마는 새벽 4시에 일어나야 했다. 처음 1년은 너무 힘들어서 매일 우셨다고 한다. 지금 생각하면 하숙을 어떻게 쳤는지 자신도 놀랍다고 하신다. 당시 나는 겨우 초1이었다. 너무 어려서 별 도움이 되지도 못했다. 그렇게 시작한 하숙을 엄마는 10년 정도 이끌어가셨다.

엄마는 하숙생들의 먹거리를 위해 매일 시장을 가셨다. 나는 그런 엄마를 많이도 따라다녔다. 대식구다 보니 장바구니가 커야 했다. 엄마는 특대형 장바구니 2개를 손수 만드셨다. 파랑색 가방이었다. 2개의 가방은 항상 가득 찼다. 내 눈에는 엄마가 영화에 나오는 힘센 소머즈처럼 느껴졌다.

그러면서도 엄마는 10년 동안 한 번도 택시를 탄 적이 없었다고 한다. 억척스럽고 고단했던 엄마의 삶을 생각하니 왠지 눈물이 난다. 엄마는 하루 종일 삼시 세끼를 차리고 도시락까지 싸야 했다. 나에게는 그런 엄마가 힘들어 보였다. 돈 버는 일이 보통 힘든 것이 아니라고 생각했다.

나는 결혼하고 대구에서 살았다. 아는 사람이 더 무섭다고 했던가. 남편과 제일 친한 후배는 자기 형이 제과점을 세 군데에서 한다며 자랑하곤 했다. 개인 브랜드를 만들어 체인점처럼 운영한 것이다. 남편의 후배 형은 그중에 하나를 우리에게 넘겼다. 남편은 무용만 했던 사람인지라 세상물정을 몰랐다. 20년 지기 후배 말을 그대로 믿고 대출을 받아서 제과점을 인수했던 것이다. 그런데 그곳은 유동 인구가 거의 없는 곳이었다. 그야말로 그냥 딱 문을 닫아야 하는 상황이었다. 그것을 알기까지는 오랜 시간이 걸리지 않았다.

무식하면 용감하다는 말은 우리 부부를 두고 한 말인 듯했다. 기술이 없었던 만큼 우리는 공장장을 고용했다. 임신 중이던 나는 빵 냄새가 역겨워서 오전에는 아르바이트도 써야 했다. 월세, 재료비, 인건비, 전기세, 가스비 등 나가야 할 돈이 줄을 섰었다.

제과점 사정은 처음에 들었던 말과는 판이하게 달랐다. 365일 계속 열어야 했고 매일 밤 11시에 문을 닫았다. 기술도 없는 우리에게 왜 팔았는지 그 후배가 도무지 이해가 가질 않았다. 가게를 처분했을 때는 빚만 고스란히 남았다.

지금 생각하면 속인 사람보다 속은 우리가 바보였다. 그래도 다행인
건 두 번 실수는 하지 않게 되었다는 것이다. 그런 와중에도 남편은 다
른 업종을 기웃거리기도 했다. 옷 장사를 하는 후배가 돈을 많이 번다고
했다. 아, 또 후배… 장사를 하면 꼼짝없이 가게에 매여 있어야 한다. 더
군다나 빚도 많은 상태였다. 나는 절대로 장사를 하지 않겠다고 했다. 남
편은 그렇게 당하고도 또 미련을 부렸다.

나는 돈 버는 일에 관심이 많았다. 고등학교 무용 교사를 하던 분이
외국 계열 보험회사에 이직해 다니고 있었다. 실적이 워낙 뛰어나서 1년
도 안 되어 팀장이 되었다고 했다. 월 1,000만 원 이상 번다고 남편이 말
했다. 아무나 추천을 해 주지 않는다고 하면서. 그나마 남편이 대학에 있
어서 추천 대상이 되었다. 다행히 나는 최종 합격했다.

그런데 출근하려니 이제 겨우 돌 지난 갓난아기를 전담할 사람이 있
어야 했다. 남편은 전임 강사였는데 월급이 정말 적었다. 베이비시터를 고
용할 형편이 아니었다. 포항에 사는 친정엄마한테 맡겨야 했다. 면접 때
는 합격할 생각밖에 하지 않았다. 면접관이 물었다. 나는 "아이 문제가
해결되지 않았으면 면접을 보러 오지 않았다."라고 말했다.

이렇게 큰소리쳤지만 현실은 만만치 않았다. 포항까지 가서 아이를
맡겨야 하고 엄마가 또 고생하셔야 했다. 아이의 어린 시절은 영원히 돌
아오지 않는다. 짧은 시간이어도 매일 부모와 교류해야 한다는 육아서의

내용이 맴돌았다. 아쉬웠지만 오래 다니지 못하고 그만두게 되었다. 지금이었으면 성공한다고 믿고 베이비시터를 고용하지 않았을까 하는 생각이 든다.

아이를 키우며 할 수 있는 일은 없을까? 고민하던 중 네트워크를 알게 되었다. 일단 알아봐야겠다는 생각이 들었다. 물건을 사서 써 봐야 제품 공부도 하고 판매에도 도움이 된다고 했다. 내가 속한 그룹은 화장품이 주력이다 보니 메이크업 실습을 많이 했다. 매주 쓰지도 않을 색조 화장품을 샀다. 그런데 문제는 남에게 물건을 파는 일이었다. 매달 실적에 시달려야 했다. 결국엔 내 물건만 사서 쓰자고 결론을 내렸다.

남편은 국립대학교 정교수다. 하지만 월급쟁이에 불과하다. 그동안 결혼하고 박사학위를 받느라, 논문을 쓰느라 많은 대출을 받았다. 한번 공연을 하면 경비도 많이 들었다. 모르는 사람들은 월급도 많고 안정적인 직업이라며 부러워하기도 했다. 하지만 월급이 들어오면 나가기 바쁜 게 현실이었다. 대출비, 카드비, 아이들 교육비 등으로 순식간에 월급이 빠져나갔다. 저축할 돈은 거의 없었다.

얼마 전 《100억 부자의 생각의 비밀》이라는 책을 읽었다. 시종일관 고개가 끄덕여졌다. 책에서 "성공해서 책을 쓰는 것이 아니라 책을 써야 성공한다."는 글을 보게 되었다. 나도 경제적 자유인이 되고 싶었다. 책을 펴내게 되면 작가, 코치, 강연가, 1인 창업 시스템으로 인생을 살 수 있다고 했다. 성공한 사람을 따라가면 나도 성공자가 될 수 있다고 믿게 되었다.

그동안 너무나 시간을 낭비했다는 아쉬움이 있었다. 하지만 과거는 잊고 지금 내가 할 수 있는 일에 집중하는 법을 알게 되었다.

어떤 투자를 하든지 일단 자신이 철저하게 공부해야 한다. 이런 자세를 제과점 일을 계기로 더욱 깨닫게 되었다. 그동안 용기가 나지 않아 못했던 주식을 철저히 공부할 것이다. 그래서 안정적으로 투자해 수익을 낼 수 있도록 할 것이다. 부동산 투자 방법도 미리 공부해 기회를 놓치지 않도록 준비할 것이다. 일하지 않아도 돈이 저절로 들어오는 시스템을 만들 것이다. 책을 쓰면서 내 마인드가 확 바뀌었다. 모든 일에 적극적이고 도전하는 용기도 생겼다. 모든 것이 희망적이다.

소름 끼치는 일이 하나 있다. 몇 년 전에 남편이 가훈이라며 액자를 가져왔다. "하루를 위대하게"라고 적혀 있었다. 나는 가훈이 너무 거창한 거 아닌가 생각했다. 아이들 반응도 별반 다르지 않았다. 하지만 남편은 거실 벽면에 액자를 자랑스럽게 걸어 두고 흐뭇해했다.

내가 책 쓰기를 하게 된 것이 우연이 아니었나 보다. 〈말하는 대로〉라는 노래가 생각난다. 정말 말하는 대로 되는 것 같다. 나의 미래의 청사진이 선명하게 그려진다. 꿈이 있는 나는 매일이 행복하다. 밝은 미래를 향해 뚜벅뚜벅 걸어가고 있기 때문이다. 경제적 자유가 나를 기다리고 있다.

·04·

희망과 행복을 전하는
강연가 되기

오늘은 날씨가 굉장히 화창하다. 속초에 강연이 잡혀 있는 날이다. 얼마 전에 산 빨간색 포르쉐를 타고 가고 있다, 동해 바다를 볼 수 있어 더욱 설렌다. 초등생 엄마들에게 자존감을 주제로 강연하러 간다.

오늘 강의 주제를 다시 말하면 '아이의 자존감은 엄마의 말에서 시작된다'다. 구체적인 내용을 살펴보면 다음과 같다.

1. 엄마부터 바뀌어야 한다.

2. 기적을 불러오는 엄마의 말 습관

3. 엄마의 말로 아이의 일상이 달라진다.

4. 자존감을 높여 주는 대화법

아이들을 위해서 자존감 공부를 하러 왔는데 도리어 엄마들이 반성의 눈물을 많이 흘린다. 괜찮다. 누구에게나 엄마는 처음이기 때문이다.

"작가님 덕분에 저 자신을 되돌아보게 되었어요. 아이를 잘 키우려고 했던 말과 행동들이 오히려 아이에게 상처가 되었을 거라고는 생각지도 못했어요."

"작가 선생님, 감사합니다. 아이의 자존감이 엄마의 말에서 시작되리라고는 짐작도 못했어요. 엄마부터 바뀌어야 한단 말씀에 반성을 많이 하게 되네요. 오늘부터 아이를 존중하는 말투로 바꾸어야겠어요. 이번 기회에 자존감을 높여 주는 대화법을 더 공부하려고 합니다. 작가님 책을 여러 번 반복해 보려고요. 안전운전 하시고 조심히 잘 가세요."

내가 오늘 받은 문자 내용이다. 나의 예전 모습을 보는 듯하다. 감회가 새롭다. 나도 한때 교육 관련 세미나가 있으면 여기저기 많이 다녔었다. 그러나 지금은 독자에서 저자로 바뀌었고 강연을 듣는 사람에서 강연을 하는 사람으로 바뀌었다.

내 강연에는 항상 웃음이 끊이질 않는다. 먼저 청중의 마음을 열게 해 강연 분위기를 좋게 이끌기 때문이다. 청중이 유쾌하면 나 또한 술술 말이 나온다. 서로 시너지 효과가 난다. 오늘도 역시나 유쾌 상쾌한 분위기 속에서 강연을 성공적으로 마칠 수 있었다.

오늘도 나는 멋지게 차려입었다. 강연하면서 나의 스타일이 완전히 바뀌었다. 나이 들면서 편하다고 운동화만 신고 다녔었다. 그런데 강연 땐 일단 키도 크고 날씬해 보이려고 힐을 신었다. 옷도 편한 바지를 즐겨 입었었는데 지금은 원피스를 주로 입는다. 투피스보다 체형이 커버되어 더 날씬해 보이기 때문이다. 오늘도 원피스를 입었다. 그중 나에게 일어난 가장 큰 변화는 내가 입거나 메는 제품들이 명품으로 업그레이드된 것이다.

일정을 끝내고 속초까지 왔으니 회도 먹고 바다도 보러 속초 해수욕장으로 갔다. 바다가 보이는 호텔에 숙소를 예약했다. 다음 주에는 너무 많은 스케줄이 잡혀 있어 1박 2일 충전 시간을 갖기로 했다. 그러곤 또 열심히 달려야 한다. 호텔에서 편한 옷으로 갈아입었다. 남편도 일정을 마치고 뒤늦게 합류했다. 맛있게 회를 먹었다. 둘 다 바닷가 출신이어서 그런지 회를 유독 좋아한다. 남편이 궁금해하며 물어본다.

"오늘 강연 분위기는 어땠어?"

"물론 끝내주게 좋았지. 사진도 많이 찍고 종이보다도 책에다 더 사인을 많이 한 거 같네. 오늘 가져간 책 완판! 하하."

미리 사인을 연습한 건 정말 잘한 일이었다. 너무 흔한 내 이름도 조만간 바꾸려고 한다. 남편은 부산과 제주도에 사 둔 땅의 값이 치솟고 있다고 좋아했다. 얼마 전에 서울에 건물도 하나 매입해서 월세도 받고 있다. 그리고 주식도 안정적으로 투자해서 수입이 계속 늘고 있다. 요즘에는 부동산 공부를 하고 있다. 돈을 벌려면 내가 알아야 성공할 수 있다고 배웠기 때문이다.

책을 쓰고 인생이 백팔십도로 바뀌었다. 나의 인생은 책 쓰기 전후로 나뉜다. 일단 책을 쓰면서 김도사님이 추천해 주신 책을 읽어 나갔다. 책들 하나하나가 토양이 되어 내 인생의 모든 것을 발전시켜 주었다. 예전에 나는 돈이 아까워서 나에게 투자하는 건 낭비라고 생각했다. 그래서 자기계발도 돈이 별로 들지 않는 걸로 선택했다. 그래서인지 책을 읽어도 별로 활용하지 못한 것 같다. 책은 많이 읽는 것이 중요한 것이 아니다. 한 권을 읽어도 자신에게 도움을 주는 책을 읽어야 한다.

의식이 확장되는 책을 읽어야지만 인생이 바뀐다. 그때 내가 한책협의 책 쓰기 과정에 등록하지 않았다면 내 인생은 어떻게 되었을까? 생각만 해도 아찔하다.

인생에서 스승은 정말 중요하다. 성공자의 뒤를 따라가야 성공한다는 것을 뼈저리게 느낀다. 나는 자존감을 주제로 강연한다. 강연에서 나는 나도 모르게 의식을 확장해야 모든 것을 내 것으로 만들 수 있다고 말한다. 행복도 성공도 이룰 수 있다고 말한다. 엄마들이 내 강연에 열광하는 이유다. 아이 공부법이나 아이를 잘 키우는 법을 알기 위해 참여했다가 인생을 다시 생각하는 계기가 되었다고 많이들 말한다. 그들은 내적 치유가 되어 한층 더 행복한 얼굴로 돌아간다. 나에게는 그런 것들이 너무나 기쁘고 감동적이다. 다른 사람에게 희망을 줄 수 있는 나 자신이 자랑스럽다.

메시지가 왔다. 뉴욕에 스마트 사업 관련 출장을 갔던 아들로부터다. 아들은 "엄마, 무슨 선물 사갈까요?"라고 묻는다. 나는 "예쁜 가방 하나

사 와."라고 했다. 아들은 물건을 잘 고르는 센스가 있다. 물론 명품관에 가서 내 취향에 맞는 걸로 사 올 것이다.

수입 파이프라인이 형성되면서 내 삶의 질이 바뀌었다. 예전에는 상상도 못했던 일이다. 명품가방 하나 사는 것도 망설였었다. '없어도 되지. 굳이 들고 다닐 필요가 있나' 생각했다. 하지만 명품가방을 들고 다니는 사람을 보면 내심 부러웠다. 그러면서도 '명품을 들고 다니면 뭐 하냐, 사람이 명품이어야지'라고 자위하곤 했다. 부러우면 지는 건데 항상 진 거 같다.

이상은 나의 버킷리스트 중 '자산가가 되어 행복을 전하는 메신저'라는 글을 쓰려고 했을 때 상상으로 이미지화시켜 본 글이다. 모든 상상이 현실이 되기 때문이다. 운명을 바꾸는 종이 위의 기적이라고 한다. 나는 나의 미래를 그려 보았다. 상상하면서 글을 쓰는 내내 너무나 행복했다. 이렇게 선명하게 종이 위에 새겨 두면 그대로 될 것이다. 기적이 일어날 것이다. 책 쓰기는 사랑이다.

평생 예술과 함께하며
다양한 문화 배우기

남편은 발레를 전공했다. 몸이 굉장히 반듯하다. 그래서인지 나에게 내 등이 구부정하다고 했다. 결혼식장에 들어갈 때 구부정하게는 못 들어간다고 말했다. 그러더니 어느 날 느닷없이 나에게 발레 레슨을 받게 했다. 내 나이 31세 때였다. 처음에는 기가 찼지만 내심 배우면 재미있겠다는 생각도 들었다. 남편 제자가 나에게 레슨을 해 줬는데 좀 창피하기도 했다. 하지만 제자는 나보다 남편 성격을 더 잘 아는 듯했다. 선생님답다며 웃었다.

그리고 스포츠댄스도 하게 되었다. 남편은 발레로는 비전이 없다며 실용무용과 교수가 되기 위해서 여러 장르의 춤을 배우고 준비했다. 스포츠댄스 학원에 갔더니 대부분 무용 전공자들이었다. 전부 자신감 있게 팔을 뻗거나 엉덩이를 씰룩씰룩하며 왔다 갔다 하고 있었다. 알고 보니 가장 기본 동작이었다. 그들은 무용이 일상이어서 아무런 거리낌이 없는 듯했다. 처음 왔다고 하는 사람도 너무나 자신감 있게 하는 것이었다. 몸짓도 나와는 너무 달랐다.

나는 그런 분위기가 너무 어색했다. 나는 그 속에서 소외감을 느꼈다. 비전공자가 나밖에 없어서 주눅이 더 들었던 것 같다. 남편은 내 입장은 아랑곳하지 않고 못한다며 눈살을 찌푸리곤 했다. 전공인들만 봐서 그런지 못하는 나를 이해하지 못했다. 지도자 과정을 밟으라고 하는데 나에겐 너무 어려웠다. 잘할 수 있다고 남편이 격려해 주었더라면 어쩌면 스포츠댄스 강사가 되었을지도 모르겠다. 지금과 같은 마인드였다면 타인의 평가를 신경 쓰지 않고 나에게 열심히 집중했을 것 같다.

딸아이가 다섯 살 무렵이었다. 발레를 전공한 지인이 딸아이의 목소리와 얼굴이 판소리를 하면 어울릴 것 같다고 했다. 우리 아이의 특성을 캐치해 권유해 주니 왠지 신뢰감이 더 생겼다. 생각해 보니 잘 어울릴 것 같기도 했다. 한복을 입혀 놓으면 아이의 옷맵시가 아주 좋았다.

전주는 판소리가 유명하다. 그래서 판소리 하는 곳도 많았다. 아이가 어리니 집과 가까운 곳을 알아봤다. 그러다 마침 예전에 우리 집을 샀던 여자분이 판소리를 전공했다는 기억이 났다. 그렇게 해서 딸아이는 판소리를 배우게 되었다. 딸아이 혼자 하기보다 엄마가 함께 하면 도움을 줄 수 있을 것 같았다. 한옥마을 안에 판소리를 가르치는 곳이 있었다. 회원은 대부분 연세가 지긋한 분들이셨다. 가르치는 분은 꽤나 이름이 알려진 분이었다. 판소리 시범을 보여 주는데 정말 기가 막히게 잘했다. 그런데 배워 보니 보통 어려운 게 아니었다.

그 후에 종종 판소리 공연을 찾아다니기도 했다. 한여름에 한옥마을에서 본 공연이 기억에 남는다. 그날따라 너무 더워서인지 사람이 거의 없었다. 우리 가족만이 관중이었다. 더운 날 땀을 흘리면서 판소리를 하는데 멋있게도 보였지만 힘들어도 보였다. 예술인은 본인이 좋아하는 것을 하기 때문에 행복지수가 높다. 하지만 경제력을 무시할 수는 없다. 보는 내내 그들의 삶의 애환이 고스란히 느껴졌다. 딸아이는 처음에는 판소리에 흥미를 보였다. 하지만 할수록 어렵고 엄숙한 분위기가 싫어서인지 가는 것 자체를 거부했다.

나도 그때는 맛보기로 판소리를 경험했다. 하지만 이제는 제대로 배워 보고 싶다.

초등학생이 된 딸아이에게 흔하지 않은 악기를 배우게 하고 싶었다. 그래서 주민센터에서 드럼을 배우기로 했다. 딸아이는 낯설고 학년도 다르다며 혼자서는 하지 않겠다고 했다. 그래서 나도 함께 하게 되었다. 가보니 의외로 어른들이 많았다.

한 명씩 돌아가며 드럼을 연주했다. 오래 한 친구들은 초등학생인데도 수준급의 솜씨를 보였다. 너무 멋지게 보였다. 잘하는 것도 중요하지만 즐겁게 하면 보는 사람들도 함께 즐기게 되는 것 같았다.

음악은 점잖은 어른들까지도 몸을 저절로 움직이게 만든다. 발을 까닥거리는 사람, 머리를 흔드는 사람 등. 모두에게 활력을 주고 즐거움을 주는 것 같았다. 어린 친구들은 연주할 때도 서로 경쟁하듯이 했다. 하지만 어른들에게는 즐기는 여유로움이 있었다. 연륜에서 묻어나는 멋스러움을 느낄 수 있었다.

단골 분식집에 갔더니 예전에 못 보던 꽃그림이 있었다. 나는 당연히 사진인 줄 알았는데 직접 그린 그림이라고 했다. 꽃그림을 그리는 화방에서 홍보 차원에서 붙여 둔 거라고 했다. 나는 이내 관심이 생겼다. 그림 실력은 없지만 관심은 많았다. 언젠가 한 번쯤은 그림을 꼭 배워 보고 싶었다. 그래서 화방에 신청했는데 시간을 조율해야 한다고 한다. 지금 대기하고 있다. 기대된다. 예전 같으면 레슨비 생각에 포기했을 것 같다.

캘리그래피도 꼭 배워 보고 싶다. 한옥마을 근처에 가르치는 곳이 있는지 알아보았다. 하지만 지금 나에게 우선순위는 책 쓰기다. 때문에 캘리그래피 배우기는 보류 상태다. 알아보니 지도자 과정이 있어 수료 후 전시도 하고 작가로서 활동도 하는 것 같다. 내가 캘리그래피 지도자 과정을 수료하면 책 쓰는 작가와 글씨 쓰는 작가를 겸하게 되는 것이다. 나의 삶은 벌써부터 풍요로움으로 가득하다.

드라이플라워도 캘리그래피와 접목해 작품을 만들 수 있다고 한다. 한 가지를 배우면 배움이 계속 확장되는 것 같다. 드라이플라워도 배우고 꽃꽂이도 배울 것이다. 나의 작품으로 집을 가득 채우고 싶다. 꽃은 공연이 있는 날 남편이 많이 가져온다. 화병에 꽃을 꽂을 때면 이왕이면 예쁘게 꽂으려고 노력한다. 하지만 매번 실력의 부족을 느낀다. 꽃꽂이를 배워 꽃집에 가서 마음에 드는 꽃을 고르고 예쁘게 집을 장식하고 싶다.

그런 과정 자체가 행복감을 줄 것 같다. 꽃은 누구나 좋아한다. 우리 집을 항상 꽃향기가 가득한 집으로 만들고 싶다. 가족들이 꽃을 보며 행복을 느끼게 해 주고 싶다.

여자라면 패션에 관심이 많을 것이다. 나 역시 그렇다. 하지만 주부 입장에서 원하는 것을 척척 사기란 쉬운 일이 아니다. 가족을 먼저 챙기게 되기 때문이다. 그러니만큼 패션 쪽도 공부해 보고 싶다. 멋진 인생은 나를 가꾸는 것에서부터 시작되지 않을까 싶기에. 그만큼 자신을 사랑하는 것이기 때문이다. 나를 위해 공부하고 투자하면 자기애도 더욱 생긴다. 자신을 소중이 여기는 사람이 되는 것이다.

요즘에는 왜 이리 배우고 싶은 것이 많은지 행복해서 웃음이 다 난다. 또 한 가지 배워 보고 싶은 건 랩이다. 그 특유의 그루브와 비트가 멋지게 느껴졌다. 〈쇼 미 더 머니〉는 아이들과 재미있게 봤던 프로그램이었다. 예전엔 쓸모없다고 생각했던 것들이 요즘에는 행복을 플러스해 주는 것으로 여겨진다.

누군가 나의 인생에 행복을 가져다주지는 않는다. 스스로 행복을 만들어 가야 하는 것이다. 그동안은 돈이 좀 든다고 생각하면 일단 망설였다. 가치를 생각하기 전에 비용을 먼저 생각했다. 하지만 이제는 행복에 가치를 두고 싶다. 엄마가 행복해야 아이들도 행복하기 때문이다.

꿈이 있다는 것은 행복이 시작되는 것이라고 생각한다. 꿈이 없고 무의미하게 산다면 인생의 기쁨을 느끼지 못한다. 꿈이 있는 사람은 적극적이 된다. 나는 배움의 기쁨을 아는 만큼 새로운 것을 끊임없이 받아들일 자세가 되어 있다. 인생에서 가장 중요한 것은 나의 꿈을 찾는 것이다. 꿈이 전부다. 꿈을 꾸기 시작하는 순간 온 우주가 나의 꿈이 이루어지게 움직인다. 인생은 짧고 예술은 길다고 했다. 더 많이 접하고 배우면서 문화를 즐기는 인생으로 만들고 싶다. 예술은 인생을 풍요롭게 하며 마음에 여유를 준다. 평생 예술과 함께하고 싶다.

PART 09

꿈을
포기한 사람들에게
꿈을 꾸게 하는
동기부여가 되기

-이흥규-

이흥규

직장인, 자기계발 작가, 동기부여가

꿈이 없이 하루하루 최선을 다하면 잘될 것이라고 믿고 살다가 책을 통해 꿈을 가지게 된 경험과 지식으로 다른
사람들을 돕고 있다. 자신처럼 방황하던 사람들이 꿈을 갖고 진정한 인생의 의미를 찾을 수 있도록 돕기 위해 상담
활동을 하고 있다.

빨간색 포르쉐911 타고 출근하기

6:40.33

독일의 Green Hell(녹색지옥)이라 불리는 뉘르부르크링에서 포르쉐 911 GT2 RS MR(이하 포르쉐911)이 2018년 10월 25일에 세운 기록이다. 이 기록은 아직도 깨지지 않고 있다. 이것은 포르쉐911이 지구상의 양산 차 중에서 제일 빠른 차라는 것을 입증하는 것이다.

남자들에게는 속도에 대한 원초적인 본능이 존재한다. 그 이유는 남 자들의 무의식에 남들보다 빠르고 강해야 한다는 믿음이 자리 잡고 있 기 때문일지 모른다. 실제로 자동차가 발명되기 이전에는 말을 많이 이 용했다. 그런데 남자들은 말 중에서도 빠르고 튼튼한 말을 갖기를 원했 다. 실제로 자동차 회사에서 광고에 질주 장면을 많이 넣는 이유가 속도 에 대한 남자들의 본능을 자극하기 위해서라는 얘기가 있다.

나는 정말로 차를 좋아한다. 고등학교 3학년 여름방학 때 면허증을 땄을 정도다. 너무나 차를 타고 싶은데 학생이라 돈은 없고. 그래서 고민 끝에 36개월 할부로 계약하는 방법을 찾았다. 자동차 전시장에서 차를 계약하고 온 기쁨도 잠시 부모님에게 발각되었다. 결국은 차는 사지 못하고 계약금만 날린 기억이 있다.

그 이후에 대학교 때 편의점 아르바이트를 하면서 처음 내 차를 가지게 되었다. 나는 세상을 다 가진 것처럼 행복했다. 남부러울 것이 없었다.

그러다 1992년 봄이었던 것으로 기억한다. 경부고속도로를 타고 여행을 가고 있는데 뒤에서 번쩍번쩍 하이 빔을 쏘면서 맹렬히 달려오는 차가 있었다. 처음 보는 자동차였다. 너무도 빠른 속도에 놀라 나는 2차선으로 차선을 변경했다. 그리고 차창 너머 그 자동차를 보았다. 그 차는 바로 포르쉐911이었다. 뭐라 설명할 수 없는 아우라, 미친 드라이빙 감성, 압도적인 디자인, 섹시함을 상징하는 빨간 컬러의 화려함. 그 모든 것이 나의 망막을 미친 듯이 자극했다. 그날 이후로 난 포르쉐911에 사로잡혀 버렸다.

포르쉐911을 탄다는 것은 우리나라에서 경제적인 자유를 획득했다는 것을 의미한다. 웬만한 수도권 20평대 아파트 가격에 맞먹는 자동차를 탄다는 것은 우리나라의 상류층임을 의미한다. 이후로도 포르쉐911을 타는 사람들을 보면 너무 부러웠다. 그러면서 어떤 사람들이 타는지 궁금해졌다. 나도 그들과 같은 수준이 되고 싶었다. 정말 성공하고 싶었다.

그 이후 나는 학교를 졸업하고 직장을 가지게 되었다. 경제적으로 조금씩 여유가 생기면 조금씩 차를 업그레이드해 왔다. 그러나 아무리 차가 예쁘고 내구성이 좋다고 하더라도 나의 가슴 깊은 곳에는 내가 진정으로 원하는 것을 가지지 못한 아쉬움이 웅크리고 있었다. 하지만 결핍은 성공의 씨앗이라고 했다. 포르쉐911을 가지지 못한 결핍은 나를 움직이게 하는 동인이 되었다. 정말 나도 성공하고 싶다는 생각을 포르쉐911을 보고 하게 되었다. 나에게 포르쉐 911은 성공과 동의어다.

포르쉐911을 가지기 위해서는 어떤 노력을 기울여야 할까? 곰곰이 생각해 보았다. 현재는 직장인인 관계로 벌어들이는 수입이 한정되어 있다. 특별히 맞벌이하는 상황도 아니어서 딱히 떠오르는 방법이 없었다. 그리고 내가 넣고 있는 적금은 차 값에 턱없이 부족하다. 투 잡(Two Job)을 해서 추가 수입을 얻는 방법도 있다. 그런데 이것은 내가 30대에 할리데이비슨에 미쳐서 투 잡을 했던 방법과 같다. 아니, 정확히 말하면 나는 그때 포 잡(Four Job)을 했다.

이것은 정말 미치지 않고서는 해낼 수 없다. 어마어마한 노력이 필요하니까. 먼저 새벽 4시에 녹즙을 배달하고 아침 8시쯤 집으로 돌아와 간단히 샤워한다. 그리고 출근해서 회사 업무를 보고 저녁 9시에 나가 새벽 1시나 2시까지 대리운전을 했다. 그리고 주말에는 피자 배달을 해서 최대한으로 돈을 벌었다. 그러곤 돈이 차곡차곡 모이길 기다렸다.

그렇게 일하길 8개월 정도가 지난 어느 날 나는 평소와 같이 지하철을 타고 출근하고 있었다. 그런데 갑자기 속이 메스꺼우면서 어지러웠다. 참기 힘든 몇 분을 간신히 버티다가 일어나 보니 나는 안전요원 2명의 부축을 받으며 지하철 승강장 의자에 앉아 있었다. 나중에 알고 보니 내가 지하철 안에서 갑자기 기절했다고 한다. 그리고 다른 승객분들이 긴급히 연락을 취해 지하철이 잠시 멈춰 섰다고 한다. 그 틈에 나를 승강장으로 데리고 나온 것이라고 했다.

간신히 정신을 차리고 회사에서 곰곰이 생각해 보았다. 이러다가는 오히려 약값으로 돈이 더 많이 들 것 같다는 판단이 섰다. 그래서 그 이후로는 하나씩 하나씩 부업을 모두 접었다. 결국은 나중에 소유하고 있던 주식을 매매해 내가 그리도 원하던 할리데이비슨을 가지게 되었다.

그러면 지금의 이 시점에서 포르쉐911을 사기 위해서는 어떤 노력이 필요할까? 나의 경험에 의하면 부업으로는 절대 가능한 금액이 아니다. 그런 만큼 수입의 다각화가 절실히 필요하다.

나의 경우는 직장에서 매월 나오는 월급 외에는 다른 고정 수입이 없다. 그런데 지금 열심히 배우고 있는 책 쓰기 과정을 완벽히 습득해 나의 귀중한 경험과 메시지를 다른 사람들에게 나누어 준다면? 그래서 세상을 좀 더 아름답게 만드는 작가, 동기부여가가 된다면? 그리고 평소 관심이 많았던 경매도 공부한다면? 그렇게 새로운 수입을 창출한다면? 내가 그리도 원하던 포르쉐911을 구매할 수 있지 않을까.

내가 포르쉐911을 타고 출퇴근하고 싶은 이유가 있다. 첫 번째, 나의 성공을 나의 모든 회사 동료에게 알리고 싶다. 두 번째, 내가 우리 회사 내에서 성공한 사람의 롤 모델이 되고 싶다. 세 번째, 포르쉐911을 타고 출퇴근하면 좋은 기분으로 일하게 되어 업무성과도 향상될 것이라고 생각한다. 좋은 기분으로 일하면 업무성과 면에서 천지차이를 보인다. 똑같은 일이라도 내가 주도적으로 일하게 되면 빨리 성과를 낼 수 있다. 반면 억지로 일하면 능률도 오르지 않고 시간만 오래 걸리며 성과도 나지 않는다.

상류층을 상징한다고 할 수 있는 포르쉐911을 타기 위해서는 현재의 생활패턴으로는 어림도 없다. 일단은 의식개혁이 먼저 이루어져야 한다. 나는 2020년 초에 동네 서점에서 한책협의 대표코치인 김태광 작가의 책을 보게 되었다. 그러곤 이렇게 아무런 계획도 없이 그냥 회사에 열심히 다니면 좋은 결과가 있겠지? 하며 하루하루를 보내는 것은 아닌 것 같았다.

그날 나는 집에 와서 김태광 작가에게 문자로 도움을 줄 수 있는지 문의했다. 김태광 작가는 그날 가족들과 해외여행 중이었다. 그럼에도 불구하고 바로 도움을 주겠다는 문자를 내게 보냈다. 그래서 나는 바로 한책협에 와서 1일 특강을 듣게 되었다. 그로써 나는 인생의 성패를 좌우하는 것은 결국은 의식이라는 결론을 얻게 되었다.

지금은 책 쓰기 과정 중이다. 정말로 인생 2막을 위해 나의 경험이 나와 비슷한 어려움을 겪고 있는 사람들에게 힘이 되는 책을 쓸 것이다.

그렇게 많은 사람들에게 꿈과 희망을 나누어 주고 싶다. 그들의 롤 모델이 되어 세상에 선한 영향력을 끼칠 계획이다.

내가 포르쉐911을 타고 싶은 이유는 한 가지로 요약할 수 있다. 그것은 내가 경제적인 자유인이 되었다는 것을 상징하기 때문이다. 나는 성공자의 삶을 살고 싶고 그렇게 살 예정이다. 지금의 내가 변하면 결국 내 미래도 변하게 되어 있다. 지금과 같은 정신자세와 태도를 유지하면 분명 성공을 이룰 것이라고 확신한다.

여태까지 나는 남의 인생, 남의 시선을 너무 의식하고 살아왔다. 이제는 진정한 나로 돌아와 나 자신이 행복하고 기분이 좋은 상태를 유지할 것이다. 내 내면의 소리, 진정한 나를 체험하고 나를 위해 살아갈 예정이다.

기적은 결국 나의 굳은 신념으로 완성된다. 다른 사람이 볼 때 내가 포르쉐911을 타는 것이 기적으로 보일 수도 있다. 그러나 나는 과거의 내가 아니다. 새로운 나로 부활했다. 나의 미래는 분명 밝을 것이라 생각한다. 아니, 그렇게 예정되어 있다. 나는 나 자신을 믿는다. 이제 내가 포르쉐911을 탈 수 있는 방법은 단 하나다. 오늘 나는 나의 내면의 소리를 들으며 믿음으로 걸어간다. 포르쉐911을 타는 그날까지.

자동차 레이싱
자격증 따기

내가 희망하는 나의 마지막 직업은 동기부여 코치다. 동기부여 코치가 되기 위해서 필요한 것은 무엇일까? 어떤 교육을 받아야 하나? 어떤 노력을 기울여야 하나? 어떤 사람들을 만나면 도움이 될까? 이런 생각들로 가득 찼던 어느 날 인터넷 뉴스에서 코치의 역할에 대해 인터뷰한 내용을 보았다. 그 코치는 바로 존 휘트모어 경(Sir John Whitmore)이었다. 그런데 이 코치의 경력이 아주 특이하다.

전 영국, 전 유럽의 카 레이싱 대회에서 우승한 후 은퇴한 그는 자아초월심리학을 깊이 연구하게 된다. 그리고 여기에서 발견한 'Inner Game' 이론을 윔블던 출전 테니스 선수들에게 적용했다. 그렇게 스포츠 코칭의 선구자가 되었다. 그리고 더 나아가 이를 기업 경영에 접목시켰다. 그렇게 해서 성과향상 코칭이 탄생한 것이다. 그의 인터뷰 내용 중 가장 기억에 남는 것은 두려움에 대한 내용이었다.

"변화를 위한 원칙은 아주 간단합니다. 과거의 것을 버리는 연습을 통해서 이를 성취할 수 있습니다. 그러나 두려움이 방해 요소로 대두됩니다. 두려움에는 여러 종류가 있습니다. 변화에 대한 두려움, 실수에 대한 두려움, 직장을 잃는 것에 대한 두려움, 동료들이 알아주지 않는 것에 대한 두려움 등. 사람의 마음에 내재되어 있는 이러한 방해 요소가 가장 큰 위험 요소임을 인지하는 것이 중요합니다. 그러고 나면 어떻게 두려움을 극복해야 하는지 알 수 있게 됩니다.

마음에 내재되어 있는 방해 요소, 즉 우리가 제대로 성과를 낼 수 없도록 방해하는 것들을 인지해야 합니다. 우리 자신에 대해 어떻게 인지하고 있느냐가 매우 중요한데, 이것이 우리의 행동을 결정짓기 때문입니다. 만약 성과가 높은 조직을 갖기 원한다면 근본적인 변화가 필요합니다. 자신에 대한 믿음이란 내가 할 수 있다는 믿음입니다. 만약 당장 할 수 없다면 배워서 할 수 있다는 믿음입니다. 그리고 주어진 업무 환경에서 긍정적인 태도를 보이는 것입니다.

좋은 코치란 성과를 내도록 고객의 마음에 내재된 방해 요소를 고객이 인지하도록 돕는 코치입니다. 좋은 성과를 내고 싶으면 실천하고 노력해야 합니다."

그 인터뷰를 보고 나는 존 휘트모어 경의 광팬이 되었다. 그와 같은 사람이 되고 싶었다. 먼저 내가 좋아하는 차에 대해서 더 공부하고 더 연습해서 최고의 자리에 오르고 싶었다. 그날 이후 나의 버킷리스트에는 자동차 레이싱 자격증 따기가 추가되었다.

내가 좋아하는 카 레이서는 미하엘 슈마허다. 한때 타이거 우즈를 제치고 연봉 순위 1위를 기록한 사람이다. 재난과 재해가 있을 때 웬만한 중소기업매출에 맞먹는 금액을 기부하면서 나눔의 미학을 실천한 사람이기도 하다. 뿐만 아니라 F1 레이싱의 황금기를 이끈 사람이다. F1 레이싱의 레전드라 불리는 그는 단순히 레이싱만 잘하는 것이 아니었다. 레이싱 전략을 이해하는 높은 지능을 가졌고 관찰력도 뛰어났다. 차량 개발에도 직접적으로 관여하는 등 경기 외적으로도 모범적인 사람이다.

마이클 슈마허는 이렇게 인터뷰한 적이 있다.

"나는 다른 애들이 쓰다가 쓰레기통에 버린 타이어들을 다시 모아서 그걸 가지고 카트를 탔다. 그 애들은 대신 이탈리아에서 타이어를 사다 썼다. 그럼에도 불구하고 나는 그들보다 빨랐고, 그 애들은 내 모습을 보면서 어리둥절해했다."

이걸 보면 그가 카 레이싱에 얼마나 많은 노력과 정열을 쏟았을지 짐작되고도 남는다. 나도 자동차 레이싱 자격증을 따 미하엘 슈마허처럼 멋진 카 레이서가 되고 싶다. 아울러 그가 들인 노력만큼 나도 열심히 노력해 좋은 결과를 얻고 싶다.

자동차 레이싱 자격증을 따려면 대한자동차경주협회(KARA)에서 발급하는 자격증을 취득해야 한다. 자격증의 종류는 A, B, C 등급으로 나뉘어 있다. B등급 이상의 자격증을 취득하면 창원 서키트, 용인 스피드웨이, 춘천 모터파크에서 열리는 투어링 경기에 출전할 수 있다. 국제 경기에 나가기 위해서는 A등급 이상의 자격증을 취득해야 한다. 그런 만큼 처음 시작하는 사람은 우선 B등급을 따는 것이 급선무다.

물론 경제적인 뒷받침이 되어야 일반인으로서는 경기에 참가하기가 수월하다. 경제적인 어려움이 있을 경우에는 공식 스폰서가 있어야 한다. 차량정비, 차량파손 등 수리비용은 개인이 부담해야 하기 때문이다. 그런 만큼 개인 자격으로 출전하는 사람들은 대부분 경제적 독립을 이룬 사람들이다.

그리고 레이싱 스킬을 배우는 데는 수많은 시간과 노력이 든다. 한국의 자동차 레이싱 부분은 아직 후진국 수준이다. 저변으로 많이 확산되지 않았고 교육기관도 많지 않다.

나는 차를 정말 좋아해서 고등학교 때 운전면허증을 취득했다. 면허를 따자 나는 진짜 차를 너무 타 보고 싶었다. 하지만 경제활동을 하지 않는 학생의 신분인지라 차를 살 수 없었다. 나는 부모님의 차를 탈 수 있는 주말 밤만 손꼽아 기다렸다. 주말에 아버지 차를 열심히 세차해 놓으면 아버지가 용돈도 주고 많이 좋아하셨다. 그러던 어느 날 세차를 하고는 자동차 키를 복사해 스페어 키를 하나 가지게 되었다.

그날 이후로 주말 밤이 되면 나는 아버지의 차를 타고 돌아다녔다. 다음 날 아버지한테 들키지 않기 위해서 주차했던 자리에 화분을 갖다 놓아 다른 사람이 주차하지 못하게 막았다. 그러곤 새벽에 돌아오면 그 자리에 차를 다시 세워 놓았다.

나와 비슷한 친구들이 모여서 밤에 차를 가지고 서울 시내를 여기저기 많이 돌아다녔다. 그 당시에는 밤에 차를 타고 다니는 나 자신이 이해가 안 되었다. 지금 와서 생각해 보니 공부하기 싫어 놀러 다니느라 그랬던 것 같다. 친구들과 삼삼오오 차를 타고 돌아다니면서 특별한 해방감을 맛보려고 그랬던 것 같다. 나는 남들보다 빨리 달리고 싶었고 남들보다 차를 더 잘 운전하고 싶었다.

한동안 나는 나의 세 번째 버킷리스트인 자동차 레이싱 자격증 따기를 잊고 있었다. 그러다 동기부여 코치가 되기로 마음먹고 존 휘트모어 경의 인터뷰를 본 순간 나의 예전의 꿈이 되살아난 것이다. 더 이상 나의 꿈을 미룰 수는 없다. 월트 디즈니는 이런 말을 했다.

"꿈을 이루고자 하는 용기만 있다면 모든 꿈을 이룰 수 있다."

지금까지는 변화에 대한 두려움이 많아 도전하는 용기가 없었다. 이제는 더 이상 나의 인생을 꿈 없이 방치할 수 없다. 올해 초에 나는 12개의 버킷리스트를 작성했다. 이 중 세 번째가 자동차 레이싱 자격증을 취득하는 것이다. 나는 나의 버킷리스트를 적은 보물지도를 침대 옆 장롱에다 붙여 놓고 매일 아침저녁으로 시각화하며 꾸준히 자기암시를 하고 있다.

바로 자동차 레이서가 될 수는 없을지 모른다. 그래도 일단은 자동차 레이싱 면허증을 취득하고자 한다. 그렇게 하나씩 하나씩 단계를 밟아 올라가다 보면 나의 꿈이 이루어질 것이라고 확신한다.

집 다섯 채를 구매해
그 임대 수익으로 경제적 자유 찾기

사람들은 무슨 일을 할 때마다 이런 말을 많이 한다. 다 먹고살기 위해서 하는 짓이라는. 우리가 학창시절에 배웠다시피 의식주는 인간의 가장 기본적인 생활 요건이다. 요즘은 한국의 경제도 많이 성장해 사람들은 최첨단 패션의 옷을 입고 다닌다. 이제는 굶고 사는 사람이 드물 만큼 식생활도 나아졌다. 오히려 과하게 먹어서 생기는 비만이 사회적인 문제로 대두되는 상황이다. 그러나 우리의 눈부신 경제성장에 비해서 자기 집을 가지고 있는 사람은 아직도 턱없이 적은 상황이다.

2018년 기준 서울시의 자가 비율은 43%로 발표되었다. 나는 결혼하기 전까지는 강남에서 살았다. 결혼하면서 강남의 위성도시인 분당에 터를 잡았다. 강남이라는 특수성으로 인해 예전부터 강남은 높은 집값을 구가하는 동네였다. 사회 초년생 시절에는 열심히 돈을 모아서 강남에 입성하려고 했다. 그러나 돈을 어느 정도 모으면 집값은 멀찌감치 앞에

가 있었다. 다시 또 모으면 또 멀찌감치 가 있었다. 직장인의 월급으로는 집값의 상승을 따라갈 수가 없었다. 나이를 좀 먹다 보니 귀소본능이 발동하는지 어린 시절의 추억이 있는 동네에서 살고 싶어졌다.

그러나 바람만으로는 한국에서 강남에 입성할 수 없다. 강남은 대한민국의 상류층이 사는 동네다. 그래서 집값도 가장 비싸고 생활수준과 교육열도 가장 높다. 모든 면에서 최고인 것들이 모여 있는 곳이다. 강남은 역동성이 넘치고 새로운 가치를 창출하려는 사람들이 항상 뜨거운 열기를 내뿜는 곳이다. 당연히 이곳에는 새로운 문물과 새로운 문화, 새로운 패션, 새로운 생활패턴 등이 유입된다. 그런 만큼 여유만 있다면 누구나 강남에서 살고 싶을 것이다.

강남은 사회적으로 어느 정도 성공을 이룬 사람들이 모인 장소다. 그러다 보니 그곳에서 살다 보면 부자들의 마인드를 배울 수 있다. 또한 부자들만의 정보를 공유해 돈을 더 잘 벌 수 있다. 그리고 교육을 통해서 상류층으로 진입한 사람들이 사는 동네이다 보니 교육수준도 남다르다. 본인들이 고등교육을 받아서 상류계층으로 편입되다 보니 자녀들 교육열도 남다르다.

한동안 한국에 10억 만들기 열풍이 불었었다. 당시 10억이라는 돈은 경제적 자유를 가져다주는 최소의 단위로 받아들여졌다. 그래서 너도 나도 10억을 만들기 위해서 많은 노력을 기울였었다. 많은 동호회 등이 생기기도 했다. 10억을 만드는 방법을 다룬 책들도 출간되었던 것으로 기억한다.

나도 시류를 따르겠다며 미친 듯이 돈을 모았으나 한계가 있었다. 직장 내에서도 최대한 인사고과를 잘 받도록 노력해서 다른 입사 동기들보다 임금 인상이 빨랐다. 진급도 제일 빨라 회사 내 위치도 그만큼 상승되었다. 그러나 직장인의 월급으로는 한계가 있었다. 그것만으로는 경제적인 자유를 가질 수 없었다. 그래서 주식투자도 해 보았다. 그러나 어떤 신념이나 투자 철학도 없이 남들 따라 휩쓸리듯 주식투자를 하다 보니 손해만 보았다.

내가 집을 다섯 채 구입하려는 특별한 이유가 있다. 사실은 나도 학창시절을 모두 강남에서 보낸 만큼 부모님은 다른 부모님들과 마찬가지로 학원, 과외 등에 많은 돈을 쓰셨다. 3남매인 우리 형제 중 나는 체육, 남동생은 미술, 여동생은 피아노를 전공했다. 그렇게 예체능을 전공하는 자식들을 위해서 부모님은 엄청 많은 돈을 쓰셔야만 했다.

강남에는 아버지 소유의 아파트가 세 채 있었다. 그런데 우리 3남매가 학업을 모두 마쳤을 때는 우리가 사는 집 한 채만 남았다. 부모님은 집을 매각한 돈으로 자식들을 뒷바라지하셨던 것이다. 이런 사실은 나중에 내가 성인이 되고 나서 어머니한테서 들었다.

지금에 와서 생각해 보면 군이 그렇게까지 자식들을 위해 돈을 쓸 필요는 없었는데…. 왜 그리도 많은 희생을 하셨는지 모르겠다. 분명 그 아파트들을 그냥 두었다면 충분히 여유로운 노후생활을 하고 계실 텐데….

부모님이 그러지 못 하시는 게 내 탓인 것 같아서 죄책감이 많이 들었다.

그래서 나는 우리 가족이 사는 집 한 채. 부모님이 사시는 집 한 채. 부모님이 우리를 키우느라 파셨던 집을 되돌려 드리는 차원에서 집 두 채를 마련하고 싶다. 마지막 한 채는 주말에 시간이 나거나 잠시 도시를 떠나 머리를 식히고 싶을 때 책도 좀 보면서 나 자신을 힐링할 수 있는 전원주택이었으면 한다.

다섯 채의 집을 구매해 임대수익을 얻으려면 정말 많은 노력이 필요할 것이다. 지금은 내가 다니고 있는 직장의 월급이 유일한 수입 파이프라인이다. 나는 앞으로 한책협의 김태광 수석코치의 도움을 받아 책을 쓰는 저자가 될 것이다. 그리고 베스트셀러 작가가 될 것이다. 그렇게 베스트셀러 작가가 되면 인세 수입이라는 새로운 파이프라인이 구축될 것이다. 또한 이를 1인 기업으로 발전시켜 나의 경험과 노하우, 지식 등을 컨설팅해 주거나 코칭해 줄 것이다. 그렇게 또 다른 수입 파이프라인을 가질 예정이다.

그리고 이 수입을 기반으로 경매수업을 기초부터 차근차근 들을 것이다. 그렇게 해서 경매 분야에 두드러진 실력을 쌓고 발휘해 경제적인 자유를 만끽할 것이다. 그로 인해 얻은 자유로운 시간에는 창작활동에 몰두하고 싶다. 나머지 시간에는 우리 3남매를 위해 평생을 헌신하신 부모님을 모시고 해외여행을 다니고 싶다. 우리를 위해 당신들의 모든 재산을 기꺼이 포기하신 부모님을 위해 최소한 그 정도로나마 보답하고 싶다. 그래야 마음이 홀가분해질 것 같다.

부모님에게서 받기만 하고 해 드린 것은 정말 몇 가지 기억도 안 난다. 효도다운 효도를 해 부모님이 나를 자랑스러워하는 모습을 보고 싶다. 경제적인 자유를 얻어 나의 유년시절 추억이 서려 있는 강남으로 재입성하는 것이 나의 궁극적인 목표일 수 있다. 집 다섯 채를 구매해 경제적 자유를 얻으려는 것도 결국은 대한민국 경제1번지인 강남에 재입성하려는 것이다. 그래서 나의 딸이 나와 같이 부자들의 사고를 가지고 부자들의 생활습관을 익혔으면 하는 것이다. 딸아이가 나중에 나보다 훨씬 부유하고 훌륭한 사람으로 성장하길 기대해 본다.

마지막으로 이익에 중점을 두는 임대사업을 하지는 않을 것이다. 경제적으로 어려운 사람들이 임대료 인상 걱정 없이 편안하게 거주할 수 있도록 배려하고 싶다. 세상에는 부유한 사람만 있는 것이 아니다. 그러므로 나보다 어려운 이웃에게 내가 세상에서 받은 혜택만큼 다시 되돌려 주고 싶다. 그리고 경제적인 자유를 이루어 내가 확보한 시간에는 책 집필에 몰두할 것이다. 그리하여 매년 2권 이상의 책을 낼 것이다. 거기에 나의 지식, 경험, 노하우를 담아 그것을 필요로 하는 사람들에게 도움을 주고 싶다.

지금껏 나는 받기만 하며 살아왔다. 그러나 이제는 베푸는 삶을 살아갈 예정이다. 지금껏 수동적이었다면 이제는 능동적으로 나의 인생을 개척하고 믿음으로 걸어갈 것이다. 나는 나의 인생을 믿는다.

요트 자격증 따고
요트로 세계여행 하기

"위험이란 건 말이다. 삶의 활력 같은 거란다. 가끔은 위험도 감수할 수 있어야 된다. 그래야 세상살이가 살맛이 나거든."

〈세상에서 가장 빠른 인디언〉이라는 영화 속 주인공 버트 먼로가 하는 대사다. 그렇다. 인생은 많은 도전 속에 있다. 또한 그 도전 속에는 위험이 필연적으로 존재한다. 그러므로 위험을 회피한다는 것은 도전하지 않는 삶을 산다는 뜻이다. 도전하지 않겠다는 것은 제자리에 멈춘 식물인간과 같은 삶을 살겠다고 말하는 것과 같다. 인생은 끊임없는 도전을 통해서 발전하는 것이다.

나는 어렸을 적부터 위험한 장난을 많이 했다. 사람들마다 각자 성향이 조금씩 다르지만 나는 스릴이 넘치는 것을 많이 좋아했다. 왜 그런 위험한 일을 좋아하는지는 아직도 모르겠다. 나는 나 자신을 잘 모르는 셈이다. 그러나 한 가지는 확실하다. 스릴이 넘치는 일을 하면 나는 활력이 넘치고 힘이 솟는다. 그런 만큼 나는 속도에 상당히 민감하게 반응한다. 이유는 아직도 내 몸속에 사냥을 생계수단으로 삼던 원시시대의 DNA가 흘러서 그런 것은 아닐까 생각해 본다.

실제로 나는 바이크를 타고 출퇴근한다. 물론 대중교통을 이용해서 출퇴근해도 된다. 하지만 바이크의 속도감을 즐기면서 출퇴근하면 말로 표현하기 힘든 해방감과 스릴을 느낄 수 있다. 나는 유난히 움직이는 물체에 대해서 관심이 많다. 그래서 모든 차 종류의 면허를 땄다. 이륜차, 소형차, 대형차. 이렇게 자동차 면허를 다 따고 보니 욕심이 생겼다. 지구상의 모든 운송수단을 다 타 보고 싶었다.

항공기를 탈 수 있는 기회가 있었다. 고등학교 입시 때 내 점수로 갈 수 있는 곳 중 한 곳이 공군사관학교였다. 그런데 그 당시에는 왜 그리 군인이 싫었던지 사관학교에는 가고 싶지 않았다. 조직생활에 대한 부담감, 자유를 박탈당할 것 같다는 선입견 등으로 지원하지 않았다. 하지만 항공기 조종에 대한 갈망은 아직도 내 가슴속에 남아 있다. 그러나 지금 다시 사관학교에 갈 수는 없어서 바다로 눈을 돌렸다.

땅에는 차가 있고, 하늘에는 비행기가 있고, 바다에는 배가 있다. 이 중 배의 종류도 상당히 많다. 그중 속도감과 스릴이 가장 넘치는 것은 바로 요트다. 거친 파도를 넘으며 극한의 상황을 견디는 이것이야말로 정말 최고일 것 같다. 나는 남들이 다 할 수 있는 것은 하고 싶지 않다. 남들이 하지 못하는 것을 잘하고 싶다. 그래서 더 요트를 타고 세계 여행을 하고 싶은지도 모르겠다. 여행도 좋아하니 그러면 더 이상 바랄 게 없겠다.

　요트를 타고 세계여행을 하기 위해서는 우선 경제적 자유를 획득해야 한다. 요트는 상류층의 전유물이다. 요트는 초기 구입비도 엄청나지만 유지관리 비용이 매우 많이 든다. 그러므로 웬만큼 성공해서는 구입하기 힘들다. 나는 요트 자격증을 따고 요트로 세계여행을 하고 싶다. 그러기 위해서는 우선 내가 1인 창업을 통해서 상류층에 진입해야 한다. 그러기 위해서 나는 나만의 경험, 지혜를 담은 책을 펴내고 최종적으로는 1인 창업 시스템을 만들 예정이다.

　눈을 감고 요트를 타고 있는 나의 모습을 상상해 볼 때가 있다. 푸르른 하늘 아래 한가로이 바다에 떠 있는 요트 속의 내 모습. 상상만 해도 가슴이 두근거린다. 끝도 없이 펼쳐진 바다 한가운데서 나 혼자 판단하고 행동해 목적지로 간다는 것은 나 자신에 대한 무한한 신뢰가 없으면 불가능한 일이다. 요트를 통해서 나 자신을 시험해 보고 싶다.

　요트 면허를 따는 것은 일정 시간의 교육과 실습으로도 충분히 가능하다. 그리고 요트를 사는 것도 돈만 있으면 된다. 그러나 내가 진정으로 원하는 것은 요트를 타고 세계여행을 하는 것이다. 정말 힘들고 어려운 일일 수도 있다. 목숨을 걸어야 할 정도로 위험한 일이 생길 수도 있다. 그럼에도 불구하고 나는 내가 살아 있음을 확인하고 싶다. 내 가슴을 뛰게 하는 일을 해 보고 싶다. 그것이 바로 요트를 타고 세계여행을 하는 것이다.

지금껏 이 일을 이루지 못한 것은 내 안에 있는 두려움 때문이었다. 이 두려움 때문에 도전하지 못하는 사람이 가장 위험한 사람이란 것을 올해 들어서 깨닫게 되었다. 나는 위험을 피하는 것이 아니라 당당하게 맞서서 즐길 자세가 되어 있다. 남의 눈치나 보며 남의 인생을 살지 않을 것이다. 나의 인생을 살 것이다.

요트 자격증을 따고 요트로 세계여행을 하기. 이는 나에게 단순히 요트를 타는 것이 아니다. 나의 두려움을 버리고 당당하게 세상에 맞서는 일이다. 앞으로 나는 과거의 나를 버리고 새로운 나로 부활할 것이다. 두려움을 이겨 내고 가끔은 위험도 감수하면서 살맛나게 살 것이다. 어차피 인생은 위험의 연속이다. 그것을 피하려고 아무것도 안 하는 우를 범해서는 절대 안 된다.

나의 찬란한 미래를 위해서 용기로 맞서 두려움을 파괴할 것이다. 그 순간 나는 푸르른 태평양 바다 한가운데에서 요트를 타고 파도를 가르고 있을 것이다.

꿈을 포기한 사람들에게
꿈을 꾸게 하는 동기부여가 되기

"너는 꿈이 뭐니?"

이 질문에 나는 한동안 생각에 잠겼다. 고등학교 친구가 물어보기까지 생각해 본 적이 없었기 때문이다. 그냥 막연하게 부자가 되고 싶었다. 매일 책을 보며 한가롭게 살고 싶다는 생각만 했다. 그렇다. 나에게는 꿈이 없었다. 그러다 보니 정말 많은 방황의 시간을 보냈다. 지금에 와서 생각해 보면 나 자신이 한심스럽고 초라해 보인다. 내가 학교에 다니던 시절에는 대부분의 꿈이 다 똑같았다. 남자는 과학자, 여자는 선생님이었다.

꿈에 대해서 정말 진진하게 생각해 본 것은 최근이다. 중년이 된 지금에서야 꿈에 대해서 생각한다는 것이 다른 사람들에게는 안 믿길 수도 있다. 그러나 그것은 사실이다. 나에게는 딸이 하나 있다. 중학교에 들어간 그 딸아이가 나와 단둘이 여행을 하게 되었다. 여행지에서 이런저런 얘기를 하다가 딸아이가 공부 말고 다른 것을 하고 싶다고 했다. 그래서 내가 딸아이에게 뭐가 되고 싶은지 물어봤다. 딸아이는 안무가가 되고 싶다고 대답했다.

그때부터 난 곰곰이 생각해 보았다. 사실 안무가가 결코 편한 직업은 아니다. 끊임없이 춤을 추어야 하고 새로운 트렌드에 맞게 계속 춤을 배워야 할 것이다. 체력적으로도 상당히 힘들 것이다. 그런데 나는 참 딸아이가 부러웠다. 나는 꿈이 없이 살아왔는데 나보다 한참 어린 딸에게는 꿈이 있다는 것이. 그리고 순간 부끄러웠다. 뭐라고 조언해 줄 수가 없었다. 한참을 말없이 있다가 나는 딸아이에게 이렇게 말해 주었다.

"네가 정말로 간절히 원하고 노력하면 다 이룰 수 있어."

그런데 그렇게 말해 놓고도 나는 내 말에 확신이 서지 않았다. 내게 꿈이 있고 정말로 그렇게 원하고 노력해서 이룬 것이 있으면 좋을 텐데…. 그렇지 않으니 확신이 서지 않은 것이다. 실제로 나는 내 인생의 대부분을 '열심히 노력하면 다 잘될 거야'라고 생각하며 살아왔다. 대충 살지는 않았다. 하지만 노력만 했을 뿐 목표도 없었고 방향도 제대로 잡지 못했었다.

직장생활을 하는 동안 나는 빠르게 진급하고 좋은 일도 많았다. 그러나 지금에 와서 생각해 보면 자존감이 낮아서 남의 눈치를 많이 보고 인정받으려는 욕구가 많았다. 그래서 나의 상사가 퇴근하지 않으면 일이 없어도 나도 퇴근하지 않았다. 주말도 포기하고 매일 밤늦게까지 일했다. 그러는 동안 나의 가정은 산산이 부서졌다.

먼저 부부간에 대화가 없어졌다. 잠깐 집에 있는 주말에도 나는 부족한 잠을 보충한답시고 침대에만 누워 있었다. 더 행복하게 살려고 직장에서 힘들게 노력하고 일했던 것인데 오히려 더 불행해졌다. 어디서부터 잘못된 것인지 도통 감이 잡히질 않았다. 한동안은 극심한 우울증에 시달렸다. 수면제가 없으면 잠을 이루지 못할 만큼 힘든 시기도 있었다.

그렇게 부부 사이가 최악으로 치닫자 나는 회사의 글로벌 컨설팅 팀에 지원해서 인도에 파견근무를 나갔다. 정신적으로 많이 약해져서 그런지는 몰라도 나는 간 지 얼마 되지 않아서 향수병에 걸렸다. 밤에는 잠이 안 오고 출근해서는 몸이 축 늘어지는 일상이 계속 반복되었다. 그렇게 많은 시간이 지났다. 그리고 어느 정도 인도생활에 적응되었다. 그러자 나는 나 자신에 대해서 생각해 보았다.

지나온 시간을 되돌아보았다. 그리고 이렇게 꿈이 없이 사는 건 무의미한 삶에 시간낭비라는 결론을 얻었다. 그때서부터 나는 나의 꿈을 찾기 시작했다. 꿈을 생각해 본 적이 없어서 그런지 내가 뭘 좋아하고 뭘 잘하는지도 잘 몰랐다. 인생에 대해서 진지하게 고민한 적이 없었던 내가 참 한심스러웠다. 그래서 그때부터 꿈에 관련된 책을 보기 시작했다.

서점에서 한책협의 김태광 대표 코치가 쓴 책을 보게 되었다. 책에는 자신한테 연락하면 도움을 주겠다고 쓰여 있었다. 나는 혹시나 하며 집에 와서 문자로 연락을 취했다. 큰 기대는 하지 않았다. 그런데 문자 회신이 왔다. 도움을 주겠다며 몇 가지 조언을 해 주었다. 나는 그 말들에서 정말 한줄기 빛을 보았다. 이 기회를 놓치고 싶지 않았다.

그러곤 한책협의 1일 특강에 참석해서 많은 깨달음을 얻었다. 한책협에서는 의식개혁 관련 책을 추천해 주었다. 그런데 그 책에는 우리가 살면서 죄를 짓는다는 것은 목표를 잃었다는 것을 의미한다고 쓰여 있었다. 나는 정말 소스라치게 놀랐다. 나는 정말로 평생을 죄를 짓고 살아온 것이었다. 그 이후로 나는 꿈을 가지게 되었다. 부정적인 사고도 긍정적인 사고로 변했다.

한책협의 김태광 대표 코치는 단순히 책을 쓰는 법을 가르쳐 주는 코치가 아니었다. 인생의 목적이 무엇인지를 가르쳐 주는 인생 코치였다. 나는 시간이 나는 대로 최대한 많은 수업에 참석하고 있다. 앞으로도 나의 의식을 개혁하기 위해 부단히 노력할 것이다. 지금 나는 책 쓰기 과정에 있다. 나는 나의 잘못된 과거와 방황했던 이유 그리고 이를 통해 얻은 지혜와 경험을 책에 쓸 예정이다.

나의 책이 출간되면 나와 같이 인생의 꿈을 포기한 사람들에게 꿈을 가져야 하는 이유와 어떤 꿈을 꾸어야 하는지 가르쳐 주고 싶다. 정말로 힘든 상황에서 사는 사람들이 많다. 그 사람들이 힘들게 사는 이유는 단 하나다. 꿈이 없기 때문이다. 꿈이 있으면 희망이 생기고 자신이 원하는 일을 포기하지 않고 살 수 있다. 나는 그런 꿈을 꾸게 해 주는 동기부여가가 될 것이다. 나의 지혜와 경험이 선한 영향력을 끼쳐 많은 사람들이 꿈을 가지길 바란다. 그리고 나의 책이 베스트셀러가 되는 꿈도 꾸어 본다.

PART 10

책으로 나를
퍼스널 브랜딩하고
인생의 풍요로움
즐기기

-연정화-

연정화 💎

자기계발 작가, 동기부여가

한국방송통신대학교 컴퓨터학과를 졸업했다. 워킹맘에서 현재는 주부로 생활하고 있지만, 한책협에서 책 쓰기 과
정을 수료하며 변화한 의식과 믿음을 기반으로 1인 창업가로 성공하겠다는 희망을 품고 있다.

1인 창업가로 성공해 삶 바꾸기

나는 어릴 적 집이 가난한 게 싫었다. 남들처럼 전깃불이 들어오는 집에서 공부하고, TV에서 좋아하는 드라마, 야구, 만화 등을 보고 싶었다. 하지만 나는 볼 수가 없었다.

나는 가난하다고 친구들이 놀릴까 봐 열심히 공부했다. 선생님들은 공부를 잘하는 아이들은 예쁘게 봤다. 나는 어렸을 때도 남들과 비교당하는 게 싫었고 지는 것도 싫었다. 그래서 악착같이 공부에 매달렸다.

피아노 학원에도 다니고 싶었다. 그러나 우리 집 형편으로는 절대 갈수 없었다. 조르고 졸라서 주산 학원에 다닌 적이 있다. 그게 나의 최초의 학원 수업이었다. 남들은 잘 지어진 집에서 살았지만 우리 집은 비닐하우스였다. 난 어렸을 때 친구 집에 놀러는 갔을지언정 친구들을 우리집에 초대한 적은 없었다. 창피하니 부를 수가 없었던 것이다.

이런 가슴 아픈 이야기를 하는 것은 책 쓰기 과정이 처음이다. 우리신랑도 나의 어릴 적 이야기를 몰랐으니 말이다. 어떤 프로그램인지는 잘 기억나지 않는다. 시어머니와 TV를 보다가 나의 어린 시절을 이야기하게 되었다. TV에 집에 관련한 내용이 나왔던 것 같다. 나도 모르게 나는 저 사람의 심정을 이해한다고 했다. 그러면서 내가 살았던 비닐하우스 집에 관한 이야기를 하게 되었다.

그런 나의 말을 믿는 사람이 몇이나 될까? 우리 아들도 엄마 거짓말한다고 믿지 않으니 말이다. 중3 때 친구들이 인문고를 갈 것인지 상업고를 갈 것인지 고민할 때 나는 속앓이만 하고 있었다. 저 친구들보다 공부를 못하는 것도 아닌데 왜 난 내가 원하는 고등학교를 가지 못할까? 서러운 마음도 들고 일찍 돌아가신 아빠도 미웠다. 우리 아빠는 내가 초등학교 6학년 때 남동생을 데리러 가셨다가 뇌출혈로 돌아가셨다. 아빠는 화장실에 다녀오시곤 아침식사는 이따 드시겠다며 방으로 들어가신 후에 천국으로 가셨다고 한다.

나는 야간 고등학교를 다녔다. 낮에는 양복을 만드는 회사에서 일하고, 퇴근 후에는 학교 수업을 들었다. 수업이 끝나면 기숙사로 갔다. 그렇게 2년을 지내다 기계처럼 사는 삶이 싫어졌다. 나는 학교 선생님께 말씀드려 중학교 교무실에서 일할 수 있는 기회를 갖게 되었다.

나는 학교에서 선생님들의 업무를 보조하기, 학교로 걸려오는 전화 받기, 급식시간에 식당 아줌마 일 도와주기, 학생들이 청소를 제대로 하는지 점검하기 등의 일을 했다. 그렇게 고등학교를 졸업한 후 대학에 가고 싶은 열망이 일었다. 그래서 방송통신대 컴퓨터학과에 지원해 합격했다. 대학생활을 하게 된 것이다. 대학에서도 학생회 활동을 하면서 신세계를 경험했다.

그러다 나는 그동안에 모아 놓은 돈을 믿고 다니던 학교도 그만두고 흥청망청 지냈다. 지금 생각하면 그때의 경험이 나에게 많은 도움이 된 듯하다. 인간관계 면에서.

나는 먹고살려고 여러 직장을 전전했다. 회사를 그만두고 싶어서라기보다 회사가 이전하거나(방배동에서 김포), 혹은 부도가 나 그만두게 되는 경우가 다반사였다. 이상하게도 내가 입사하는 회사마다 전혀 업무 세팅이 안 되어 있었다. 회사가 굴러가는 게 신기할 정도였다.

나는 한 회사를 1, 2년 단위로 다니지 않았다. 회사가 망하거나 이전하지 않는 한 장기적으로 근무했다. 그런데 사람들은 사업이 잘되면 딸랑이들을 좋아했다. 자신들한테 싫은 소리를 하면 어떻게든 내보내려고 잔머리를 굴렸다. 아니면 따돌리기까지 했다.

그때부터였는지는 모르겠지만, 나는 사람들이 무서워졌다. 그러면서도 속으로 '나도 너희들처럼 성공해서 복수할 거야', '나도 니들처럼 될 거야. 아니, 더 잘될 거야'라고 다짐했다. 하지만 행동으로 이어지지는 않았다. 아니, 솔직히 말하면 방법을 몰랐다. 그 누구도 나에게 성공 비법을 가르쳐 주지 않았으니 말이다.

그러다 최근에 김도사님의《100억 부자의 생각의 비밀》을 통해 알게 되었다. 그동안 나의 삶이 노예의 삶이었다는 걸. 나를 부린 사람들에게 이용만 당했다는 걸. 그런 깨달음을 얻은 후 나는 더 이상 그렇게 살지 않기로 결심했다. 아니 그렇게 살기 싫어졌다고 하는 게 맞는 듯하다.

지금 이 글을 쓰면서도 돈 걱정 안 한다고 하면 거짓말이다. 하지만 어떻게든 해결된다고 하신 권마담님의 말씀이 자꾸 나의 머릿속에 맴돈다.

나는 책 쓰기를 통해 1인 창업하기로 마음먹었다. 내 주위에는 1인 창업해서 크게 성공하신 분들이 있다. 그중 최고는 나의 책 쓰기 코치이신 '김도사님'이다. 그리고 나의 주식투자 코치인 '김이슬 코치님' 등이 있다. 그들에게 코치를 받으면서 난 알게 되었다. 내 주위에는 나를 이용하려고만 하는 사람들이 득실거린다는 것을. 성공하고 싶으면 노는 물을 바꾸어야 한다고 것을. 부자들을 부러워만 할 게 아니라 그들처럼 살기를 원한다면 내가 변해야 한다. 나의 의식을 바꿔야 하는 것이다.

주식투자 2주 과정 수업을 들으면서 알게 된 책《2억 빚을 진 내게 우주님이 가르쳐 준 운이 풀리는 말버릇》을 읽고 난 충격을 받았다. 그동안 내가 나에게 무슨 짓을 해 온 건지. 이 책이 아니었다면 아마 죽을 때까지 몰랐을지도 모른다.

나도 위에 언급한 두 분들처럼 성공하고 싶다. 아니, 성공할 거다. 이미 이루어졌다고 믿는다. 1인 창업을 하기 위해서 열심히 책을 쓸 것이다. 네이버 카페, 네이버 블로그, 인스타그램, 카카오 등 할 수 있는 홍보 마케팅을 최대한 활용할 것이다. 이 또한 배워서 해야 함을 잘 알고 있다. 맨땅에 헤딩하는 기분으로 시작해야 함을 잘 안다.

지금 포기하면 나 또한 옛날로 돌아가 노예의 삶을 살게 된다. 두 번 다시는 그렇게 살고 싶지 않다. 난 책을 써서 성공해야만 한다. 왜냐고? 부자들만 사는 펜트하우스에서 살고 싶기 때문이다. 경차 말고 외제차를 타고 싶기 때문이다. 나의 인생에서 한 번도 만져 보지 못한 명품 옷, 신발, 가방 등을 마음껏 사고 싶기 때문이다. 내가 회사 일에 미쳐 있을 때 나 대신 육아를 전담해 주신 우리 시어머님을 용돈뿐만 아니라 여행도 보내 드리고 싶기 때문이다. 그동안 육아로 인해 스트레스를 받았을 어머님한테는 항상 죄송하고 미안한 마음이다. 꼭 보답해 드리고 싶다. 우리 엄마한테는 아파트를 사 드리고 싶다.

다양한 체험을 할 수 있는 캠프를 통해 올해 중학교에 입학하는 아들의 잠재의식을 깨워 주고 싶다. 예전에 나는 하고 싶은 게 많았음에도 돈이 없어서 하지 못했다. 나는 나의 사랑하는 아들에게 가난을 똑같이 물려주고 싶지 않다.

책을 써서 퍼스널 브랜딩해 나를 홍보하고, 해마다 책을 출간해 1인 창업가로서 성공자의 삶을 살 것이다. 우주의 법칙인 끌어당김의 법칙을 믿으니 가능한 일이 될 것이다.

그동안 나의 청춘을 버려야 될 삶에 바쳤다고 생각하니 허무하다. 아니, 슬프다. 초라해진다. 나는 나의 삶을 성공자의 삶으로 바꾸기 위해 책을 써서 성공할 것이다. 아니, 성공한다!

이 글을 쓰는 이 시간에도 집에서는 내가 무엇을 배우는지 궁금해한다. 매일 우리 집에 책이 택배로 배달된다. 신랑은 "도대체 무엇을 공부하기에 방에 책이 한가득 있는데 또 책이냐?" 이런다. 나는 "비밀이야. 공부 중."이라고만 한다.

책 쓰기를 통해 1인 창업가가 되어 나의 삶을 한 톨 남김없이 바꾸고 싶다. 기존의 나를 알고 있는 사람들의 기억 속에서조차 나를 지우고 싶다. 왜? 나에겐 상처고 치욕일 뿐이니까. 그들로 인해 우울증, 화병마저 생겼으니까. 아니, 오히려 지금은 그들에게 감사하다고 해야 할지 모르겠다. 노예의 삶에서 벗어나게 해 줬으니 말이다.

난 1인 창업가가 되어 아이들에게 도움을 주고 싶다. 우리 아들은 2.5킬로그램의 작은 체구로 태어났다. 또래들에 비해 여전히 덩치도 작고 키도 작다. 나는 항상 그게 미안하다. 내가 1인 창업가로 성공하면 아이들을 위한 기부를 하고 싶다. 우리 아들이 지금 받고 있는 뇌교육에 대해서도 알려 주고 싶다. 나도 이 교육을 통해서 공부를 잘해야 성공한다는 나의 고정관념을 바꿀 수 있었다.

지금은 정보화 시대, 4차 산업 시대다. 기존의 주입식 교육으로는 살아남을 수 없다. 우리 아이들의 잠재의식을 찾아 순수한 영혼일 때 그것을 꺼내 사용할 수 있게끔 해 줘야 한다고 생각한다. 책 쓰기 수업을 통해 이러한 생각은 더욱 확고해졌다. 의식 변화, 우주의 법칙을 알고 있는 나는 신이다. 그 믿음으로 나는 1인 창업가로 성공할 것이다.

부의 파이프라인 만들어
경제적인 자유 얻기

어렸을 때 나는 집이 가난해서 하고 싶은 것, 먹고 싶은 것, 입고 싶은 것을 제대로 가진 적이 없다. 현재까지도 나의 잠재의식 속에 그 시절의 피해의식이 남아 있는 것 같다. 나는 중학교를 졸업하고 서울에 있는 야간 고등학교에 입학하게 되었다. 서울로 유학(?)을 온 셈이다.

그때 당시에는 서울에 가면 좋은 줄 알았다. 하지만 현실은⋯. 집안 형편이 좋은 친구들은 인문고, 상업고에 진학했다. 하지만 공부에 흥미가 없거나 가정형편이 어려운 친구들은 야간고를 갔다. 나는 정말로 인문고에 가고 싶었다. 하지만 집안 형편이 어려워 가고 싶어도 갈 수가 없는 신세였다. 그때 나는 꼭 성공해서 돈을 벌 거라고 다짐했다.

서울에 와서 낮에는 일하고 밤에는 야간 학교를 다니면서 공부했다. 그 당시에는 힘든 것도 몰랐다. 일하면서 돈을 벌 수 있다는 그 자체가 행복했다. 빨리 가난에서 벗어날 수 있다고 생각했으니 말이다. 돈을 많이 벌면 그동안 못한 것들을 할 수 있다고 믿었다. 예쁜 옷도 마음대로 입을 수 있고, 먹고 싶은 것도 마음대로 먹을 수 있겠지 했다. 엄마, 동생들한테도 용돈을 팍팍 줄 수 있겠지 했다. 그런 생각을 하니 날아갈 듯이 기뻤다.

하지만 현실은 그렇지 않았다. 한 달 월급의 금액이 크지 않았던 걸로 기억한다. 그 금액 중 일부는 저축했고, 일부는 자기계발 비용으로 썼다. 저축할 수 있다는 사실에 행복했다. 그 돈이 나를 억만장자로 만들어 줄 것 같았다. 지금 생각하면 우습기도 하다. 순수했다고 해야 하나, 철이 없었다고 해야 하나. 그때 내가 조금만 일찍 투자에 관심을 기울였다면. 공부한 후에 투자를 했다면. '지금쯤은 달라지지 않았을까?' 생각해 본다.

나는 사회로 나와 직장생활을 하면서도 오로지 적금에만 투자했다. 은행에 가면 은행에서 추천해 주는 상품에 가입했다. 그때는 나보다는 그분들이 더 전문가라고 생각했다. 그러니 그들이 추천해 주는 상품에 가입하는 게 맞는다고 생각했다. 그 당시에는 ESL, 펀드, ETF 등 다양한 금융상품이 있지 않았던 걸로 기억한다. 그러니 은행 직원들도 적금만 추천했을 것이다. 나는 묻지도 따지지도 않고 그들이 추천해 주는 상품에 가입했다.

나는 얼마 전까지도 금리가 1~2%인 적금 통장에 소액이지만 꼬박꼬박 저축했다. 일부는 펀드에 투자했다. 그러다 저축이 물가 상승을 따라가지 못함을 알게 되었다. 그래서 펀드에 저축보다 더 큰 금액을 매달 정해진 날짜에 자동이체 했다. 하지만 이게 바보 같은 짓이라는 걸 작년 12월 한국주식투자코칭협회(이하 한투협)의 컨설팅&주식투자 2주 과정을 수료한 후 알게 되었다.

직장생활을 하면서 어느 순간 나도 모르게 우울함, 짜증, 화, 스트레스에 찌들기 시작했다. 나에게는 직장인들의 대중교통인 지하철이 지옥행으로 가는 통로인 셈이었다. 나는 점점 반복되는 일상에 지쳐 갔다. 그러면서 그런 삶에서 벗어나 내가 하고 싶은 일을 하며 살고 싶은 욕구가 생기기 시작했다. 그저 먹고살기 위해 정해진 시간에 출근하고 퇴근하는 그런 삶에 회의가 들었다.

나는 내가 진정으로 원하는 꿈이 무엇인지 한 번도 생각해 본 적이 없다. 꿈이 없다고 생각하니 허무했다. 가난이라는 굴레에서 벗어나고 싶었다. 남들처럼 명품도 사고, 돈 걱정 안하고, 여행도 마음껏 다니고 싶었다. 그런 삶을 살아가는 사람들이 부러웠다. 그런 삶을 살아가는 부자들을 보면서 나는 '왜 도대체! 왜 내 삶은 나아지지 않을까?' 울분을 터뜨리며 하나님을 원망했다.

TV를 보면 나쁜 짓 하고 직장인들의 영혼을 갈취해 부를 축적하는 사람들조차도 아무런 제약 없이 살아가고 있었다. 그 모습을 보며 나는 점점 더 초라해져 갔다. 그동안 내가 막연하게 '부자가 될 거야,' '성공할 거야'라는 생각만 했다는 걸 최근에 알았다. 간절함이 없었다는 걸 알았다. 나의 무의식을 외부 환경이 지배한 것이었음을 알았다.

'돈 벌고 싶다,' '성공하고 싶다,' '부자가 되고 싶다'라는 나의 잠재의 식 속 욕망이 나를 유튜브로 인도한 듯하다. 평소 거들떠보지도 않던 유 튜브였다. 그런 나의 눈길을 끈 유튜브 영상은 상장지수펀드인 ETF였다.

처음에는 생소한 용어이다 보니 이해하기가 쉽지 않았다. 하지만 비 슷한 영상들을 계속 시청하다 보니 어느 정도는 이해가 되었다. 그럼에 도 불구하고 바로 실전에 적용하려니 두려움이 앞섰다. 전문가들이랍시 고 추천해 준 주식이 거의 2년 동안 물려 있는 상황인지라 겁도 덜컥 났 다. 그 후로는 절대 내가 모르는 것에는 투자하지 않기로 결심했었다. 그 러면서 나는 철저히 공부하고 계획을 세워 투자해야 한다는 것을 배우 게 되었다.

유튜브 영상이 인연이 되어 한투협의 김이슬 대표님을 만나 컨설팅 을 받게 되었다. 주식투자 2주 과정은 나에게는 깨달음의 시간이었다. 나 는 왜 진즉에 이런 투자 방법을 몰랐을까? 다른 사람들은 이미 다 알고 투자하고 있었는데. 나는 그런 사실에 자괴감마저 들었다.

나는 내가 투자 좀 한다고 생각하고 있었다. 그런데다 내 주위에는 오로지 저축만 하는 사람들이 더 많았으니…. 나는 나 혼자만의 착각 속 에 살고 있었던 것이다. 그동안 나는 묻지도 말고 따지지도 말라는 식의 투자를 하고 있었음을 알게 되었다. 김이슬 대표님의 컨설팅으로 나에겐 평생의 무기가 생긴 셈이다. 자신감이 팍팍 샘솟았다.

나는 경제적인 자유를 얻기 위해 상장지수투자 ETF로, 이슬 코치님의 가르쳐 주신 지표 방법대로, 매달 정해진 비율대로 장기적으로 투자를 해 나갈 것이다. 그동안 나는 주식은 사 두고 오래 묵히면 되는 줄 알고 있었다. 하지만 이슬 코치님은 그러면 안 된다고 말씀해 주셨다. 관심을 기울여야 그 아이들도 나의 감정을 느껴 쑥쑥 성장한다는 것이었다. 나는 배운 대로 꾸준히 주식에 관심을 기울이고 투자할 것이다. 성공한 억만장자의 길로 갈 것이다. 중도에 포기하지 않고 나의 꿈을 찾아 끝까지 갈 것이다.

　현재 내가 배우고 있는 한책협의 책 쓰기 과정을 잘 수료하고 책을 집필할 것이다. 그리고 그 책이 나 대신 영업을 하게 만들 것이다. 책 쓰기를 가르쳐 주고 있는 김도사님은 언제까지 공노비, 사노비로 인생을 허비할 거냐고 말씀하신다. 나는 그 말에 동감한다. 노예의 삶은 이제 끝이다.

　이제는 책 쓰기를 통해 나의 부의 파이프라인을 하나 더 추가할 것이다. 그 책을 바탕으로 1인 창업가가 될 것이다. 나의 책이 나 대신 영업하며 널리널리 나를 알려 줄 것이라 믿는다. 나는 나를 퍼스널 브랜딩해 강연가로도 활동할 것이다. 블로그 마케팅, 카페, 인스타그램 등 온라인 마케팅을 활용해 부를 끌어당길 것이다.

　경제적인 자유를 가져다주는 부의 파이프라인이 여러 개면 노예의 삶이 아닌, 내가 주체적으로 나의 인생을 이끌어 갈 수 있다고 본다. 내가 사랑하는 아들, 나 대신 우리 아이를 케어해 주시는 어머님, 고집불통인 남편. 경제적인 자유를 얻어 이들과 함께 조화롭고 풍요로운 삶을 살아갈 것이다. 그러기 위해 나는 부의 파이프라인을 많이 만들 것이다. 앞으로 전진할 일만 남았다.

아들을 창조적이고 능동적인 삶을 살아가는 작가로 만들기

나는 그동안 집안일보다 회사 일을 우선시했다. 소처럼 정말 미친 듯이 일만 했다. 그러던 어느 순간 삶이 재미가 없어졌다. 내가 왜 이렇게 살아야만 하나? 열심히 일하면 돈은 당연히 나에게 올 거라고 생각했는데. 고등학교 때부터 일하며 학교를 다녔는데. 왜 돈에 쪼들려야하는지 짜증이 났다. 신께도 화풀이를 했다. 그러다 최근에 한책협의 미라클 사이언스를 통해 이 모든 현실이 나로 인한 것이라는 걸 깨달았다. 돈을 좇아가면 돈이 도망간다는 것도. 돈이 나에게 오게 하는 우주의 법칙이 있다는 것도.

나는 아들에게 얼마 전까지도 공부를 열심히 하라고 했다. 나는 아직까지도 대한민국에서는 좋은 대학을 나오는 것이, 공부를 잘하는 것이 당연하다고 생각하기 때문이다. 나는 어렸을 때 하고 싶은데 하지 못한 것이 한이 되어 아들한테는 하고 싶은 거 다 해 주고 싶었다. 그렇다고 무턱대고 시키지는 않았다. 본인 스스로 선택할 기회를 주었다.

아들이 어린이집에 다닐 때였다. 하원 후 집으로 오면 할머니에게 그림을 그리자고 졸랐다고 한다. 아들이 하원하고 돌아올 시간이면 어머님은 저녁 준비를 하셔야 했다. 하지만 고집이 있는 이 꼬맹이는 할머니를 끌고 와서는 스케치북을 펼치고 크레파스로 그림을 그리자고 했다고 한다. 어머님이 꼬맹이가 그림을 좋아하니 미술학원에 보내 보는 게 어떠냐고 하셨다. 난 곰곰이 생각하다가 운동을 시켜야겠다고 마음먹었다.

아들은 태어날 때부터 보통 아이들에 비해 작았다. 또래들에 비해 체격도 작았고 키도 작아서 걱정이 많았다. 그러던 중 때마침 집 앞에 태권도 학원이 새로 생겨 아이에게 아빠와 함께 견학하고 오라고 했다. 아이는 처음에는 거부했다. 나는 견학만 하고 오는 거라고 설득해서 보냈다. 당연히 미술학원에 다닐 거라고 할 줄 알았는데 반전이 있었다. 태권도를 견학하고 온 아이가 태권도를 배우겠다고 말하는 것이었다. 나는 한시름 놓았다. 안 한다고 할까 봐 걱정했기 때문이다.

나의 착각이었다. 나는 아들을 태권도장에 보내면 할머니에게 같이 그림을 그리자고 하지 않을 거라고 생각했다. 그런데 이 꼬맹이는 활동량이 엄청났다. 태권도장에 다녀오면 당연히 지쳐서 잘 거라고 생각했는데 전혀 아니었다. 에너지가 넘쳐서 본인이 하고 싶은 거, 해야 하는 것은 해야만 했다. 할머니와의 그림 그리기 사랑은 여전했다. 나는 태권도장에 보낸 지 한 달 만에 아들을 미술학원에 보냈다.

이 글을 보시는 분들은 나를 빼도 박도 못하는 대한민국 엄마라고 생각하실지 모르겠다. 하지만 나는 아이의 의견도 묻지 않고 무턱대고 나의 스케줄대로 아이를 학원에 보내지는 않았다. 항상 아이의 의견을 물어보고 결정했다.

어린이집에 다니면서 아들에게는 트라우마가 생겼다. 아들은 어렸을 때 변비 때문에 소아과 진료를 받은 적이 있었다. 그런데 아들은 내가 알던 아이가 아니었다. 그 어린 아이는 변비의 고통을 알았던 것이다. 그 후 아들은 기저귀를 계속 차고 다녀야 했다. 그리고 그로 인해 친구들의 놀림을 받았다고 한다. 그 때문인지 온갖 짜증, 신경질, 때리기 등 폭력적인 아이로 변했다. 선생님과 상담 후 나는 놀이치료를 진행하기로 했다. 수업을 진행하면 할수록 아이가 웃음도 찾고 어느 정도 안정을 찾아 갔다.

아들이 초등학교에 입학한 후 학부모 상담이 있어 아들의 학교로 갔다. 아이가 학교생활을 잘하고 있을 거라 믿었다. 이 또한 나의 착각이었다. 본인한테 하는 말이 아닌데도 아들은 버럭 화를 낸다는 것이었다. 아이의 잠재의식 속에 피해의식이 남아 있었던 거였다. 그때 그냥 있다가는 아이를 망치겠다는 생각이 나의 뇌리를 스쳤다. 신의 뜻인지 우연인지는 모르겠다. 나는 아이의 키즈폰을 만지작거리다가 무료로 뇌교육을 상담해 준다는 광고를 보게 되었다. 나는 아이를 데리고 가 상담을 받았다. 아이한테 심리적인 문제가 있음이 드러났다. 나는 뇌교육도 아이의 의견을 물어보고 시작했다.

나는 우리 아이가 나처럼 아무런 꿈도 없이 인생을 살아가길 원하지 않는다. 본인 스스로 본인이 좋아하는 꿈을 찾아 가길 원한다. 꿈을 찾아 가기 위해서는 여러 경험과 체험을 해 봐야 한다. 그래야 미래의 꿈이 보일 거라고 생각한다. 이 생각은 지금도 변함이 없다.

아들은 여전히 학원을 다니고 있다. 난 그런 아들에게 말한다. "하기 싫으면 안 해도 된다."라고. 하지만 본인이 그래야 한다고 느끼는 듯하다. 지금 우리 아이는 놀고 싶어 한다. 초1 때 학교 행사, 학부모 수업 후 다른 친구들은 엄마한테 학원 하루 쉬면 안 되냐고 물어보곤 했다. 그런데 우리 애는 학원으로 바로 가는 것이었다. 주위에서는 어린 아이가 책임감이 대단하다고 칭찬했다. 그때는 왜 몰랐을까. 늦바람이 무섭다는 것을.

나는 방학 때마다 아들을 뇌교육에서 진행하는 해외 캠프에 보낸다. 다른 아이들은 학원에서 진도 나가기 바쁘게 방학생활을 보내는 게 현실이다. 하지만 나는 방학 동안이라도 아이가 다양한 경험을 해 보길 바란다. 본인 스스로 체험을 통해 깨닫기를 바란다. 한책협에서 진행하는 1일 특강, 미라클을 통해 나의 생각이 잘못된 것이 아님을 다시 한 번 확인했다.

아무리 좋은 대학을 나와도, 석사·박사 학위를 가지고 있어도 그냥 백수, 백조 인생이거나 노예의 인생을 사는 게 현실이다. 이런 뉴스를 들을 때마다 가슴이 답답하다. 부모님의 등골을 성인이 되어서도 빼 먹다니 한심하기 그지없다. 나이 드신 부모님은 나가서 일하는데 자식들은 집에서 뒹굴뒹굴한다니 그 부모는 얼마나 속상할까.

나는 이번 책 쓰기 과정을 수료하고 책을 출간할 것이다. 그런 후 아이에게 책을 써 보라고 할 것이다. 며칠 전에 "아들, 너도 책을 한번 써 보렴." 했더니 어떻게 쓰냐고 물어 왔다. 나는 편하게 '네가 뇌교육에서 배운 내용을 일기 쓰듯이' 자연스럽게 쓰면 된다고 말해 줬다. 그렇지만 아들은 아직 무슨 소리인지 잘 모를 것이다. 아직 어리니까. 하지만 지금부터라도 차근차근 독서하면서 지혜를 배우게 할 것이다. 이 또한 새로운 도전이 될 것이다. 이미 아이는 뇌교육을 받으면서 자신과의 싸움을 이겨 냈다. 때문에 책 쓰기도 잘해낼 거라고 믿는다.

나는 아이가 4차 산업 시대에 노예의 삶이 아닌, 스스로가 주인이 되어 창조적이고 능동적인 인생을 살아가길 바란다. 그러기 위해서는 책을 써서 작가가 되어야 한다고 믿는다. 작가로 퍼스널 브랜딩해 1인 창업가로, 강연가로 부의 파이프라인을 여러 개 만들어 경제적인 자유를 얻기를 바란다. 그렇게 풍요로운 인생을 살았으면 한다.

인생의 풍요로움을 즐기는 베스트셀러 작가 되기

나는 내가 책을 쓰는 작가가 될 것이라고 생각해 본 적이 없다. 배운 사람들, 즉 똑똑한 사람들이 책을 집필하는 것이라고 생각했다. 그러다 우연한 기회에 한책협이라는 곳을 알게 되었다. "성공해서 책을 쓰는 것이 아니라 책을 써야 성공한다."라는 슬로건이 나의 가슴 한구석을 꿈틀거리게 했다. 한때는 나도 회사를 다니던 직장인이었다. 당시는 직장을 다니면서 삶의 회의를 느끼고 있었던 시점이다. 월급으로는 부자가 될 수 없다는 것을 깨닫고 다른 방안을 찾던 중이었다.

어렸을 적 우리 집은 가난했다. 그래서 잘사는 친구들처럼 하고 싶은 것을 제대로 한 적이 없다. 한책협에서는 책은 내가 살아온 경험, 지혜, 깨달음을 쓰면 된다고 했다. 책 쓰기에 도전하기까지 고민이 없었다고 하면 거짓말이다. 하지만 "지금 시작하지 못하면 시간이 지나도 못한다."라는 권마담님의 말씀이 자꾸 머릿속에 맴돌았다.

그동안 살아오면서 나는 나에게 제대로 투자해 본 적이 없다. 월급을 받으면 월세, 공과금, 보험료를 내고 소액이나마 저축을 했다. 그러고 나면 수중에 남는 돈이 거의 없었다. 그런 내가 이번이 처음이자 마지막으로 나에게 투자하는 것이라고 생각했다. 그렇게 책 쓰기 과정에 겁도 없이 등록했다. 이미 엎질러진 물. 주워 담을 수도 없다.

초등시절 책을 읽고 독후감을 써서 가져오라면 정말 죽을 맛이었다. 책을 읽는 것도 싫었지만 독후감을 쓰는 건 더더욱 싫었다. 책을 읽는 법도 몰랐을 뿐 아니라 책이 너무 어렵게 느껴졌다. 나는 교과서 이외에는 책을 보지 않았다. 내가 봤던 책은 오로지 학교 교과서였다. 다른 책은 거의 읽은 적이 없다.

중·고등시절도 마찬가지였다. 고등학교 때는 낮에 일하고 밤에 학교 생활을 해야 했으니 시간은 더더욱 없었다. 학교 수업이 끝나고 기숙사로 돌아오면 밤 10시가 넘었다. 학교 공부만도 벅찬 시절이었다.

그랬던 내가 지금 책을 쓴다고 하니 신기할 뿐이다. 아마 나 혼자라면 시작도 못했을 것이다. 나는 나를 잘 안다. 무언가를 배우는 데 거리낌 없이 도전하는 성격이다. 뭔가 해야겠다고 마음먹으면 앞뒤 가리지 않고 지르는 성격이다. 아마도 그러느라 날린 돈을 저축했다면 어느 정도 모았을 거라 생각한다. 나의 착각일 수도 있지만.

무역회사에 다닐 때 있었던 일이다. 업무상 이메일을 써야 했다. 때문에 영어를 배워야만 했다. 하지만 학원에 다닐 시간을 도저히 빼낼 수 없었다. 차선책으로 그때 한창 유행이던 인터넷 강의를 검색했다. 그리고 한 사이트에 등록해 기초부터 공부하기 시작했다.

그렇게 공부한 지가 3개월인지 6개월인지는 정확히 기억이 안 난다. 아무튼 슬럼프가 찾아왔다. 공부를 하는데 실력은 늘지 않고 제자리걸음이니 흥미를 잃어버리게 되었나. 그때 생각했다. 옆에서 나를 이끌어 주는 누군가 있었으면 좋겠다고. 무엇을 혼자서 꾸준히 공부하는 것이 생각처럼 쉽지 않다는 걸 몸소 체험한 셈이다.

나는 성공해서 부자가 되고 싶은 마음이 굴뚝같았다. 세상은 나를 그냥 내버려 두지 않았다. 세상의 모든 불행이 나에게 선물처럼 주어진 것 같았다. 잘 다니던 회사가 문을 닫고, 집주인이 세입자인 나한테 일언반구도 없이 집을 팔아 버리기도 했다. 그 여파로 한순간에 잠잘 곳이 없어지기도 했다. 나는 친한 친구의 도움으로 그 친구와 함께 생활할 수 있었다. 그때 나는 '꼭 돈을 벌 거야. 부자가 되어서 내 집을 꼭 장만할 거야'라고 다짐했었다.

하지만 그렇게 다짐만 했지 부자가 되는 방법은 잘 몰랐다. 먹고사는 데 급급해 나 자신을 위한 자기계발은 뒷전이었다. 정말로 부자가 되길 원했다면 부자들에 대해 공부했어야만 했다. 지금 돌이켜 보면 시간 낭비, 돈 낭비, 에너지 낭비만 한 것이다. 진즉에 그것을 알았더라면 나의 삶이 바뀌지 않았을까? 그런 생각을 해 본다.

나는 모든 사람들이 행복했으면 한다. 삶이 재미가 없고, 나아질 기미가 보이지 않으니 자살충동을 느끼는 게 아닐까. 누군가 자살했다는 뉴스를 볼 때마다 마음이 아프다. 더군다나 어린 아기나 아이들과 함께 동반자살했다는 소식을 들으면 화부터 난다.

'도대체 정부는 국민들을 위해 무엇을 하는 건가'라는 의문이 들기도 한다. 또한 자신들 밥그릇 싸움만 하는 정치인들을 보면 분노가 인다. 그들도 뉴스를 볼 것이고 느낄 텐데 말이다. 왜 자살을 선택할 수밖에 없었는지, 정부, 정치권에서 좀 더 관심을 가져야 하지 않을까. 그렇게 해결 방안을 찾으려 노력한다면 국민들이 좀 더 행복하게 살지 않을까. 그런 생각을 가끔 한다.

그 누구도 겪어 보지 않고는 자살을 택하는 사람들의 심정을 알 수 없을 것이다. 2007년 아이를 출산하고 나에게도 우울감이 찾아왔다. 나는 내가 우울증을 앓았다는 걸 나중에야 알았다.

모든 산모들이 똑같은 감정을 겪을 것이다. 밤에 자다 일어나서 아이에게 밥 줘야 하고, 잘 만하면 기저귀 갈아 줘야 하고, 울면 달래 줘야 하고…. 그러다 보면 어느 순간 자신은 사라져 버린 것 같은 느낌을 갖게 되는 것이다.

나는 책 쓰기 과정을 통해 책을 써서 독자가 아닌 저자의 삶으로 턴하고 싶다. 내 마음속에는 항상 '부자가 되고 싶다. 돈을 많이 벌고 싶다. 돈이 많았으면…' 하는 바람이 담겨 있었다. 때로는 로또 1등에 당첨되게 해 달라고 기도하기도 했었다. 하지만 이런 기도가 현실이 되지는 않았다. 내가 책을 써서 작가가 되면 나의 책을 읽는 사람들이 나를 부자로 만들어 줄 것이다. 책을 쓰는 것이 성공의 발판이 될 것이라 믿는다.

사람들이 살아가다 어느 순간 지칠 때 내 책을 통해, 또는 다른 작가의 책을 통해 삶의 여유를 찾는다면 조금 더 행복해지지 않을까. 그동안 나에게는 책과 거리감이 있었다. 책을 나의 동반자가 아닌 작가들 삶의 일부라고 생각했었다.

그런데 이제야 난 알았다. 책을 통해 인생을 배울 수 있다는 것을. 삶의 지혜를 얻을 수도 있다는 것을. 그리고 깨달음도 얻을 수 있다는 것을.

그 누군가 내 책으로 인해 삶의 활기를 찾았으면 한다. 나를 통해 좀더 나은 삶을 찾았으면 한다. 인간 각자의 삶은 다 다르다. 각자의 방식으로 인생을 살아갈 것이다. 인생관도 각각 다를 것이다. 그런 그들이 나의 책을 통해 삶의 에너지를 얻었으면 하는 바람이다. 나도 책을 통해 새로운 삶이 있다는 걸 알았으니 말이다. 그로 인해 새로운 인생에 발을 내디뎠으니 말이다.

나는 책을 써서 나를 퍼스널 브랜딩할 것이다. 베스트셀러 작가가 될것이다. 그러면 부자의 삶을 살아가게 될 것이다. 책이 나 대신 나를 전국 방방곡곡에 알릴 것이다. 그리고 이는 1인 창업의 기회도 가져다줄 것이다. "성공해서 책을 쓰는 것이 아니라 책을 써야 성공한다."라는 말을 실제로 증명해 보일 것이다.

인생의 풍요로움을 즐기는 작가 연정화로 살아가는 멋진 모습을 상상한다. 나는 매년 2권 이상 책을 쓰는 베스트셀러 작가가 될 것이다.

더불어 사는 법을 알려 주는 뇌교육 강연가 되기

아이가 어렸을 때 어린이집 트라우마로 인해 마음고생을 많이 했다. 그 일로 아이는 깊은 상처를 입었다. 이 아이의 콤플렉스를 치유하기 위해 나는 많은 노력을 기울였다. 소아과, 한의원, ○○인지연구소 등 여러 곳을 방문해 상담을 받았다. 그런데도 아이는 전혀 나아질 기미를 보이지 않았다.

때마침 국가보조금으로 ○○인지연구소에 등록할 수 있었다. 결혼 후 우리는 맞벌이를 했다. 하지만 그것도 잠시. 신랑이 다니던 회사가 한순간에 문을 닫게 되었다. 솔직하게 말하면 사장이 야반도주했다. 윗대가리 몇 명이 돈을 가지고 튄 거였다. 남편은 한순간에 백수가 되었다. 나의 월급만으로는 가계를 꾸리기가 힘들었다. 나는 국가보조금을 지원받기로 했다. 나에게 좋은 제도였다.

지원받은 보조금으로 아이를 치료할 수 있었다. 하지만 기한 제한이 있었다. 2년 동안 유효했던 걸로 기억한다. 치료 후 아이는 훨씬 좋아졌다. 수업을 계속 이어 가야 했으나 돈 문제에 걸렸다. 그때 그 심정 말로는 표현 다 못한다. 돈이라는 게 잡으려고 하면 자꾸 달아나는 것 같았다.

　우연한 기회에 뇌교육이라는 곳을 알게 되었다. 나에게는 생소한 곳이었다. 인터넷으로 뇌교육 홈페이지에 접속해 어떤 곳인지 확인했다. 그러나 인터넷 정보만으로는 확신이 서지 않았다. 나는 아이와 함께 지하철과 버스를 갈아타며 뇌교육 지점을 방문했다. 서울에도 지점이 있지만 집에서는 평촌이 훨씬 가까워 그곳으로 갔다.

　트레이너 선생님은 상담 후 아이에게 뇌교육을 시켜 보는 게 좋을 것 같다고 하셨다. 앞 장에서 이야기했듯이 이 아이는 활동 에너지가 엄청나다. 지칠 법도 하지만 본인이 힘들다고 느끼기 전에는 절대 지치지 않는다. 선생님께서도 아이의 에너지가 너무 폭발적이니만큼 본인 스스로 조절해야 한다고 하셨다. 나는 도통 뭔 소리인지 감을 잡을 수 없었다. 그러나 전문가 눈에 그런 점이 보였으니 그렇게 말하는 것이리라 했다.

　내가 고민하는 것을 보더니 선생님은 먼저 체험을 해 보고 등록해도 늦지 않는다고 하셨다. 나는 아이와 같이 프로그램을 맛보기로 결정했다. 30분 동안 트레이너 선생님과 아이와 함께 뛰어놀았다. 말이 30분이지 나에겐 한 시간이나 다름없었다. 웬만한 체력으로는 견딜 수 없는 에너지를 나는 그날 끌어모아야 했다. 트레이너 선생님도 대단해 보였다. 시작한 지 채 5분도 안 지났지만 나는 죽을 것만 같았다. 내가 직접 체험해 보니 아이에게 어떤 점이 좋을지 나쁠지를 판단하게 되었다. 나는 아이에게 뇌교육을 시키기로 결정했다. 아이의 의견도 중요하므로 아이에게 선택의 기회를 줬다.

나는 이 뇌교육 수업을 통해 아이가 많이 달라졌음을 직접 눈으로 확인했다. 처음에 아이가 시작한 프로그램은 HSP베이직 단계다. 나는 내가 체험한 놀이로 수업을 진행하는 줄 알았다. 하지만 그것이 전부는 아니었다. 선생님은 아이의 감정이 올라오면 조절하게 해 주었고, 본인의 내면을 바라보게 하는 시간도 가졌다. 일주일에 한 번이지만 확실히 수업하고 오면 아이의 넘치는 에너지가 어느 정도는 다운되었다. 정말 신기했다.

아이가 좋아지니 선생님께서 학습법을 추천하셔서 브레인 학습법도 같이 진행하게 되었다. 이 브레인 학습법은 선생님이 보여 주는 화면을 30초, 1분, 2분간 확인하고 그것을 자신의 뇌에 보내는 것이다. 잠시 후 그것을 다시 그림으로 그리거나 종이에 적는다. 나도 수업 진행 전에 한 번 체험해 봤는데 생각처럼 쉽지 않았다. 쉽게 말해 보자. 먼저 사과의 이미지를 떠올린다. 그런데 대부분의 사람들은 그 이미지를 잘 그려 내지 못하는 것이다. 나 또한 그랬다.

아이의 뇌교육 수업에는 부모가 함께해야 하는 필수 프로그램 과정이 있었다. 부모힐링캠프, 가족힐링캠프, 뇌교육지도과정 등 다양했다. 부모힐링캠프는 말 그대로 힐링캠프다. 아이들의 부모들이 모여 아이로 인한 스트레스, 삶의 스트레스, 사회생활의 스트레스를 다 풀어내는 알찬 시간이다.

내 기억에 가장 남는 프로그램은 이 부모힐링캠프다. 처음에는 엄마, 아빠 팀으로 나눠 게임한다. 그러다가 일상생활에서 겪는 일을 표현하는 시간이 있다. 사회자가 "아침에 일어나서 하는 행동을 말하고 표현해 주세요."라고 하면 "도전!" 하고 나와서 말하고 표현하는 거였다. 쉽게 말하면 "화장하기"라고 말한 후 화장하는 모습을 표현하는 것이다.

그렇게 서너 바퀴 돌고 나자 모든 부모들이 표현의 한계를 드러냈다. 사회자는 귀신같이 우리 마음을 알아차렸다. 어찌 그리도 잘 아는지. 사회자는 대부분의 사람들이 일상에 찌들어서 아이들처럼 순수하게 대상을 바라보지 않는다고 말했다. 그러면서 '양치하기', '머리 빗기' 같은 단순한 행동을 생각하지 못한다고 했다. 그 말을 듣는 순간 머리가 띵했다.

인생을 살아오면서 여유와 함께 자신의 삶을 뒤돌아볼 수 있는 사람은 과연 얼마나 될까? 그런 생각이 들었던 시간이었다. 대부분의 사람들이 먹고사는 데 급급해 앞만 보고 살아가기 때문이다. 우리는 한 달 벌어서 한 달 먹고살아야 하는 각박한 현실에 놓여 있기 때문이다. 이 팍팍한 삶 속에서 자유롭게 여유를 만끽하면서 생활하는 사람이 얼마나 될까? 그런 생각을 하게 되었다. 아이 때문에 시작한 뇌교육이 나에게도 많은 영향을 끼쳤다. 우리 부부에게도 변화가 찾아왔다.

내가 처음부터 뇌교육 강연가가 되고 싶었던 것은 아니다. 아니, 생각조차 못했다. 나는 아이에게 뇌교육을 시키면서 아이의 성장을 지켜봤다. 그러면서 나마저도 변화하는 걸 느꼈다. 아직도 뇌교육에 대해 모르시는 분들이 많다. 뇌교육 이야기를 하면 단월드 이야기를 많이들 한다. 그런데 난 단월드는 잘 모른다. 나는 내가 체험해 보고 겪은 것을 이야기할 뿐이다.

뇌교육을 통해 아이는 두려움이 없어졌고, 자신감이 생겼으며, 도전을 두려워하지 않게 되었다. 뇌교육에는 다양한 교육 프로그램과 다양한 국내외캠프가 있다. 또한 뇌교육의 꽃이라고 부르는, 일지영재가 되는 HSP 과정이 있다. 일지영재가 되기 위해서는 밟아야 하는 필수 과정이 있다. HSP 12단 36걸음을 필히 걸어야만 한다.

여기서 HSP 12단이 도대체 뭔지 궁금할 것이다. 쉽게 말하면 거꾸로 물구나무서서 36걸음을 걷는 것이다. 그러나 12단에 합격했다고 일지영재가 되는 것은 아니다. 자기선언, 장기자랑, HSP과정 1~12단을 모두 통과해야만 된다. 그중 12단에서 많이 탈락한다. 그까짓 것 물구나무서서 걷는 게 뭐 그리 어려우냐고 생각할지도 모르겠다.

하지만 생각만큼 쉬운 게 아니다. 우리 아이는 5기 일지영재이며 12단 300걸음을 걸었다. 이 기록은 깨지지 않았다. 그 300걸음을 걷기 위해 아이는 엄청나게 노력했다. 울기도 하고 포기하려고도 했다. 하지만 실패가 있었기 때문에 성공이 가능했다고 생각한다. 일지영재가 되면 1년 동안 활동을 해야 한다. 이 활동을 통해 아이들은 많이 성장한다. 자신감도 생겨서 회장을 하는 친구들도 있고, 본인의 꿈을 찾아 가는 친구들도 있다.

나는 이 뇌교육을 많은 분들이 알게 되기를 바란다. 그래서 자라나는 우리 아이들이 공부만 해 '나'만 아는 이기적인 사람이 아니라 더불어 사는 아이로 성장했으면 한다. 일지영재 아이들은 남을 배려하고 지구를 생각하는 아이로 성장하고 있다.

PART 11

수입 파이프라인 만들어 평생 자유와 풍요와 행복 누리기

-지인옥-

지인옥

아동심리상담사, 동기부여가

6년간 유치원교사로 근무하며 모범교사로 청와대에 초청받은 경험이 있다. 10년 이상 베이비시터로 일하면서 아들, 딸 모두 대학원 공부까지 마치고 대기업 연구원으로 자리 잡는 데 도움을 제공했다. 그 과정에서 취업도 중요하지만 진짜 성공은 따로 있음을 깨달았다. 현재 초등 부모를 대상으로 미래의 진짜 성공을 위한 자녀 교육서 '진짜 나를 발견하는 아이로 키워라'를 집필 중이다.

베스트셀러 작가로
1년에 책 1권 이상 출간하기

살아오면서 가슴 깊숙이 간직한 소망과 꿈이 누구에게나 한두 개씩은 있을 것이다. 나 또한 마음속에 간직한 꿈이 있다. 20대 초반 할머니 병간호를 하느라 밖에 나갈 수 없던 시절에 나의 유일한 친구는 책이었다. 밤새워 책을 읽던 그 충만했던 시간들은 인생을 살아오는 내내 삶의 등불이 되어 주었다.

나는 책을 쓰는 사람들은 천재이거나 완벽한 교육을 받은 사람들일 거라고 생각했다. 때문에 내가 책을 쓴다는 것은 엄두도 못 냈었다. 작가가 되는 공부는 내가 할 수 없는 일이라 생각했다. 그렇지만 항상 가슴에 담은 희미한 꿈은 나를 설레게 했다. 언젠가는 내 이야기를 써 봐야지 하는 작은 소망이 늘 내 손에서 책을 놓지 않게 해 주었다. 직장에 다닐 때 나는 월급의 10%는 책을 샀다. 힘들던 직장생활의 유일한 낙은 월급으로 책을 사는 것이었다. 그러면서 나는 마음속 깊이 나의 이야기를 책으로 쓰겠다는 꿈을 간직했다.

20대 중반에 나는 유치원 교사로 6년 정도 근무했었다. 내가 근무했던 유치원은 시골에 있는 작은 병설 유치원이었다. 시내에서 버스로 20분 정도 가야 했다. 그리고 정류장에서 내려서 또 20분 정도 걸어가야 하는 곳이었다. 아침 9시경 내가 버스에서 내릴 시간쯤이면 정류장 근처에서 기다리고 있던 몇몇 아이들이 쫓아와서 "선생님!" 하며 안기곤 했던 기억이 있다. 나는 지금도 아이들과 지내는 시간이 이 세상에서 제일 행복하다.

유치원 교사로 근무할 때 내가 제일 잘하는 것은 구연동화였다. 동화책에 나오는 등장인물의 목소리를 흉내 내서 실감나게 읽어 주면 아이들은 정말 좋아했다. 등장인물이 많이 나오는 책은 좀 곤란할 때가 있었다. 등장인물이 많아 각각의 목소리를 다 기억하지 못하고 다른 목소리를 내야 할 때였다. 그럴 때면 아이들은 아우성쳤다. "그게 아니에요! 목소리가 바뀌었어요!" 아이들이 그렇게 소리를 칠라치면 나는 나름대로 다른 목소리를 냈다. 그러면 아이들이 다시 소리쳤다. "그 목소리가 아니라니까요! 까르르…." 그렇게 웃으며 즐겁게 지낸 시간들이 나의 추억 속에 함박 웃음꽃으로 남아 있다.

결혼하고 아이가 생기면서 유치원을 그만두게 되었다. 아이가 태어나고서 나는 유치원 교사를 하는 동안 공부하고 경험했던 것을 아이를 키우는 데 써먹었다. 나는 우리 아이가 갓난아기일 때부터 무조건 책을 읽어 주었다. 밤에 잘 때는 동화 테이프를 들려주었다. 그렇게 책으로 교육의 바탕을 마련해 주었다.

아이가 서너 살 때는 하루에 수십 번씩 똑같은 책을 읽어 달라고 졸랐다. 나는 별일이 없는 한 계속 읽어 주었다. 그렇게 아이는 한 권의 동화책을 다 암기했다. 책 한 권을 다 암기하고 스스로 만족하면 또 다른 책을 선택했다. 나는 책이 한 사람의 인생에 얼마나 많은 영향을 주는지 알게 되었다. 나는 책으로 아이들을 잘 키우는 방법을 체험했다.

"사람은 책을 만들고 책은 사람을 만든다."라는 말이 있다. 정말이다. 책 속에는 모든 것이 다 있다. 꿈과 희망, 감동과 성공도 있고 기쁨과 슬픔, 과거와 미래도 있다.

우리 아이들이 대학과 고등학교에 입학할 무렵 남편이 직장을 잃게 되었다. 설상가상으로 내가 하던 천연 염색 사업도 불이 나는 바람에 모두 날리고 빚만 가득 남게 되었다. 집을 팔아서 빚을 갚았지만 충분치 않았다. 처음에는 전세로 나중에는 월세로 내려앉으며 카드회사의 독촉 전화에 시달리는 상황이 되었다. 그때 나는 살고 싶지 않다는 생각을 수 없이 했다.

고등학생인 작은아이는 급식비를 못 내서 교무실에 불려가기 일쑤였다. 아이가 울면서 전화하면 나는 가슴이 무너졌다. 자식의 고통을 보자 나는 정신이 번쩍 났다. 그래서 닥치는 대로 많은 일을 했다.

미용실에서 일해 보기도 했다. 그런데 그 일은 내 적성에 너무 안 맞았다. 기술도 늘지 않을뿐더러 돈도 많이 받지 못했다. 친구의 소개로 콜

센터에서 일해 보기도 했다. 하지만 그 일 또한 푼돈밖에 벌 수 없었다.

　나는 다른 일을 찾아야 했다. 시골에는 돈을 많이 받는 일이 없으니 서울로 가자고 생각했다. 그리고 서울에서 먹고 자며 내가 잘할 수 있는 일인 베이비시터를 시작했다. 내가 유치원 교사였다는 것과 내 아이들이 좋은 대학에 다니고 있다는 조건이 나에게 유리하게 작용했다. 나는 남들과는 다른 대우를 받으며 재벌가의 아이를 돌보게 되었다.

　나는 최선을 다해 아이를 돌보았고 인정도 받게 되었다. 그러면서 서울생활에 적응이 되어갔다. 부자들의 삶을 옆에서 체험하며. 나는 넉넉한 보수와 내가 평생 살아 보지 못할 것 같은 큰 집과 외제차 벤츠를 내 전용으로 부여받게 되었다. 나는 이 생활에 안주하고 말았다. 내 아이들에게도 "우리가 어떻게 이런 부유한 생활을 해 보니. 이런 혜택을 누리는 것은 행운이야."라고 말하며 스스로를 위로했다.

　지금 생각해 보면 얼마나 어리석었는지 모르겠다. 왜 그렇게 많은 시간을 버렸는지, 왜 더 일찍 남들도 갖는 부를 내 것으로 만들 생각을 못했는지 후회된다. 베이비시터를 하며 남편의 도움 없이 빚도 갚게 되었다. 아이들도 무사히 대학, 대학원을 마치고 사회인으로 자리를 잡았다.

　나는 내가 아무리 힘들어도 아이들만 성공하면 내게 커다란 보상이 되리라 생각했다. 그러나 대기업에 취직했다고 뭔가 큰 보상이 하늘에서 뚝 떨어지는 것이 아니라는 걸 알게 되었다. 그 순간 고생했던 그 많은 시간들이 허무하게 느껴졌다. 대기업은 다른 곳보다 조금 더 많은 월급을 줄 뿐이지 부를 함께 누리는 성공은 안 준다는 것을 알았다.

내가 돌보는 아이가 학원에서 공부하는 동안 기다리며 엄마들의 대화를 자연스레 듣게 되는 기회가 많았다. 젊고 배움도 많고 경제적으로 여유로운 엄마들일 것이다. 그런데도 자기 아이들의 성적을 위해 학원 정보며 과외 정보를 나누느라 여념이 없었다. 아이들을 뺑뺑이 돌리며 다른 아이들보다 한 개라도 더 많이 더 유명한 학원에 보내려고 안간힘을 쓰는 것을 보면 답답한 마음이 앞섰다. 그게 성공의 길이 아니라고 말해 주고 싶었다.

아이들은 휴대전화나 컴퓨터로 게임도 하고 유튜브를 보는 것을 좋아한다. 그런데 엄마들은 일주일에 하루 그것도 주말에만 휴대전화를 쓸 수 있게 해 준다. 평일에는 완전 통제하는 부모님들이 더 많다. 나는 지금의 아이들이 성인이 되는 시기가 되면 컴퓨터나 휴대전화가 모든 정보와 소통과 돈을 벌 수 있는 직장의 개념으로 자리 잡을 것이라 생각한다.

그러므로 지금부터라도 젊은 부모님들은 학원으로 아이를 뺑뺑이 돌리며 학교 성적을 올리는 데 시간과 돈을 쏟아붓지 말아야 한다고 생각한다. 인터넷이나 휴대전화를 자유롭게 하며 그 안에서 자신들의 미래와 행복을 찾아 나가는 방법을 알려 주는 것이 옳지 않을까. 그렇게 되면 아이들도 스스로 좋아하는 일을 찾게 될 것이다. 그리고 그 좋아하는 일로 돈도 벌고 부자가 될 수 있을 것이라 생각한다.

나는 오래전부터 어떻게 하면 부자가 될 수 있을까 하는 생각을 많이 했다. 하지만 뚜렷한 방법을 몰랐다. 다만 가난한 상황을 탈출할 어떤 기회가 꼭 올 것이라고 마음속으로 소망했다. 그러면서 부자가 되는 방법을 싣고 있는 책을 사서 읽었다. 보물지도를 만들어 벽에 붙이고 휴대전화에 저장했다. 그러면서 기회가 오기만을 기다렸다.

《보물지도》 책을 읽는데 "학생이 준비해 왔을 때 선생님이 때마침 나타나듯, 받아들이는 사람이 준비가 되어야 비로소 줄 사람이 나타납니다."라는 척 스피노자의 말이 가슴에 와 닿았다. 나는 준비가 되면 스승이 나타나실 거라는 소망을 가슴에 품고 살았다. 그러던 어느 날 책을 쓰면 부자가 될 수 있고 신분상승을 이루게 된다는 김도사님의 유튜브 말씀이 나를 사로잡았다.

내가 베스트셀러 작가가 되면 부모들에게 학벌이나 스펙을 쌓아 대기업에 취직하는 게 성공이 아니라 진짜 성공이 무엇인지 알릴 수 있을 것이다. 책을 쓰고 책을 통해서 자신의 재능을 발견하면 부자로 가는 길을 알 수 있게 된다고 말해 주고 싶다. 그래서 나는 꼭 베스트셀러 작가가 되어야 한다. 미래의 부모와 아이들에게 미리 준비하는 인생비법을 알려 주고 싶다. 베스트셀러 작가가 되면 열심히 책 쓰는 일에 집중해서 많은 책을 집필하고 싶다.

일하지 않아도
돈 들어오는 시스템 만들기

무엇이든 열심히만 하면 성공한다는 가르침이 진리라고 믿으며 어린 시절을 보냈다. 학교에서도, 부모님들에게서도 귀에 못이 박이도록 들은 말이다. 나는 배운 대로 일해서 돈을 벌고 아끼면서 성공의 날을 기다리며 살았다. 그런데 그게 아닌 것 같았다. 직장인이 꼬박 10년을 안 먹고 안 쓰고 모아도 월급만으로는 서울에서 집 한 채 살 수도 없는 현실이 눈앞에 버티고 있다. 집을 사려고 돈을 모았다 해도 집값은 모은 돈보다 훨씬 비싸진다. 결국 자신이 원하는 것보다 작은 집을 선택하거나, 무리한 대출을 끼고 사야 한다. 이런 현상을 성공이라고 말할 수는 없을 것이다.

내가 어렸을 때 우리 할머니는 입이 닳도록 "수돗물 한 방울도 흘려 쓰면 안 된다. 종이 한 장도 아껴 써라. 전기도 아껴야 한다. 그래야 나중에 부자가 된다."라고 말씀하셨다. 어른이 되어서도 나는 어렸을 때 매일

주문처럼 들은 말 때문에 물건을 낭비하면 마음이 불편했다. 지금 생각해 보면 이것은 부자가 아니라 가난을 부르는 주문이었다.

나는 그렇게 아끼면 정말 잘살게 될까? 그런 질문을 많이 하며 살았다. 하지만 질문일 뿐 부자로 사는 방법을 알아내려고 하지 않았다. 열심히 일해서 돈 벌고 아끼면 언젠가는 부자가 된다는 막연한 믿음이 있었기 때문이다.

나는 그동안 열심히 살았다고 자부할 수 있다. 최선을 다해서 산 것 같은데 아직 경제적 자유를 얻지 못했다. 무슨 이유일까. 돈을 벌고 아끼느라 명품가방 하나 사지 못했는데 왜 부자가 되지 않는 걸까? 그동안 알뜰히 모았는데 돈의 가치는 왜 이렇게 낮은 걸까? 이런 방식으로 계속 살아야 하는 걸까? 월급으로는 당장 먹고사는 문제를 해결하기에도 빠듯하다. 그러면 어떻게 해야 할까? 오랜 고민 끝에 답을 찾았다. 돈 공부, 부자 공부를 해야겠다고.

부자에 대한 관심보다는 가난의 주문을 외우고 살았기 때문에 나는 가난했던 것이다. 성당에 가서도 "하느님, 가난에서 벗어나게 해 주십시오."라고 기도했기 때문에 기도가 먹히지 않은 것이다. 내가 가난을 말했기 때문이다. 하느님은 우리를 가난하게 창조하지 않았다. 하느님과 나는 하나이고 나는 전지전능한 하느님의 능력을 가지고 태어났다. 그런데 하느님의 능력을 모르고 살아가기 때문에 가난에 시달리는 것이다.

나는 돈 공부를 해야겠다고 마음먹었다. 돈 공부, 부자 공부를 하겠다고 마음먹으니 부자가 되는 방법을 알려 주는 책과 방송이 눈에 들어왔다. 그렇게 돈 공부를 하면서 나도 부자가 될 수 있겠다는 희망이 샘솟았다. 돈을 끌어당기는 부자의 생각의 비밀, 부자들이 절대 가르쳐 주지 않는 세 가지 비밀, 가장 빨리 부자가 되는 습관의 비밀 등 부자가 되려면 그 비밀들을 풀어야 했다. 그 비밀들을 풀기 위해 내가 할 수 있는 것부터 하나씩 따라 해 보기로 했다. 그러자 서서히 부자가 되는 방법이 보이기 시작했다.

부자가 될 수 있을 것 같다는 희망이 생기자 나는 매일 간절히 기도했다. 부자가 되는 방법을 알게 되기를, 부자가 되는 방법을 알려 줄 스승을 만나게 되기를. 나는 시간이 날 때마다 부를 다룬 책을 읽고 유튜브를 계속 시청했다. 부자가 되는 명상 테이프를 들으며 잠을 잤다.

그중 돈이 들어오는 파이프라인을 만들어야 한다는 부자의 비밀이 내 마음에 와 닿았다. 나는 즉시 파이프라인을 만드는 방법을 공부했다. 그러면서 끌어당김의 법칙도 함께 공부했다. 조금만 생각을 바꾸고 열심히 찾아보면 돈 버는 방법이 널려 있는데 나는 그걸 몰랐다.

돈은 직장을 다니며 벌어야만 한다고 생각했다. 몸으로 열심히 일해서 벌어야 떳떳한 돈이라고 믿었다. 불로소득은 나쁜 것이라고 무시했다. 나는 그런 사고방식을 바꾸기로 했다. 돈 버는 방법을 실천해서 저절로 돈이 들어오는 시스템을 만들어 보기로 마음먹었다. 돈이 저절로 들어오는 파이프라인은 직장에 다닐 때 만들어야 유리하다는 것을 알았다. 시작이 반이라 했다. 나는 나의 재정 상태를 파악하기 시작했다. 통장에 조금의 여윳돈이 있어서 투자를 해 보기로 했다.

투자하기 전에 돈의 속성을 먼저 알아야 한다. 돈을 대할 때는 돈을 사랑하고 돈을 좋아한다고 항상 마음속으로 생각해야 한다. 수중에 들어온 현금은 좋은 지갑에 반듯하게 잘 보관해야 한다. 그렇게 돈을 인격체로 대해 주어야 돈이 나를 따라온다. 돈을 지출할 때는 기분 좋게 보내 주고 다음에 10배의 친구들과 함께 오라고 말해야 한다. 돈에 집중하고 돈이 어떻게 움직이는지 알아야 한다. 그러고 나서 하느님께 부자가 되게 해 달라고 간절히 기도해야 한다.

살면서 항상 돈이 부족하다고 말하고 생각하던 습관들을 하나씩 고쳐 나갔다. 어떻게 하면 돈을 안전하게 투자할까. 그 방법도 연구했다. 매일 돈에 집중하고 부자처럼 생각하고 말하는 연습도 했다. 그렇게 꾸준히 노력했더니 길이 보이는 것 같았다. 돈이 움직이는 원리가 조금씩 보이기 시작했다. 은행에 저금해야 안전하다는 생각을 바꾸기로 했다. 저금은 안전한 게 아니라 손해를 보는 것이다.

통장에 있던 돈을 이용해 투자를 시작했다. 처음에는 100만 원을 내고 p2p 소액 투자 사이트에 가입했다. 건당 5만 원, 10만 원씩 8% 내외의 수익을 볼 수 있는 분산투자를 했다. 분산투자를 하면 손해를 보더라도 별 무리가 없다. 소액투자자나 초보투자자가 쉽게 할 수 있는 투자 방법이다. 처음 하는 투자인 만큼 안전한 방법을 모색했던 것이다.

투자를 하고 수시로 사이트에 드나들면서 관심을 기울였다. 한 달 한 달 지나면서 원금과 이자가 함께 입금되었다. 원금과 이자가 모여 10만 원이 되면 재투자했다. 소액이지만 돈은 저절로 불어났다.

다음에는 어떤 투자를 할까 궁리하던 중 어느 유명인의 아내가 주식 투자로 돈을 벌고 그 돈으로 사업을 해서 성공했다는 뉴스를 보았다. 나는 용기를 내어 주식투자를 시작했다. 주식은 무리하지 않고 여윳돈으로 안전하게 운영하면 정말 돈을 벌 수 있는 보물창고다. 주식도 계속 재투자했다. 그러다 보니 일하지 않고도 돈이 저절로 들어오고 있다.

최근에는 아는 분의 권유로 그림도 샀다. 무명작가들은 그림이 잘 팔리지 않아서 좋은 그림을 싸게 판다. 내가 산 그림의 작가가 유명해지면 그림은 부르는 게 값이 된다. 돈 버는 것에 집중하니 사고가 전환되고 돈 버는 방법에 대해 계속 공부하게 되었다.

작년에는 동탄의 임대아파트에 당첨되어서 입주했다. 지금은 임대료를 내고 살고 있지만 5년 후에 분양을 받아 차익을 남기고 팔면 그 또한 수입 파이프라인이 될 것이다.

지금의 내 수입 파이프라인은 미미하다. 하지만 책 쓰기를 시작했으니 앞으로 만들어 나갈 파이프라인은 우주만 할 것이다. 그리하여 나는 일하지 않고 평생 자유와 풍요와 행복을 누릴 것이다.

우리 가족 모두
작가 만들기

나에게는 가슴에 품은 꿈이 하나 있었다. 바로 내 이야기를 쓰는 작가가 되는 것이었다. 그 꿈은 빛을 잃고 한동안 잠들어 있었다. 세월이 흘러 예순이라는 나이가 되어서야 그 꿈 앞에 마주 서게 되었다. 예순이라는 나이에 꿈 앞에 마주 서는 데는 망설임과 용기가 조금 필요했다. 나는 용기를 냈다. 작가가 되기 위해서 한책협의 책 쓰기 과정에 등록한 것이다. 나는 인생의 마지막 부분을 잘 정리해서 다른 이들에게 공감받기를 기원하며 글쓰기에 임한다.

나에게는 아들과 딸이 있다. 책 쓰기 과정 등록 전에 나는 아이들에게 먼저 말했다. 노후를 위해서 꿈에 도전해 보고 싶다고. 그랬더니 둘 다 찬성해 주었다. "엄마, 너무 잘 선택했어요. 엄마 이야기를 쓰면 좋을 것 같아요. 나도 옛날부터 책을 쓰고 싶었는데…" 딸아이는 자신도 책을 쓰고 싶다고 말했다. 내가 "너도 같이 시작하자." 했더니 "지금은 시간이 안 돼요. 다음에 할게요." 했다.

나는 더 이상 말하지 않았다. 이제 1년 차 직장인이라서 적응하느라 눈물 콧물 빼는 딸아이의 상황을 누구보다 잘 알고 있었기 때문이다. 아들에게도 "직장이 답은 아니다. 다른 방향도 한번 생각해 봐라." 했더니 잠잘 시간도 부족하단다. 지금 다른 무언가를 하라는 건 죽으라는 소리라고 했다. 가슴이 아팠다.

지금 이 시대 젊은 직장인들의 상황이 이렇다. 뒤처지지 않으려고 모든 시간과 노력을 직장에 쏟아붓고 있다. '공부 잘해서 좋은 직장에 가야 성공하는 것'이라고 부추기며 공부하게 만든 사람이 나였는데, 고생은 아이들이 한다.

성공이라고 생각하고 달려왔지만 그게 진정한 성공이 아니라는 것을 알게 되었다. 부와 자유가 동반되지 않는 성공은 그냥 성공이다. 진짜 성공은 자유로움과 풍요함을 동반한다. 그러므로 나는 더 진지한 마음으로 책을 써야 한다. 책을 써서 베스트셀러 작가가 되고 경제적인 자유를 얻게 되면 진짜 성공이 무엇인지 알게 될 것이다.

당장 제 코가 석 자인 아이들에게 성공의 방법이 따로 있다고 아무리 설명해 봐야 잔소리 밖에 안 된다. 먼저 내가 성공한 모습을 보여 주는 것이 더 효과적인 방법이라고 생각한다. 내 아이들뿐만 아니라 많은 젊은이들이 미래를 생각하며 자유와 풍요에 관심을 보이기 바란다. 관심을 가졌으면 바로 실행에 옮길 것을 추천한다.

사람은 자신이 하고 싶어 하는 일을 하며 살아야 행복하다. 직장에서 주는 월급에 매여 모든 것을 희생하면 안 된다. 한 살이라도 젊을 때 진정으로 자신이 좋아하는 일을 하며 행복하고 신나게 사는 것이 현명한 태도다.

나는 우리 아이들이 작가의 길을 걷게 될 것이라고 믿는다. 그것이 나의 버킷리스트에 포함되어 있기 때문이다. 우리 아이들이 작가가 되어 여유로운 삶을 살아가는 모습을 상상하고 있다. 상상하면 이루어진다는 것을 알기 때문이다.

나는 책 쓰기 과정 중에 의식이 변화되는 놀라운 경험을 하고 있다. 새로운 자신감이 생기고 평소보다 많은 일을 해내는데도 힘들지 않고 즐겁다. 그리고 모든 것이 감사하다.

내가 아는 분 중에 40대 후반의 대학교수가 있다. 그분은 부인과 자신이 버는데도 항상 돈이 부족하다고 하신다. 부인이 교수를 그만두고 돈을 많이 주는 회사에 취직하라고 조르신단다. 이해가 되지 않아서 물어보니 교수 월급이 생각보다 많지 않았다. 교수의 레벨에 맞추어 살아가야 하니 지출이 많단다. 딸아이를 대학에 보내고 유학도 보내려면 많은 돈이 필요할 텐데 교수 월급만으로는 어림도 없다고 하셨다.

나는 그분에게 내가 배우고 있는 책 쓰기 과정을 말해 주고 싶은 생각이 굴뚝같다. 내 책이 출간되고 나면 책 쓰기를 배우라고 권하려 한다.

나는 남편에게도 책 쓰기를 권하고 싶다. 남편은 내가 책 쓰기를 배운다는 것을 모르고 있다. 주말이면 어디를 그리 열심히 다니는지, 늦은 밤까지 무엇을 하길래 좋아하는 TV도 안 보고 컴퓨터와 씨름하는지 궁금할 것이다. 나는 내가 책을 쓰는 것을 남편에게 알리고 싶지 않다. 남편도 물어보지 않는다. 책이 출간되고 작가라는 타이틀을 달면 당당하게 작가가 되었다고 자랑하고 싶다. 멋지게 작가가 된 모습을 보여 주고 남편의 의식을 깨워 주고 싶다. 먼저 의식이 깨어나야 도전할 수 있고 도전이 있어야 성공도 있다. 머리로는 알고 있지만 도전하지 않는 남편을 도와주고 싶다.

나에게는 착하고 예쁜 조카들도 있다. 나는 그 아이들에게도 책 쓰기 과정을 소개하려 한다. 내가 사랑하는 가족들이 모두 자유롭고 부유하며 행복하기를 바라기 때문이다. 다 같이 작가의 길을 가며 서로 힘이 되어 주길 바라기 때문이다. 그렇게 함께 천국의 행복을 지상에서 만끽하기를 바라기 때문이다.

책을 쓰면 좋은 점이 너무 많다. 책을 쓰는 동안 자신의 내면을 깊이 들여다볼 수 있다. 잠재의식 속에 가라앉아 있던 자아를 발견할 수도 있다. 감추어진 자아가 드러나면 치유가 일어나고 묶여 있던 감정으로부터 자유로워지는 경험도 하게 된다.

책을 쓰면 작가로 거듭나기도 하지만 더 나아가 1인 창업해 경영자의 삶을 살 수도 있다. 내가 좋아하는 일을 자유롭게 하면서 돈도 벌 수 있다면 이보다 더 좋은 일은 없을 것이다. 물론 회사에서 주어지는 일만 하다가 모든 것을 스스로 결정하고 실행하거나 이익도 생각해야 한다. 이렇듯 많은 것을 책임져야 하는 것이 두려울 수도 있다. 그러나 그 모든 것들을 해 나가면서 느끼는 성취감은 무엇과도 바꿀 수 없는 자산이 될 것이다.

나는 매일매일 조금씩 나아지고 있다. 책 쓰기를 하면서 함께 하는 의식 공부로 내면의 자아가 크고 있다는 증거다. 이렇게 내적으로 충만함을 느낄 때면 모든 것이 아름답고 감사하다. 김도사님의 추천도서는 깜짝 놀랄 만한 영적 도서다. 평범한 사람들은 평생 만나지 못할 책들이 많다. 그 귀한 책들을 읽으며 나는 새로운 세계에 눈을 떴다. 소중한 시간을 진지하고 보람되게 보내려 하고 있다. 하루하루가 축제 같다.

책 쓰기 과정은 복음이라고 생각한다. 새로운 눈을 뜨고 새로운 세상을 살게 이끌어 주는 성서의 복음과 같다는 생각을 한다. 책 쓰기는 나를 새로 태어나게 해 준다.

10년 안에 100억 원 이상
자산 만들기

초등학교 시절에 친구들과 내기 게임을 할 때면 반드시 하는 말이 있었다. 바로 "100만 원 내기하자!"였다. 그 시절 100만 원은 상상도 할 수 없을 만큼 큰돈이었다. 그래서 게임에서 지면 큰일 나는 줄 알고 기를 쓰고 이기려고 했었다. 그렇게 상상도 할 수 없을 만큼 큰돈이 요즘은 아이들의 고급 옷 한두 벌 사면 그만인 단위가 되었다.

가만히 생각해 보면 우리가 어렸던 시절의 100만 원은 어른들이 생각해도 큰돈이었을 것이다. 그 큰돈을 소유하고 있는 사람들이 그 시절에도 있었을 것이다. 수많은 혜택을 누리면서.

우리 부모님은 돈이 금기 사항이라도 되는 듯 돈을 버는 방법이라든지 돈을 어떻게 벌어 모으고 불려서 큰돈을 만드는지에 대해 한마디도 하지 않으셨다. 공부를 잘하면 부자가 된다는 말씀만 거듭하셨다. 학교에서도 돈 공부는 시켜 주지 않았다. 그런 만큼 나에게는 돈은 벌기 어려운 것이고 부자들만의 전유물인 것처럼 여겨졌다.

과거 우리 사회에서는 돈에 대해 이야기하는 것을 터부시하고 돈에
집착하면 구두쇠라고, 천해 보인다고 흉보기 일쑤였다. 돈 공부를 다룬
책을 읽을 때 사람들이 보면 얼른 표지를 가리게 되는 것은 아직도 남아
있는 편견적인 교육 탓이 아닐까 생각한다. 그런 생각이 우리 아이들 세
대까지 이어지고 있다.

급속히 변하는 정보화 시대의 도래로 돈에 대한 기준도 빠르게 변해
가고 있다. 예전에는 사람은 태어날 때 제 밥그릇은 갖고 태어난다고 했
다. 하지만 이제는 아니다. 태어나면 자기 밥벌이는 스스로 잘해야 살아
갈 수 있는 시대다. 그러려면 시대의 흐름을 정확히 읽을 수 있어야 한다.
돈의 흐름을 잘 파악하고 발 빠르게 대처해야 사람다운 삶을 누릴 수 있
는 것이다.

머지않아 인터넷이 모든 것을 주도하는 세상이 될 것이다. 지금도 많
은 부분을 인터넷을 통해서 해결하고 있다.

영화 〈주먹왕 랄프 2〉에서 주인공 랄프와 바넬로피는 버려질 위기에
처한 오락기 부품을 구하기 위해 와이파이를 타고 인터넷 세상으로 들
어간다. 영화 속에 그려진 인터넷 내부의 세상에서는 경매와 금융과 게
임 그리고 동영상 등 돈을 벌 수 있는 여러 가지 방법들이 펼쳐진다. 이
렇게 인터넷 세상은 무한한 경쟁력을 가지고 있다. 또한 세계의 모든 정
보를 교류할 수 있는 무한대의 무대가 만들어져 있다.

이렇게 편리하고 유익한 매체를 가지고 정보를 검색하거나, 쇼핑을 하거나, 음악을 듣거나, 동영상만 무한히 돌려 보는 것이 전부인 사람들이 너무나 많다. 이제는 통신료가 비싸다고 불만을 토로하는 것에 그칠 것이 아니라 인터넷 세상에 무한히 잠재해 있는 돈을 벌어들일 생각을 해야 한다.

나는 공부를 잘하면 인생이 달라진다고 내 아이들을 부추겼던 시간들이 조금은 후회된다. 그때는 돈 공부를 몰랐었다. 학교 공부를 잘하게 하는 것이 최선의 방법이었다. 그렇게 하지 않았으면 그나마 대기업 문턱에라도 들어갈 수 있었을까 싶다.

나는 학교 공부와 돈 공부를 함께 시키지 못한 것이 안타깝다. 직장에 다니기 시작하면 업무가 많아 자유로운 시간이 많지 않다. 직장생활을 하면서 다른 공부를 다시 시작하려면 많은 용기가 필요하다.

나는 젊은 엄마들에게 자녀에게 돈 공부를 일찍 시켜야 한다고 말해 주고 싶다. 학교 공부도 중요하지만, 경제적인 자유도 중요하다. 경제적인 자유를 얻게 하려면 자녀가 초등학교에 다닐 때부터 준비하는 것이 좋다. 초등학생 때는 조금 덜 바쁘기 때문이다.

경제적 자유를 준비하기 위한 가장 좋은 방법은 책 쓰기다. 책을 쓰게 되면 자녀가 어떤 분야에 관심이 있는지 알게 된다. 관심이 있다는 것은 아이가 좋아하는 분야라는 뜻이다.

좋아하는 분야를 쓰게 한다면 아이는 신나게 책을 쓸 수 있을 것이다. 그렇게 해서 책이 나오면 책으로 콘텐츠를 만들 수 있다. 그리고 그 콘텐츠를 이용해 인터넷 세상에서 자신의 역량을 충분히 발휘할 수 있다. 경제적 자유를 얻는 것은 그리 어려운 일이 아니다.

나는 지금 한책협의 책 쓰기 과정에 참여하고 있다. 과정이 끝나면 내 이름으로 된 책이 출간될 것이다. 그러면 나는 작가가 된다. 작가가 되면 1인 창업을 준비할 생각이다. 나를 브랜딩해서 강연도 하고 코칭도 할 것이다. 독자가 원한다면 동기부여도 해 주며 선한 영향력을 나누고 싶다.

그중에 가장 먼저 하고 싶은 것이 있다. 바로 초등생 부모를 대상으로 아이의 미래에 대해 생각해 볼 수 있는 자리를 마련하는 것이다. 그들에게 책 쓰기의 좋은 점을 설명해 주고 싶다. 뜻있는 부모들이 아이와 함께 책 쓰기에 도전해 보는 프로그램을 만들어 보고자 한다.

이 프로그램이 호응을 얻는다면 내 책은 베스트셀러가 될 것이고 나는 유명해질 것이다. 유명해진다는 것은 경제적인 수입도 많아진다는 뜻이다. 이것이 진짜 성공이다.

나는 100억의 자산을 10년 안에 내 것으로 만들겠다는 버킷리스트를 작성했다. 100억이란 돈은 내가 어렸을 때 100만 원을 두고 내기할 때의 무게만큼이나 큰 액수다. 그러나 걱정하지 않는다. 우주에서 내게로 보내는 돈의 에너지가 무한대이기 때문이다.

오랜 시간을 들여 우주에 돈이 흘러넘치는 대형 파이프라인을 만들어 놓았다. 지금은 파이프라인이 아주 조금 열려 있어서 돈이 물방울처럼 똑똑 떨어지고 있다. 하지만 머지않아 완전히 다 열리면 돈이 강물처럼 나에게로 흘러들어올 것이다. 그렇게 되면 100억의 자산을 만드는 것은 그리 어려운 일이 아니다.

세계적인 부를 누리고 있는 부자들은 인터넷 세상에서 자유롭게 활동하며 부를 축적한다. 그리고 세계를 무대로 어마어마한 돈을 움직이고 있다. 그들이 할 수 있으면 나도 할 수 있다는 자신감을 가져야 한다. 광대한 우주에 흐르는 부의 물줄기가 내게 흘러내리도록 의식을 키워야 한다. 그리고 그 물줄기의 움직임을 예리한 눈으로 파악해서 부와 성공을 원하는 이들과 함께 나누어야 할 것이다.

부와 성공을 이루게 되면 나는 어려운 이들을 위한 장학재단을 만들고 싶다. 우리 아이가 국가 장학금을 받고 어려움 없이 공부할 수 있었던 것처럼 돈이 없는 아이들에게 돈 걱정 없이 공부할 수 있는 길을 열어 주고 싶다. 세상으로부터 내가 도움을 받았듯이 이제는 세상에 내가 도움이 되고 싶다.

나는 꿈과 성공을 향한 도전을 조금 늦게 시작했다. 그것이 나를 긴장하게 만든다. 꿈에 도전하고자 하는 열정만 있으면 얼마든지 부와 성공을 얻을 수 있다는 것을 세상에 알리고 싶다. 나는 꼭 성공해야 한다. 나 같은 할머니의 성공을 보고 젊은 사람들이 자극받기를 원한다. 그리하여 한 살이라도 젊을 때 꿈에 도전할 용기를 얻기 바란다. 이게 내가 세상에 전하는 선한 영향력이 되기를 소원한다.

"나는 100억 이상의 자산가다!"

1년에 두 번 하와이에서 한 달 살기

하와이에서 한 달씩 살아 보기는 나의 인생 로망이다. 하와이를 생각만 해도 마음이 설렌다.

우리 3남매는 어린 시절에 부모님과 떨어져서 할머니 손에 자랐다. 그래서 내 어린 시절 기억 속에는 가족과 함께 여행해 본 기억이 없다. 딱 한 번 엄마가 우리 3남매를 서울 대공원에 데리고 가셨던 적이 있다. 내가 중학교에 들어가던 해였던 것 같다. 아직도 기억에 남는 것은 내 동생이 엄마한테 무언가를 해 달라고 했는데 엄마가 안 된다고 하셔서 동생이 골이 났던 모습이다. 그날 찍었던 사진은 빛이 많이 바랬지만 내 동생의 골난 표정은 40년을 훌쩍 넘긴 지금도 간직되어 있다. 그것이 엄마가 내 기억 속에 남겨 주신 유일한 가족여행의 추억이다. 엄마는 그 후 2년 뒤에 돌아가셨다.

부산시 기장면 월래리. 이곳은 나의 부모님이 사시던 곳이다. 이곳에는 원자력발전소가 있다. 원자력발전소를 건설하는 현대건설이 아버지의 직장이었다. 우리는 초등학교 시절 1년에 두 번 방학이 되면 부산에 갔다. 부모님이 사시던 곳은 바닷가 앞이라 여름이면 해수욕장에서 신나는 시간을 보냈다. 겨울에는 날씨가 따듯한 지역인 만큼 추위를 잊고 지냈었다.

나는 방학이 다가오면 엄마를 만날 생각에 너무나 설레어 잠도 안오고 먹지 않아도 힘이 솟았다. 기차를 타고 하루 종일 달려 엄마를 만나면 너무나 기뻤다. 그때의 그 시절이 내 인생에서 가장 행복했던 기억으로 남아 있다. 너무 오랜만에 엄마를 만나서일까. 나는 그곳에 가기만 하면 아팠다. 열이 펄펄 나서 아버지가 나를 업고 병원으로 뛰어가시던 생각이 난다. 물을 바꿔 먹어서 그렇단다. 아니다. 그것은 그리움이 폭발해 표출된 마음의 표현이었던 것을 나는 안다.

상업계 고등학교를 졸업하고 내가 처음 사회생활을 시작한 곳도 원자력발전소를 건설하는 현대건설 업무부 사무실이었다. 내가 면접을 보러 갔던 날 부장님이 서울말을 들으니 너무 좋다고 하셔서 의아했었다. 그분은 서울분이셨지만 회사 내의 사무원은 거의 부산 출신이었다. 그래서 말도 못 알아듣겠고 적응도 안 되셨던 모양이었다.

내가 근무하던 사무실은 바닷가 바로 옆에 지어져서 고개만 돌리면 바다를 볼 수 있었다. 한낮의 햇빛이 고요한 물결 위에 부서지며 자아내는 눈부심은 직접 보지 않고는 표현할 방법이 없다. 나는 그곳에서 1년 정도 근무하고 퇴사했다. 새엄마와 함께 사는 게 힘들어서였다.

나는 부산 여행을 좋아한다. 결혼 전에는 혼자서 틈만 나면 밤기차를 타고 부산으로 달려갔다. 기차에서 내리면 새벽바람에 실려 오는 비릿한 바다 냄새가 너무 좋았다. 지금 생각하니 그 냄새가 어린 시절 엄마를 만나러 갈 때 맡았던 추억의 냄새라서 좋았나 보다.

야간열차를 타고 밤새 달려오면 몹시 피곤했다. 그래도 부산역에 내리면 택시를 타고 해수욕장으로 갔다. 해운대 바닷가에 있는 콩나물국밥 집에서 바다를 바라보며 아침을 먹었다. 따끈한 국밥은 지친 영혼을 달래 주는 천국의 음식이었다.

국밥 한 그릇에 피로가 풀리면 천천히 백사장을 걸었다. 마냥 걷다 보면 복잡하던 마음이 정리되고 새로운 계획들이 솟아올랐다. 해운대에서 충분한 시간을 보내고 나면 자갈치 시장으로 갔다. 거기에서 싱싱한 회 한 접시를 게 눈 감추듯 흡입하고 어슬렁어슬렁 시간을 보내다 밤기차를 타고 다시 집으로 왔다. 이것이 내가 삶을 정리해 가는 방식이었다.

그러다 나는 결혼했다. 남편은 가난한 홀어머니의 5남매 중 맏이였다. 그때는 그런 조건이 무엇을 의미하는지 알지 못했다. 우리는 젊으니까 열심히 노력하면 잘살 수 있다고 믿었다. 그러나 나에게 주어진 현실은 냉정했다. 남편은 직장을 얻지 못했고 시동생도 함께 살아야 했다. 신혼의 꿈에 젖을 시간조차 내게는 허락되지 않았다. 당장 생활은 해야 하니까 내가 미용실 보조를 하면서 돈을 벌었다. 나는 미용실 일이 적성에 맞지 않아서 다니고 싶지 않았지만 견뎌냈다. 그사이에 아이가 생겼다. 다행히 아이가 태어날 무렵 남편이 취직하게 되었다. 나는 아이들을 키우는 데 전념할 수 있었다.

우리 아이는 둘 다 공부를 잘했다. 큰아이는 4년 동안 국가 장학금을 받으며 대학을 다녔다. 딸아이는 고등학교에 입학해 기숙사 생활을 하게 되었다. 그 무렵 다시 시련이 찾아왔다. 남편이 실직당한 것이다. 그런데다 내가 지인에게 투자해서 시작한 사업체에 불이 났다. 그 바람에 모든 것을 날리고 말았다. 집을 팔아도 해결되지 않았다. 전세를 살다가 월세로 내려앉았다. 아침저녁으로 빚 독촉에 시달렸다. 그때는 정말 죽고 싶다는 생각을 참 많이 했다. 그러나 아이들을 보며 용기를 냈다.

그 힘든 시간을 이겨 나가게 된 것은 베이비시터로 일하면서였다. 재벌가의 애기를 돌보게 되었는데 월급도 많이 받고 목돈이 필요할 때면 도움도 받았다. 10년이 넘는 시간을 베이비시터로 일하면서 우리는 한 번도 가족여행을 가지 못했다.

부자들은 1년에 두 번 아이의 여름방학과 겨울방학에 하와이에서 한 달씩 휴가를 즐겼다. 나는 그것이 무척 부러웠다.

나는 4년 전에 아들이 하와이에서 결혼식을 하게 되어 말로만 듣던 하와이 여행을 해 봤다. 하와이에서 일주일을 지내면서 사람들이 왜 하와이, 하와이 하는지 알았다. 그 당시 나는 갱년기 증상을 심하게 앓느라 건강이 좋지 않았는데 하와이에 가서는 날아다녔다. 하와이의 자연 풍경에 도취되었다. 투명한 하늘과 비취빛 바다, 깨끗한 공기, 신기하고 맛난 음식과 볼거리들 그리고 명품 쇼핑센터는 내게 벅찬 감동을 선사했다. 그렇게 나는 하와이에 반해 버렸다.

하와이에서의 일주일은 너무 짧았다. 그래서 마음속으로 언젠가는 하와이에서 한 달 살기를 해 봐야겠다고 다짐했었다.

내가 버킷리스트에 하와이에서 한 달 살기를 넣은 이유는 어린 시절 엄마와 함께했던 바닷가에서의 추억을 떠올리고 싶어서다. 두 아이의 엄마로서 가족들과 행복한 시간과 추억을 만들고 싶어서다.

1년에 두 번 하와이에서 살 수 있다면 여름에는 가족과 함께 보내고 겨울에는 혼자 지내려고 한다. 나는 혼자인 것을 즐기기 때문이다.

내가 작가가 되어 성공하면 하와이에 예쁜 집을 내 명의로 살 것이다. 그곳에서 편안한 노후를 보내며 책을 쓸 것이다.

PART 12

의식 확장
10,000% 이루어
선한 영향력
끼치기

-이은숙-

이은숙 ·· ◆

중학교 과학교사, 자기계발 작가, 동기부여가

중학교 과학교사로 31년째 재직 중이다. 은퇴 후 인생에서 얻은 경험과 지식을 바탕으로 사람들의 잠재력을 일깨워 꿈을 찾아주는 메신저 및 코칭 전문가로 활동하는 것이 목표이다. 현재 '타인의 시선에서 자유로워지는 법'을 주제로 개인저서를 집필 중이다.

사람들의 마음을 울리는
베스트셀러 작가 되기

사회가 발전하고 생활수준이 향상될수록 삶에 대한 만족감과 행복지수가 높아져야 할 것이다. 그런데 반대로 사회에 대한 불만이 늘고 불행하다고 느끼는 사람들이 더 많아졌다. 오히려 못살 때는 서로 오가는 정이라도 있었다. 없으면 없는 대로 도우며 살았다. 그런데 갈수록 삭막해지는 현실이 답답하기만 하다. 이런 환경에서 우울감을 느끼는 사람은 점점 증가하고 있다. 어디에도 자신의 속마음을 털어놓지 못해 병드는 사람들이 많아졌다.

나는 8남매 중 늦둥이 막내로 태어났다. 어머니는 43세에 나를 임신하셨다. 너무 늦은 나이에 임신한 탓에 지우려고 했다고 한다. 하지만 이미 6개월이 막 지날 무렵이어서 할 수 없이 낳았단다.

나는 어릴 때부터 상상력이 풍부했다. 4~5세 정도로 기억된다. 내가 다니는 모든 곳이 영화촬영 장소였다. 내가 표현하는 한마디 한마디가 영화 대본이었다. 마치 내가 영화배우가 된 것처럼, 영화 〈사운드 오브 뮤직〉의 한 장면을 찍는 것처럼 산이나 들로 뛰어다니며 동네 아이들과 신나게 놀곤 했다. 그림도 곧잘 그렸다. 아버지께서 사 주신 열 가지 색깔의 크레파스와 스케치북을 들고 뒷산으로 올라가서 무덤 앞 상석에 앉아 눈앞에 펼쳐진 시골 풍경을 그리곤 했다. 그러면 어린 마음에도 얼마나 행복하던지…. 그 순간만큼은 평화로움 그 자체였다.

조금 더 자라면서는 틈만 나면 만화를 그리고 대사를 넣어 나만의 만화책을 만들어 보기도 했다. 가끔은 일기장에 시를 쓰며 내 마음속의 글쓰기 욕구를 나름 소박하게 표출하곤 했다.

농사 소출을 팔아 생계를 이어 가야 했던 우리 집은 식구도 많아 늘 빠듯했다. 언니 오빠들은 학교도 제대로 다니지 못하고 일찍 직업전선에 뛰어들어야 했다. 그런데 내가 조금 철들 무렵인 열세 살 때 판문점의 도끼만행 사건이 터졌다. 방송국에서는 대대적으로 속보를 내보냈다. 안타까운 마음으로 지켜보고 있는데 급한 전보가 날아들었다. 마침 부모님과 함께 포도를 맛있게 먹고 있는 중이었다.

전보를 열자 짧게 '아들 사망'이란 글자가 바로 눈에 들어왔다. 영문을 몰라 어머니께 보여 주었더니 어머니는 방바닥을 데굴데굴 구르시며 거의 미친 사람처럼 울부짖었다. 알아보니 군대에 간 둘째 오빠가 사망했다는 거였다.

판문점 도끼만행 사건으로 인해 전군에 비상명령이 내려졌다고 한다. 평소에는 실탄을 주지 않는데 비상시국이라 실탄을 장전해서 보초를 서도록 했다고 한다. 그런데 평소 고참에게 불만이 많았던 하급 병사가 술을 먹고 내무반에서 잠자고 있던 선임과 다른 병사들을 향해 M16 소총을 난사했다고 한다. 그 과정에서 둘째 오빠는 더 이상의 희생자가 나지 않도록 뒤에서 그 병사를 붙잡았다고 한다. 하지만 당겨진 방아쇠에서 뿜어져 나온 실탄이 가슴을 뚫고 나가며 오빠는 그 자리에서 사망하고 말았다고 한다.

아직은 어려서 모든 걸 다 이해할 수는 없었다. 하지만 그렇게 다정했던 오빠가 제대 5개월을 남겨 놓고 하늘나라로 갔다는 것. 우리 집안의 기둥뿌리가 여지없이 뽑혀 버렸다는 것은 알 수 있었다. 그 일은 지금까지도 내 가슴에 큰 아픔으로 자리하고 있다.

오빠는 현재 동작동 국립묘지에 안장되어 있다. 청춘을 제대로 누려 보지도 못하고, 꽃을 피워 보지도 못한 채 하늘나라로 간 오빠. 오빠가 미치도록 그리울 때면 나는 일기를 썼다. 그러면서 얼마나 울었는지 모른다. 나는 그때 결심했다. 나중에 훌륭한 사람이 되어 오빠 몫까지 부모님께 효도하겠노라고.

그때 이후로 내 가슴속에는 항상 뭔지 모를 불덩어리가 있었다. 그때는 그 실체를 알 수 없었다. 산 사람은 또 그렇게 살아가야 했다. 나는 시간의 흐름 속에 나를 맡겼다. 그런데 어느 순간 무엇을 해도 재미가 없고, 행복하다는 생각이 들지 않았다. '남편도 있고 아들, 딸도 있는데 내가 왜 이러지?' 스스로에게 물어봐도 답을 알 수 없었다.

짐작하건대 내 마음속에 그동안의 응어리가 그대로 켜켜이 쌓였다가 나이를 먹으면서 하나둘 올라오기 시작한 것 같다. 자녀 양육, 남편 뒷바라지, 직장생활로 정신없이 살다가 문득 나를 돌아보니 주체할 수 없을 만큼 허전하고 우울했다. 그래서 내 안에 있는 불덩어리를 삭히기 위해 장르를 가리지 않고 많은 책을 읽었다. '책 속에는 답이 있겠지'라는 생각이 들었기 때문이다. 특히 영적인 부분에 관심이 많아 족히 몇 백 권의 종교 서적을 읽은 것 같다.

그러던 중 나의 가슴 밑바닥에 눌려 있던 상처들을 글쓰기를 통해 치유하고 싶은 생각이 스멀스멀 올라왔다. 그래서 좀 늦은 감이 있지만 글을 써 보기로 마음먹었다.

막상 책을 쓰려고 하니 마음만 앞서고 엄두가 나지 않았다. 쓰고 싶은 내용이 많아도 표현이 서툴렀다. 어디서부터 어떻게 갈피를 잡아서 써야 할지 막막했다. 그래서 이곳저곳을 수소문한 결과 한책협을 알게 되었다. 그리고 책 쓰기 코칭에 관한 한 우리나라 최고 1인자인 김태광 작가님을 알게 되었다.

나는 이곳에서라면 나의 이름으로 된 책을 낼 수 있으리라는 확신을 가졌다. 이왕이면 베스트셀러 작가가 되고 싶다. 그래서 나의 책을 통해 나와 동시대를 살아온 이 땅의 수많은 사람들의 상처를 보듬어 주고 위로해 주고 싶다. 그들에게 정말 잘 살았노라고 말해 주고 싶다.

직장생활로 바쁜 중에도 나름대로 열심히 살아왔다고 자부했다. 그런데 한책협의 김태광 대표 코치님을 만난 이후 나의 습관을 비롯해 모든 것이 달라졌다. 먼저 시간을 허투루 보내지 않게 되었다. 틈나는 대로 추천도서를 읽고 필사했다. 의식 확장을 위해 관련 도서를 열심히 읽다 보면 새벽 2~3시는 기본이다.

또한 베스트셀러인 김태광 작가님의 《100억 부자의 생각의 비밀》을 읽으며 지금까지 내가 알지 못한 다른 세계가 있다는 걸 알게 되었다. 비가 오나 눈이 오나 하루도 빠지지 않고 31년간의 직장생활 동안 최선을 다했다. 하지만 나는 여전히 가난한 자에 가까웠다. 책을 읽는 순간 연금에만 의지하며 불안한 노후를 보내려 했던 나의 의식이 다 깨지는 것 같았다. 좀 더 일찍 김태광 대표 코치님을 만나 책 쓰기를 시작했더라면 얼마나 좋았을까? 그러나 이제라도 만났으니 얼마나 다행인가?

나이가 많다고, 건강이 좋지 않다고, 이제 좀 쉴 때가 되었다는 핑계를 대며 나태하게 보낼 뻔했던 나다. 그런데 이제는 새로운 인생 2막을 꿈꾸며 하루하루 새롭게 도전하고 있다.

어쩌면 현재의 내 모습으로는 어림없다고 할지 모르겠다. 하지만 이제는 내면의 소리만 듣기로 결단했다. 날마다 의식 성장을 위해 다양한 책을 읽는다. 사람들의 마음을 울리는 베스트셀러 작가가 되기 위해 글쓰기를 꾸준히 한다. 1년에 2권 이상, 평생 100권의 책을 내는 것을 목표로 삼으려 한다. 또한 나처럼 자존감이 낮고, 내면에 상처가 많아 힘들게 살아가는 분들의 멘토가 되어 주고 싶다. 그분들의 더 나은 삶을 위해 의식을 확장시켜 주는 동기부여 코치 및 강사가 되고 싶다. 전에는 나의 한계에 갇혀 꿈도 꿔 보지 못했던 것들이 한책협의 최고의 코치를 만나 '모든 것이 가능하다'로 바뀌었다.

나는 상상해 본다. 내 책을 읽은 많은 사람들이 새로운 희망을 갖고 나를 찾아오는 모습을. 비법을 그들에게 전수해 주는 나의 모습을. 그들도 나처럼 자신을 변화시켜 성공하는 모습을. 내 강의를 듣고 100명, 200명, 500명, 1,000명의 청중들이 환호성을 지르며 기립박수를 치는 모습을.

남편을 늘 말한다. "볕이 하루 종일 잘 들어오는 정남향의 2층 단독주택 뒷마당에 사과나무, 감나무, 포도나무, 배나무를 비롯한 각종 유실수를 심고 앞쪽에는 잔디밭, 옆쪽에는 채소를 심을 텃밭을 가꾸고, 토굴을 파서 각종 효소를 담아 보관하고, 장작불을 지펴 뜨끈한 황토방의 구들장에 몸을 지지고 싶다."라고. 그런 남편에게 현재 살고 있는 용인수지 주변의 400평짜리 집을 선물하는 것이다. 그때 웃는 남편의 표정이 그려진다.

나는 계속해서 변화하고 성장할 것이다. 어디를 가도 나를 기다리는 청중들에게 환영받을 것이다. 더불어 경제적인 자유도 생겨 원하는 것들을 고민하지 않고 살 것이다. 가족 모두 함께 크루즈 세계여행을 1년에 두 번 이상 갈 것이다.

나의 영향력은 점점 커질 것이다. 베스트셀러 작가, 동기부여가, 감정 관리 코치로서 선한 영향력을 펼치며 멋지게 살아갈 나의 미래가 정말 기대된다.

김태광 대표 코치님의 저서 《기적수업》에 나오는 글이다.

"내 이름이 들어간 책을 써서 사진을 찍어 주는 사람이 아닌 누군가에게 사진을 찍히는 사람이 되라. 사인을 받는 사람이 아닌 사인을 해 주는 사람이 되라. 작가님이라는 호칭을 불러 주는 사람이 아닌 호칭에 대답하는 사람이 되라. 그러면 당신은 아주 특별한 사람으로 거듭나게 된다."

"언젠가 할 일이라면 지금 당장 하라. 지금 하지 않으면 언젠가는 오지 않을뿐더러 오더라도 몇 배의 시간과 에너지와 비용이 들게 된다. 우주는 지금 시점의 필요한 숙제를 던져 준다는 것을 기억하라."

온 가족 작가 되어
대형서점에서 함께 사인회 하기

지금 나는 인생에서 가장 행복한 시간을 보내고 있다. 왜냐하면 지금까지 마음속으로만 그리던 책 쓰기를 시작했기 때문이다. 물론 이전에도 행복했던 시간은 많았다. 큰아이가 태어나던 날의 그 신비함, 감동은 말로 표현할 수 없을 정도다. 둘째 아이 역시 두말하면 잔소리다. 엄마라 불리며 이제는 내가 아닌 누구누구의 엄마로 다시 태어난 것을 자랑스럽게 생각했다. 누군가는 아줌마란 호칭을 처음 들었을 때 아닌 척, 못들은 척했다고 한다. 그런데 난 그렇지 않았다. 아줌마란 호칭이 참 좋았다. 안정감 있고 나도 가족이란 내 편이 생겼다는 게 참 행복했다.

친정엄마는 생전에 가끔 내게 넋두리를 하셨다. 그러면서 "내 일생을 글로 써서 책을 만들면 10권은 족히 넘을 거다."라고 말씀하셨다. 그만큼 인생의 굴곡이 많아서 힘들었다는 말일 것이다. 만약 친정엄마의 삶을 글로 써서 책으로 냈다면 어땠을까? 아마도 자신의 인생을 한스러워하며 마감하시지는 않았을 것이다.

나는 늦둥이로 태어나서 주름진 엄마의 얼굴만 보고 자랐다. 젊었을 때의 엄마 모습은 당연히 못 보았다. 엄마는 나를 늘 안쓰럽게 생각하셨다. 가끔 내가 "엄마 왜 날 낳았어? 이렇게 키우느라 고생만 하잖아?"라고 투정할라치면 엄마는 "그래도 널 안 낳았으면 어쩔 뻔했냐? 낳길 잘했지!" 하시며 나를 위로해 주셨다. 난 그런 엄마가 무척 좋았다. 엄마는 내가 어떤 일을 해도 늘 믿어 주고 격려해 주셨다. 엄마는 항상 내 편이었다.

지금은 하늘나라에 먼저 가 계신 우리 엄마. 엄마가 나에게 주셨던 그 과분한 사랑. 엄마라는 이름만 불러도 벌써 눈물이 고인다. 돌아가신 지 많은 시간이 흘렀음에도 막내라서 그런지 나는 아직도 엄마에게 어리광을 부리고 싶다. 엄마가 너무 그립다. 언제가 될지는 모르지만 우리 엄마의 일생을 꼭 책으로 펴낼 것이다.

엄마가 그랬듯 나도 우리 아이들에게 자애로운 엄마가 되려고 노력했다. 자녀의 입장에 잘 공감해 주고 자녀의 말에 귀 기울여 주는 엄마가 되려고 노력했다. 하지만 쉽지 않은 일이었다. 자식농사가 쉬운 일이 아니라더니 그 말이 맞았다. 내 마음대로 안 되는 게 자식농사란 사실을 요즘 자주 확인하고 있다.

이제는 다 자란 성인이 되어서인지 아이들은 자기주장이 강할뿐더러 다 알아서 한다며 나의 말을 막아선다. 그런 모습이 한편으로는 대견하게 여겨진다. 그러면서도 어느새 내 품을 벗어났나 싶어 서운한 마음이 앞선다. 내가 저희들을 어떻게 키웠는데, 하며 생색을 내고 싶어진다.

요즘 책 쓰기를 하면서 '조금만 더 젊었을 때 책 쓰기를 시도했다면 얼마나 좋았을까?'라는 생각이 든다. 인생을 낭비하고 산 것 같아 아쉬운 마음이 많이 든다. 그러니 만큼 우리 아이들은 일찍 책 쓰기를 시작해서 작가가 되었으면 하는 바람이다.

취업이 어려운 요즘 청년들은 시간과 돈을 투자해 자격증을 따곤 한다. 그럼에도 불구하고 여전히 치열한 경쟁 속에 좋은 직장을 구하기는 하늘의 별 따기다. 설령 취업에 성공했다고 해도 직장을 그만둘 때를 미리 셈한다. 그러면서 학위라도 따 놓는 게 낫겠다는 생각에 대학원에 진학하기도 한다. 또는 자기계발에 많은 에너지를 쏟기도 한다.

《김 대리는 어떻게 1개월 만에 작가가 됐을까》란 책에 보면 "학위는 스펙이지만 저서는 스펙이다."란 말이 나온다. 자신의 이름을 새긴 한 권의 저서는 박사학위보다 더 가치가 있다고 강조하면서. 또한 이 책에서는 '성공을 꿈꾸는 당신이 저서를 써야 하는 4가지 이유'를 이렇게 제시하고 있다.

첫째, 책 쓰기는 나를 발전시키는 최고의 공부법이다.
둘째, 책 쓰기를 통해 생각과 지식을 구체적으로 체계화시킬 수 있다.
셋째, 책 쓰기는 사회의 공익에 도움이 된다.

넷째, 책 출간의 기쁨은 자신에게 자부심을 안겨줄 뿐 아니라 평생 잊히지 않는다.

저자는 책 쓰기로 인생의 주인이 되라고 말한다. 회사는 평생 몸담아야 할 곳이 아니다. 그러므로 책을 써서 퍼스널 브랜딩하고 1인 창업을 철저히 준비하라고 한다. 직장인들은 현대판 노예와 같다. 마당에 묶어 놓은 강아지처럼 회사에 묶여 소중한 인생을 허비하지 말라고 강력하게 권고한다.

그러고 보면 나는 독서를 좋아해서 틈틈이 다양한 책을 읽었다. 하지만 지금은 그 내용이 전혀 기억나지 않는다. 그럴뿐더러 읽기 전이나 읽은 후의 나의 인생은 별반 차이가 없다. 그 이유를 이 책에서는 '책 쓰기 없는 독서는 밑 빠진 독에 물 붓기'라는 말로 표현한다. 흥미 위주에다 건성으로 책을 읽기 때문이란다. 책 쓰기를 하면 필요한 콘텐츠 찾기 위주의 독서로 전환되는 만큼 독서의 수준이 달라진다고 하면서.

나는 30년 이상을 공무원으로서 성실하게 근무했다. 그리고 이제는 은퇴를 앞두고 있다. 나름대로 결근 한 번 안 하고 직장생활을 했다. 하지만 직장은 약간의 안정감을 제공했을 뿐 나를 부자로 만들어 주지는 못했다. 그러던 중 한책협을 알게 되었다. 나는 책 쓰기 과정에 주저하지 않고 등록했다.

우리 아들은 어려서부터 책 읽기를 무척 좋아했다. 글자도 모르는

3~4세 때부터 책을 거꾸로 잡은 줄도 모르고 차분하게 앉아서 그림 위주로 보곤 했다. 그러더니 어느새 독서광이 되어서 많은 책을 섭렵했다. 그때는 대부분의 부모들이 그렇듯 내 아이가 천재가 아닌가 했다. 뭐든지 스펀지처럼 흡수하는 아이를 보며 참 뿌듯했다.

이제 성인이 되어 사회생활에 첫발을 내딛은 아들이 자신의 분야에서 최고가 되기를 바란다. 그러려면 자신만의 노하우나 전문성을 담은 책을 써서 자신의 브랜드 가치를 높여야 할 것이다. 그러면 훨씬 더 인생을 풍요롭게 살게 될 것 같다. 전문가가 되기 위해서는 그 어떤 스펙보다 자신의 이름으로 된 책 한 권을 펴내는 것이 낫다는 말이 많이 공감된다.

딸은 인터넷쇼핑몰에 관심이 많다. 전공이 컴퓨터공학인 만큼 관련성이 있다. 또한 반려견에 관심이 많아 스스로 공부하더니 거의 전문가 수준(?)이다. 이렇게 자신의 관심 분야에서 축적한 지식을 책 쓰기를 통해 정리한다면 나중에 어떤 사업을 하더라도 매출 증대를 이루어 내지 않을까.

남편은 발명에 관심이 많다. 아이디어가 무궁무진하게 흘러나온다. 어릴 때부터 손재주가 좋고 기계에 관심이 많았다고 한다. 그렇게 많은 직업을 돌고 돌더니 결국은 기계를 개발, 제작하는 제조업체를 운영하고 있다. 집에서 살림하다 불편한 것이 있으면 그야말로 순식간에 뚝딱 만들어 낸다. 그래서 별명이 맥가이버다.

그런데 글쓰기도 잘해서 군대생활을 할 때는 선임병들의 연애편지 대필도 많이 했다고 한다. 이런 남편을 옆에서 지켜볼 때마다 참 재주가 많다 싶다. 그러면서 우리 남편도 파란만장했던 자신의 인생 경험담을 글로 써 보면 어떨까? 하는 생각을 하게 된다.

이렇듯 책 쓰기는 자신의 전문성을 살려 그 가치를 높일 수 있다. 뿐만 아니라 자신을 퍼스널 브랜딩해서 1인 창업할 수도 있다. 자신의 인생 경험을 글로 남겨 정리하고 되돌아보는 작업을 할 수 있으니 장점이 정말 무궁무진하다.

이 글을 쓰다 보니 생각나는 가족이 너무 많다. 일일이 다 열거하지는 못하지만 책 쓰기는 이제 대세다. 나는 처음에 '너무 늦은 나이가 아닌가?'라고 생각하기도 했다. 하지만 웨인 다이어의 《확신의 힘》이란 책을 읽으며 내 한계가 어디까지인지 시험하고 싶어졌다.

지금까지 나는 안 되는 이유만 찾았다. 다른 사람들과 비교해 타고난 재주가 없다고 늘 나 자신을 비하했다. 그런데 이제는 그 틀 속에서 벗어나고 싶다. 네빌 고다드의 저서들을 읽으며 내가 어떤 사람인지 조금씩 알아 가는 중이다. 매일 이런 책들을 읽으며 한 권의 책이 사람들에게 얼마나 큰 영향을 미치는지 그 위력을 순간순간 실감하고 있다.

나는 남편, 아들, 딸이 책 쓰기의 매력에 빠져 작가가 되는 그날을 상상한다. 그리고 온 가족이 베스트셀러 작가가 되어 대형서점에서 팬 사인회를 하고 강연하는 그런 날이 반드시 올 거라고 믿는다. 보이지는 않지만 알 수 있다. 왜냐하면 내가 간절히 원하니까.

경제적 자유를 누리는
파이프라인 구축하기

현재 나는 중학교 교사로 재직 중이다. 매일 출근해 학생들을 가르치고 매월 받는 급여로 살아간다. 사람들은 교직을 꽤 괜찮은 직업으로 본다. 나 또한 여자의 직업으로는 제일이라는 아버지의 말을 듣고 사범대학에 지원했다.

그런데 졸업 후 막상 교직에 발을 내딛고 보니 급여가 생각보다 적었다. 그 당시는 능력 있는 신랑 만나서 시집 잘 가는 것이 최고의 재테크라고 여기는 분위기였다. 나도 남편 잘 만나 호강해야지 하는 기대로 큰 불만 없이 생활했다. 동기 중 한 명은 졸업하자마자 부잣집으로 시집갔다. 대다수 친구들이 무척 부러워했던 기억이 난다.

국가 공무원은 퇴직 후 연금을 받을 수 있다는 것이 그나마 매력이다. 그러나 그동안 자식 키우고 살림하느라 모아 놓은 돈이 별로 없다면 노후를 편안하게 보내기에는 빠듯하다.

당시는 지금처럼 인터넷이 발달한 시대도 아니어서 정보를 얻을 수 있는 통로가 별로 없었다. 그렇기 때문에 나는 문맹, 컴맹과 같이 재테크 맹이나 마찬가지였다.

나는 최고의 재테크인 능력 있는 남편을 만났다고 생각했다. 그런데 남편은 경험도 없이 여러 가지 사업을 벌였다. 아내가 교사인 만큼 생계 걱정은 안 해도 된다고 생각했던 것 같다. 남편이 무리하게 사채를 끌어다 쓴 것이 화근이 되었다. 우리는 분양받은 아파트를 팔아 사채의 일부를 갚고 도시로 이사를 나왔다. 손바닥만 한 소도시에서는 누구네 집 숟가락 개수까지 다 세고 있다고 할 정도로 소문이 빨랐다. 때문에 창피해서 더는 그곳에서 살고 싶지 않았다.

도시에 나오니 오로지 학교와 집밖에 모르던 어리숙한 나에게 지금까지 겪어 보지 못한 혹독한 시련이 기다리고 있었다. 그야말로 마음고생이 이만저만이 아니었다. 자식들은 커 가는데 내 능력으로는 감당이 안 되는 은행 빚을 어떻게 갚아야 하나? 그런 걱정에 잠 못 이루는 밤이 많았다. 세상물정 몰랐던 대가를 20년 가까이 혹독하게 치렀다. 그 긴 기간 동안 경제적 자유가 없으면 어떻게 되는지 뼈저리게 경험했다.

남편은 그 뒤로도 몇 번의 실패를 거듭하며 갖은 고생을 했다. 그렇게 비싼 수업료를 치르고 쉰 살이 넘어서야 현재의 사업으로 재기에 성공했다. 지금은 경제적으로 어느 정도는 안정되었지만 완벽한 수입 파이프라인은 아니다.

나는 한 살이라도 더 먹기 전에 경제적인 부분에서 어느 정도 더 많은 파이프라인을 구축하고 싶었다. 그래서 퇴직하면 본격적으로 경매 관련 공부를 해서 새로운 수입을 창출해야겠다고 생각했다. 그러면서 관련 정보를 여기저기서 찾았다. 그러던 중에 우연히 한책협을 알게 되었다. 나는 책을 쓰겠다는 생각을 늘 갖고 있었다. 때문에 센터에서 실시하는 1일 특강, 미라클사이언스 특강에 연속으로 참석했다. 김태광 대표 코치님의 강의를 들으며 어쩌면 새로운 수입 파이프라인이 생길 수도 있겠다는 희망이 물밀듯 밀려왔다.

나는 한책협의 책 쓰기 과정을 바로 신청했다. 내 이름으로 된 책을 출간해서 내 브랜드 가치를 높이면 얼마든지 새로운 수입을 창출할 수 있겠다는 생각이 뇌리를 스쳤다.

김도사란 닉네임으로 활동하시는 김태광 대표 코치님이 바로 산증인이었다. 김도사님은 오로지 작가라는 꿈을 이루기 위해 어려운 난관들을 하나하나 돌파하며 현재에 이르렀다. 지금은 성공자의 대열에 당당히 서 계신다. 경제적인 자유와 시간적인 자유를 누리며 수십 개의 수입 파이프라인을 구축하신 김도사님을 눈앞에서 직접 보니 마치 연예인을 보는 것처럼 신기했다.

김도사님은 "여러분도 저처럼 얼마든지 부자가 될 수 있습니다. 책을 쓰세요!"라고 말씀하셨다. 이미 김도사님의 저서를 여러 권 읽고 참석했기 때문에 김도사님에 대해 어느 정도는 알고 있었다. 대단한 멘토를 만났다는 생각에 가슴이 뛰었다.

책 쓰기 과정에서 김도사님의 강의를 통해 의식이 확장되어 가는 경험을 했다. 그리고 추천도서를 읽으며 조금씩 의식이 긍정적으로 변하기 시작했다. 어쩌면 나도 할 수 있겠다는 생각이 들었다. 그동안은 꿈이라는 단어 자체를 잊고 살았다. 결혼하고 경제적으로 고통을 당하면서 주눅이 들다 보나 꿈이라는 단어를 아예 입 밖으로 꺼내 본 적이 없었다. 그러다 새로운 희망이 생기니까 경제적인 자유를 이루겠다는 꿈이 생겼다. 그래서 그때부터 새로운 수입 파이프라인에 대해 알아보기 시작했다.

안명숙 작가의 《나는 독서 재테크로 매년 3천만 원 번다》라는 책에서는 책 쓰기를 했을 때 수입 파이프라인이 어떻게 연결되는지 설명하고 있다.

"작가가 되면 당신의 가치가 상승해 강연료, 코칭료, 컨설팅료라는 수입이 창출된다. 강의 분야는 자신의 전공이나 전문 분야가 될 수 있다. 전공이나 직업을 살려서 당신의 브랜드를 만들고, 당신의 경험을 필요로 하는 사람들에게 강의해 주면 된다. 또한 전문적인 내용을 필요로 하는 컨설팅이 일반화되고 있다. 비용이 고가인 경우가 많다. 우리나라에서는 기업이나 회사 단위의 컨설팅이 활발하게 진행되고 있다. 아직 개인 컨설팅이 대중화되지는 않았지만 점차 확대되어 가고 있다. 그런 만큼 자신의 경험과 지식을 바탕으로 1인 지식 브랜드를 만들어 놓는 것이 중요하다. 그러면 당신의 분야에 대한 강연 요청이 많아지고, 코칭이나 컨설팅

신청도 대폭 늘어날 것이다. 그 비용을 당신이 정하고 받으면 된다."

한책협에서 알려 주는 1인 창업가가 바로 이것이다. 4차 산업에 꼭 맞는 새로운 파이프라인이다.

이 외에도 책을 써서 얻을 수 있는 인세가 있다. 작가는 사후 70년까지 인세를 받을 수 있다. 베스트셀러, 스테디셀러를 만들어 놓으면 노동을 하지 않아도 인세가 들어온다. 뿐만 아니라 그것을 자녀들에게도 상속해 줄 수 있는 것이다. 책을 계속해서 써 나간다면 인세 수입 파이프라인을 구축하는 작가가 되는 것이다.

또한 1인 유튜브 크리에이터로서 얻는 수입이 있다. 평범한 사람이라도 유튜브 크리에이터가 되어 구독자가 많아지면 광고 수입을 올리게 된다. 일하지 않아도 수입이 들어오는 파이프라인을 구축하는 또 다른 방법이다.

한책협에는 책을 써서 자신의 브랜드 가치를 높이는 과정과 이런 1인 창업을 도와주는 교육과정이 많이 개설되어 있다. 나는 미리미리 이 과정을 신청해 1인 창업을 준비할 것이다. 그런데 여기에는 의식 변화가 필수조건이다. 의식이 변하지 않으면 자신의 한계를 벗어날 수 없기 때문에 절대 성공할 수 없다. 도사님의 강의와 의식 관련 독서를 통해 지금보다 10,000% 의식 확장을 이뤄 낼 것이다.

나는 요즘 잠자기 전이나 아침에 잠자리에서 눈을 막 떴을 때 작가가 되어 있는 내 모습을 상상하곤 한다. 많은 사람들 앞에서 북 콘서트를 하고 대형서점에서 팬 사인회를 하는 모습을 상상한다. 그러노라면 내가 실제 그 자리에 있는 것 같은 착각을 하게 된다. 베스트셀러 작가가 되어서 수억 원의 인세를 받고, 내가 원하던 단독주택을 구입했을 때의 그 행복감을 미리 느껴 본다. 동기부여 강사가 되어 사람들의 박수갈채 속에 인사하는 내 모습도 그려 본다. 유튜브 크리에이터가 되어 구독자가 100만 명이 넘으면 들어오는 광고 수입만도 어마어마하리라. 참 행복한 상상이다.

예전에는 복권에 당첨되면 그 돈으로 뭘 할까? 상상하다 잠들곤 했다. 상상만 하다 끝났지만. 그러나 이제는 그저 그런 꿈이 아니다. 나의 노력 여하에 따라 얼마든지 현실에서 일어날 수 있는 일이다.

버킷리스트를 작성해 보았다. 처음에는 몇 개밖에 생각나지 않았다. 그러나 날마다 생각하며 추가하다 보니 50개 정도를 적게 되었다. 글로 적기 전에는 막연했었다. 그런데 글로 적어서 직접 눈앞에 놓고 보니 꿈들이 살아 움직이는 것 같았다. 그리고 다 이룰 수 있겠다는 확신이 들었다.

"조건이 갖춰져서 꿈을 이루는 것이 아니라 꿈이 있어서 조건을 갖춰 나가는 것이다."란 말이 있다. 지금 나는 오래전 희미하게 상상만 했던 책 쓰기를 시작했다. 지금까지 마음속에만 간직하고 있던 꿈이다. 요즘 그 책 쓰기를 시작하면서 하루하루가 가슴 뛰고 설렌다.

나는 한책협의 김태광 대표 코치님처럼 사람들이 꿈을 이룰 수 있도록 도움과 희망을 주고 싶다. 꿈을 터치해 주고 사람들에게 희망을 주는 멋진 동기부여 강사 및 코치가 되고 싶다.

인간의 능력은 무궁무진하다. 다만 스스로를 제한하며 지레 겁먹고 한계를 벗어나지 못할 뿐이다. 코끼리를 어릴 때부터 말뚝에 묶어서 키우면 다 자라서 풀어놓아도 말뚝을 벗어나지 않는다고 한다. 바로 나의 모습이기도 하다. 그러나 이제 네빌 고다드의 이 한마디면 충분하다.

"이미 소원이 이루어진 느낌을 받아들여 미래의 꿈을 현재의 사실로 만들라."

의식 확장 10,000% 이루어
선한 영향력 끼치기

한 꼬마아이가 있었다. 그 아이는 늦둥이라서 부모님의 사랑을 많이 받고 자랐지만 늘 혼자였다. 부모님은 매일 20리 먼 곳에 있는 논과 밭에 새벽같이 나갔다가 컴컴한 저녁이 되어야 돌아오셨다. 요즘으로 말하면 맞벌이 부부였다.

나는 언니, 오빠와 같이 살았던 기억이 별로 없다. 큰언니, 작은언니는 빨리 결혼해 출가했고 그 아래 언니, 오빠는 공부도 다 못 마치고 돈을 벌기 위해 일찍 도시로 떠났다. 그렇게 혼자 있다 보니 뭐든지 스스로 알아서 해야 했다. 밥도 알아서 챙겨 먹어야 했다. 말리느라 마당에 널어놓은 고추도 고사리손으로 잘 관리해야 했다. 친구들과 놀다가도 소나기라도 내릴라치면 얼른 뛰어와 비닐 천막으로 고추를 덮다가 물벼락을 맞기도 여러 번이었다.

아버지는 저녁 늦게야 큰 짐을 싣는 자전거에 엄마를 태우고 힘들게 페달을 밟으며 오셨다. 나는 그런 부모님을 조금이라도 빨리 보고 싶어서 동네 입구에 있는 경찰서 앞에 앉아서 기다렸다. 어떤 날은 밤이 늦도록 오시지 않기도 했다. 그런 날은 너무나 무서웠다. 농사는 물이 충분해야 잘되는데 오랫동안 비가 오지 않아서 논에 물을 대느라 늦게 오신 것이다.

그 당시에는 대부분 부엌살림이라고 해 봐야 몇 가지 안 되었다. 냉장고가 있는 집도 거의 없었다. 엄마는 점심때 내가 먹을 밥을 소쿠리에 담아 천장에 매달아 두었다. 반찬이라고 해봐야 시어진 김치, 된장, 텃밭에 심어 놓은 고추 정도가 다였다. 멸치조림을 기대하는 것은 사치였다.

손바닥이 다 갈라지고 손톱이 닳아 없어질 때까지 열심히 사신 우리부모님! 아버지는 너무도 어린 나이에 어머니(나의 할머니)를 여의셔서 큰어머니 밑에서 자라셨다고 한다. 부모의 사랑을 못 받고 자라서인지 내면에 분노가 많았던 것 같다. 술을 안 드시면 샌님 같은 아버지가 술만 드시면 주사를 심하게 부리셨다. 어머니에게 폭언을 하고 가재도구를 내던지며 부부싸움을 하셨다. 그러다 주무셔야 조용해졌다.

나는 여섯, 일곱 살 무렵에 이런 일들을 수도 없이 목격했다. 그럴 때면 간이 콩알만 해져서 문 뒤로 숨곤 했다. 여섯 살 여자아이가 감당하기에는 너무나 힘겨운 일이었다. 어린 마음에도 태권도를 배워서 아버지를 꽉 잡아 놓고 싶었다. 아버지가 너무나 미웠다.

나는 감성이 풍부하고 예민했다. 눈치도 빨라서 남의 비위도 잘 맞췄다. 아마 내가 잘해야만 미움 받지 않고 칭찬받으리라 계산했던 것 같다.

가장 예민한 시기인 여섯, 일곱 살 때 보호받지 못하고 존재감 없이 자란 나는 내 마음을 잘 표현하지 못했다. 사춘기 무렵엔 설상가상으로 둘째 오빠가 군대에서 사고로 사망한 사건도 있었다. 그 사건을 겪은 후 나의 자존감은 바닥까지 내려갔다. 이런 나의 내면을 모르시는 부모님은 공부도 곧잘 하고 어른스러운 나를 자랑스러워하셨다. 나에게는 부모님이 연로하신 만큼 내가 부모님을 보호해야 한다는 생각이 강했다. 아무리 힘들어도 꾹 참고 하늘나라에 먼저 간 오빠와의 약속을 지키기 위해 나는 열심히 공부했다.

내가 지금까지 인내하며 이렇게나마 잘 성장할 수 있었던 데는 우리 엄마의 역할이 99% 작용했다. 엄마는 내 말에 늘 귀 기울여 주셨다. 그리고 따뜻하게 날 품어 주셨다. 항상 내 편에서 이해하려 애쓰셨다. 어려운 살림에 학교에 다니느라 고생한다며 안쓰러워하셨다. 자애로운 엄마의 그 사랑 때문에 나는 절대로 나쁜 길로 빠질 수 없었다.

이와는 별개로 난 내 마음을 겉으로 잘 드러내지 않았다. 오히려 더 꽁꽁 닫아걸고 강한 척했다. 친구들이 가까이 다가오면 한 발 뒤로 물러났다. 깊게 사귀질 못했다. 내면이 약한 걸 들킬까 봐 늘 조마조마했다. 자존심이 강하다 보니 겉으로는 전혀 문제가 없어 보였다. 그러나 시간이 흐를수록 열등감이 심해졌다. 매사 자신을 탓했다.

그러다 보니 마음이 너무나 힘들었다. 이러다가는 죽을 것만 같았다. 이런 나의 성격을 바꾸기 위해 대학교 때는 야학 봉사 서클에 가입해 열심히 활동했다. 임원도 맡는 등 바쁘게 살았다. 그러나 아무리 열심히 생활해도 내면 깊은 곳에 있는 어린아이는 계속 울고 있었다. 결혼 이후에도 남편이 조금만 서운하게 하면 울기 바빴다. 나도 내 마음을 이해하기 힘들었다. 그냥 모든 게 허무하고 힘들게만 느껴졌다. 그 어느 누구도 나에게 답을 가르쳐 주지 않았다. 남편은 유복한 집안에서 자라서인지 나를 잘 이해하지 못하는 것 같았다.

그래서 어릴 때 다녔던 교회에 다시 나갔다. 이전까지는 잘 몰랐던 하나님이란 존재를 처음으로 알게 되었다. 나는 누구인지? 왜 나는 이렇게 살고 있는지? 근원적인 질문을 끝도 없이 하나님께 해댔다. 그러다 보니 조금씩 이해가 되는 느낌이었다. 창조될 때의 나는 귀한 하나님의 자녀다. 지금까지의 나는 진짜 내가 아니라고. 그때 깨달았다. 현재의 내 모습은 나의 진짜 모습이 아니라는 걸. 그런 만큼 창조 때의 모습으로 다시 회복되어야 한다는 걸.

마음속의 감정 찌꺼기가 어느 정도 걷히고 나니 숨이 쉬어졌다. 하나님은 분명 나에게 소명을 주셨다. 나처럼 자존감이 낮고 마음이 아픈 사람은 실제로 겪어 보지 않는다면 이해할 수 없다. 그래서 나를 강하게 훈련시키신 것이라 받아들이게 되었다. 그러자 기쁨이 몰려왔다.

최근에 와서 고민이 생겼다. 하나님은 믿는데 교회에 대해서는 이해할 수 없는 부분이 있었다. 그래서 잠시 교회를 쉬기로 했다. 하지만 하나님께는 계속 기도했다. 당신은 진정 존재하시는지. 그렇다면 현재의 교회들이 왜 이렇게 타락의 길을 걷고 있는지. 고민이 깊어갈수록 내 마음은 더 교회와 멀어졌다.

그 무렵 유튜브를 보기 시작했다. 성경에 대해 좀 더 깊이 알고 싶어 관련 영상을 모조리 찾아보았다. 기독교에서는 금기시하는 내용의 영상들도 넘쳐 났다. 그러던 어느 날 〈김도사 tv〉와 〈네빌 고다드tv〉를 우연히 보게 되었다. 그 영상을 보면서 나는 '뭐야? 이상한 사람이잖아?'라고 생각했다. 그런데 나도 모르게 자꾸 끌렸다. 두 유튜브에는 많은 영상이 올라와 있었다. 나는 거의 모든 영상을 닥치는 대로 보았다.

지금까지 한 번도 들어 보지 못했던 우주의 법칙에 대해서 들을 때는 온몸에 소름이 돋았다. 내 머릿속이 와장창 부서지는 충격을 받았다. 이런 세계가 있다니. 도저히 믿기지 않았다. 궁금해서 더 이상 참을 수가 없었다.

나는 바로 한책협 카페에 가입했다. 한 달 후에는 미라클 사이언스 특강에 참석했다. 강의하시는 김도사님의 눈빛은 살아 있었다. 마치 우주에서 오신 분처럼 느껴졌다. 자신감 넘치는 말투며 우주의 원리에 통달하신 듯한 모습이 그랬다. 김도사님은 하나님에 대해 그동안 내가 가지고 있던 생각을 완전히 갈아엎어 버렸다. 김도사님에게서 눈을 뗄 수가 없었다. 가슴의 떨림이 진정되지 않았다. 꼭 뭔가에 홀린 듯 정신이 없었다.

다음 날에는 책 쓰기 1일 특강에 참석했다. 난 궁금한 것은 참지 못한다. 좋게 말하면 호기심이 많다고 해야 하나? 발품을 팔아서라도 확인해야 직성이 풀리는 성격이다. 특강을 들으며 책 쓰기를 하지 않을 이유를 찾았으나 해야 할 이유만 있었다. 나는 바로 그 자리에서 책 쓰기 과정에 등록했다. 그러곤 김도사님이 추천해 주신 우주의 법칙 관련 도서를 시간이 될 때마다 읽었다. 한 글자 한 글자 의미를 생각하며 읽었다. '왜 나는 여태까지 이런 정보를 모르고 있었을까?'

그러나 다 때가 있는 것 같다. 내가 그토록 찾았기 때문에 끌어당김의 법칙에 의해서 끌어온 것이다. 만약 내가 아무 생각 없이 살았다면 보여 주었어도 그 가치를 모르고 지나쳤을 수 있다.

난 TV 보는 것을 좋아하는 편이다. 특히 가요 프로그램을 즐겨 본다. 그런데 책 쓰기를 하면서부터는 거의 안 보고 있다. 왜냐하면 더 재미있는 것을 만났기 때문이다. 이 글을 쓰고 있는 지금도 몸이 많이 아프다. 체력이 약한 데다 잠이 부족하니 견디지 못하는 것이다. 누가 시킨 것도 아닌데 죽을 각오로 임한다. 그런 나를 보고 아직 내가 책을 쓴다는 사실을 모르는 가족들은 무슨 연수가 이렇게 빡세냐면서 이상해한다.

내가 지금같이 열정적으로 뭔가에 몰입해 본 적이 있었던가? 학생들을 가르치기 위해 교재를 연구할 때를 제외하고는.

나는 현재보다 의식을 10,000% 이상 확장하기로 결단했다. 100%, 1,000%만으로는 부족하다. 지금까지 잠자고 있던 나의 내면의식을 깨우는 데는. 의식만 제대로 서 있다면 어린 시절 상처 따윈 아무 문제가 되지 않는다. 오히려 자존감이 몇 백% 충만해질 것이다. 김도사님은 성경에 대해서도 명쾌하게 해석해 주셨다. 매번 들으면서도 들을 때마다 전율이 일어났다.

김도사님께서 권해 주신 도서로는 웨인 다이어의 《확신의 힘》, 남경홍의 《허공의 놀라운 비밀》, 에스더 & 제리 힉스의 《유인력 끌어당김의 법칙》, 김도사의 《100억 부자의 생각의 비밀》, 네빌 고다드의 《상상의 힘》, 《믿음으로 걸어라》, 《5일간의 강의》 등이 있다. 이 외에도 셀 수 없이 많은 명저들이 있다. 난 이 책들을 평생 동안 각각 100번 이상씩 읽기로 했다. 10,000%의 의식 성장을 이루려면 웬만큼 읽어서는 이해도 안 될 뿐더러 내면의 자아를 깨울 수 없다.

나는 끊임없는 독서를 통해 나의 의식을 성장시킬 것이다. 그리고 잠재능력을 더 확장시켜서 김태광 대표 코치님처럼 주변 사람들에게 선한 영향력을 끼치는 그런 사람이 되고 싶다.

네빌 고다드의 글로 이 글을 마무리하고자 한다.

"겉모습이나 조건, 즉 여러분의 소원이 이루어지지 않았다고 부정하는 감각의 증거들을 전부 무시하라. 되고 싶은 모습이 이미 되었다는 가정에 머물러라. 그렇게 되었다고 단단히 가정할 때 여러분은 내면의 무한한 존재와 통합되어 하나의 창조적 공동체가 되고, 그 무한한 존재(신)와 함께라면 모든 일이 가능하다. 신은 실패하지 않는다."

도전을 즐기며
몸과 마음이 늙지 않는 삶 살기

"나이는 먹어도 늙지는 말자."

10년 전쯤의 모 가전사 냉장고 광고 문구다. 당시 나는 이 광고가 안 티에이징이라는 소비자 욕구를 잘 파악한 광고라고 생각했다. 솔직히 늙 고 싶은 사람이 어디에 있을까? 하지만 말로 인해 늙어 가는 사람이 있 다. "이 나이에 내가 그걸 어떻게 한다는 말이야?", "내가 40대만 같았어 도 이 정도는 식은 죽 먹기지.", "마음은 안 그런데 몸이 안 따라 주네." 혹 시 이런 말들을 평소에 하고 있지는 않은가? 이런 말들이 자신감을 떨어 뜨리고 본인을 나이보다 더 늙게 만든다는 사실을 우리는 알아야 한다.

나도 이전에는 이런 말들을 입에 달고 살았다. 직장에서 나 정도면 완 전 왕언니 소리를 들을 만큼 나이가 많은 축에 속한다. 30~40대의 젊은 동료들과 생활하다 보면 그들의 일하는 속도를 따라갈 수가 없다. 그래서 내가 더 무능력한 사람으로 느껴진다. 때문에 나를 위로한답시고 이런 말들을 자주 했던 것 같다. 말의 힘이 얼마나 대단한지 알려 주는 대목이다.

우연히 서점에서 아트메신저 이소영 님의《모지스 할머니, 평범한 삶의 행복을 그리다》란 책을 보았다. 평소 그림에 관심이 있던 나는 그 책을 구입해 단숨에 읽었다. 책에서는 모지스 할머니에 대해 이렇게 소개했다.

"'미국의 국민화가'로 불리는 그녀의 실제 이름은 애나 메리 로버트 모지스다. 75세라는 늦은 나이에 처음 그림을 그리기 시작해 세상을 떠난 101세까지 모두 1,600여 점의 작품을 남겼다. 그중 250점이 100세 이후에 그린 그림일 정도로 삶의 마지막까지 열정으로 가득했던 화가다.

미국 뉴욕주 그리니치의 가난한 농장에서 태어난 모지스는 10남매 중 셋째 딸이었다. 그녀가 살던 1870년대의 대부분의 딸들이 그랬던 것처럼 그녀 역시 12세 때부터 다른 부유한 집의 가정부로 일해야 했다. 그 집 자녀들과 함께 학교를 다니기도 했지만, 14세 이후로는 학교 교육을 받지 못했다. 27세, 농장에서 같이 일하던 토머스와 결혼하기 전까지 그녀는 가정부 일을 계속했다. 결혼한 모지스는 남편과 함께 농장을 임대해 삶의 터전을 일구어 나갔다. 그녀는 낮에는 남편을 도와 일을 했고, 저녁에는 자수를 놓았다. 그녀에게 수놓는 일은 농장 일만큼 많은 시간을 할애하는 취미였다. 안타깝게도 열 명의 아이들 가운데 다섯을 먼저 하늘로 떠나보내야 했던 그녀에게 자수는 또 다른 친구였다. 하지만 시간이 지나 그 친구와도 헤어져야 할 때가 왔다. 70대에 관절염이 심해져 바늘에 실을 꿰기가 어려워진 것이다. 그럼에도 불구하고 그녀는 좌절해 있지만은 않았다. 곧 다른 취미를 찾았다. 바로 그림이었다.

그녀는 서툴지만 진심을 담아 그림을 그려 나갔다. 자신이 살았던 농장의 모습, 마을 사람들의 일상, 마을 풍경을 화폭 곳곳에 채웠다. (중략)

그렇게 그린 작은 그림들을 마을 벼룩시장에 엽서로 내놓거나, 마을의 상점에 걸어 놓았다. 그것을 사고 싶어 하는 사람이 있으면 2, 3달러 정도에 팔았다.

어느 날 뉴욕에서 미술품을 거래하는 수집가인 루이스 칼더가 우연히 작은 시골 마을의 약국에서 그녀의 그림을 보고 감동받아 그 작품들을 구입했다. 그리고 얼마 후 큐레이터인 오토 칼리어가 그녀의 그림을 뉴욕의 전시장에 내놓는다. 결과는 누구도 상상하지 못할 만큼 놀라웠다. 수많은 뉴욕 사람들이 그녀의 그림에 환호했고, 더 많은 작품을 보고 싶어 했다. 당시 유행했던 현대미술들이 뿜어내는 충격적인 새로움은 없었지만, 오히려 그 점이 그녀 그림만의 차별성이 되었다.

그녀의 그림은 크리스마스실이나 우표, 카드에 사용되어 보다 많은 사람들의 마음에 닿았다. (중략) 그녀의 100번째 생일을 당시 뉴욕 주지사였던 넬슨 록펠러가 '모지스 할머니의 날'로 선포할 만큼 그녀의 인기는 대단했다. 이 '국민 할머니'에 대한 미국인들의 애정은 여전해서, 2006년에는 그녀의 작품 〈슈거링 오프〉가 120만 달러(한화 약 14억 원)에 팔리기도 했다."

모지스 할머니는 이렇게 말했다.

"사람들은 늘 내게 늦었다고 말했어요. 하지만 사실 지금이야말로 가장 고마워해야 할 시간이에요. 진정으로 무언가를 추구하는 사람에겐 바로 지금이 인생에서 가장 젊은 때입니다. 무언가를 시작하기에 딱 좋은 때이죠."

나는 이 책을 읽고 머리를 한 방 얻어맞은 기분이었다.

내 어릴 적 꿈은 화가였다. 내가 살던 동네에 화가 한 분이 사셨는데 그분은 늘 자신의 아틀리에에서 그림을 그렸다. 그러다가 가끔 중·고등학교 학생들에게 그림 지도를 해 주기도 했다. 그리고 그 지역의 미술대회 심사위원으로도 활동했다.

마당에 감나무가 세 그루나 있던 그의 집을 우리는 감나무집이라 불렀다. 그분은 빌린 그 집의 한쪽 귀퉁이에서 토끼를 50여 마리나 길렀다. 딸도 한 명 있었던 걸로 기억된다. 나는 그분의 아틀리에에 가는 걸 좋아해서 하루도 빼먹지 않고 들렀다. 그분은 큰 그림도 많이 그렸다. 한쪽 벽체만 한 그림을 그릴 때는 사다리에 올라서서 작업했다. 나는 안으로 들어가지는 못하고 문밖에서 고개만 빼꼼 디밀고 이 신기한 모습을 지켜보았다. 그리고 곧장 집으로 달려가서 금세 보았던 그림을 스케치북에다 흉내 내곤 했다.

이런 나의 행동을 지켜보던 엄마는 그분 가족들에게 우리 집의 남는 방 하나를 내주었다. 대신 나에게 그림을 가르쳐 주도록 했다. 그런데 어느 날 무슨 일이 있었는지 그 화가는 가족들을 데리고 갑자기 서울로 떠나 버렸다. 기르던 토끼가 병에 걸려 다 죽었다고도 했다.

난 한껏 기대에 부풀었다가 그림 배우는 일이 무산되자 실망이 매우 컸다. 그날 이후로 어쩔 수 없이 화가가 되고 싶었던 꿈을 접어야만 했다. 아쉬움과 미련을 뒤로한 채 꿈을 가슴에 담아 두었고 지금까지 잊고 있었다. 그때 그분이 안 떠나셨다면 나는 지금쯤 어떤 사람이 되어있을까?

나는 손가락에 퇴행성관절염이 와서 잘 구부러지지 않아 불편하다. 체력이 약해 피곤함도 빨리 느낀다. 그래서 그림을 시작하는 건 무리라고 생각했다. 그런데 모지스 할머니의 이야기를 담은 책을 읽고 그때 이루지 못한 화가의 꿈이 다시 살아났다.

그래서 은퇴하면 꼭 다시 배우고 싶은 게 그림이다. 가족들에게 입버릇처럼 난 꼭 그림을 배울 거라고 말한다. 나는 75세란 늦은 나이에도 자신의 인생에서 가장 젊을 때라고, 무언가를 시작하기에 딱 좋은 때라고 말씀하셨던 모지스 할머니의 그 열정을 닮고 싶다. 이제 내가 도전할 차례다. 그래서 나는 내 버킷리스트 목록에 '그림 배워서 화가 되기'를 추가했다.

내가 아는 지인은 60세가 넘었음에도 혼자서 한 달 동안 산티아고를 순례하고 왔다. 나는 국내 여행도 큰마음 먹어야 갈 정도로 혼자서 하는 여행에 두려움이 많다. 그런데 그분은 유창하지도 않은 영어로, 더군다나 적은 나이도 아닌 연약한 여자의 몸으로 어떻게 그런 용기를 낼 수 있었을까. 정말 대단하다는 생각이 들었다.

스페인 산티아고를 다녀온 사람들이 하나같이 그곳을 강추한다. 그걸 보면 분명 뭔가가 있음에 틀림없다. 그래서 나도 꼭 가 보고 싶어졌다. 나는 '산티아고 순례하기'도 내 버킷리스트 목록에 포함시켰다.

이왕이면 영어도 어느 정도 배워야 하지 않을까? 대화할 정도는 되어야 하지 않을까? 그렇다면 간단한 회화 정도는 마스터해야지. 이것도 도전해 보자. 내 버킷리스트 목록에 '영어 회화 공부'도 추가!

나는 이제 곧 은퇴한다. 인생 2막이 시작되는 것이다. 이제는 좀 조용한 곳을 여행하며 쉬고 싶은 마음도 있다. 그러나 자녀들도 다 성장하고 시간의 여유가 생긴 지금이 이루지 못한 꿈을 실현할 수 있는 절호의 찬스가 아닐까. 생각의 전환이 필요한 시점이다.

얼마 전까지만 해도 나는 다른 사람들과 별반 다르지 않았다. 그러나 책 쓰기를 시작하면서 새로운 꿈이 마구마구 생겨났다. 흔히 "나이는 숫자에 불과하다."라고 말한다. 이제는 좀 쉬어야겠다고 생각한 순간 우리는 몸도 마음도 늙어 간다.

단, 내 꿈을 이루기 위해서는 체력관리가 필수다. 매일 장운동 500번, 단전치기 1,000번, 일주일에 3회 정도 1시간 이상 운동하기로 결단했다. 나의 앞날이 기대된다. 내 버킷리스트 목록은 계속해서 추가될 것이다. 이 목록들이 이미 이루어졌음을 선포한다! 그리고 오늘도 떠오르는 해를 미소 지으며 맞이한다.

PART 13

더 많은 사람들에게 평화와 기쁨을 주는 상담사 되기

-임찬숙-

임찬숙

50대 재도전 마스터, 북클럽, 복지센터 운영

50대 재도전 마스터로 일을 하면서 북클럽을 운영하고 있다. 또한 어르신들의 마지막 남은 여정을 함께하며 웃음을 드리는 복지센터를 운영 중이다. 자신으로 인해 사람들이 행복한 길을 걸을 때마다 뿌듯함을 느끼며 앞으로도 행복을 나누며 살아가고자 한다.

4시간 일하고
매월 10억 벌기

나는 전업주부로 일해 본 경험이 없다. 그런데 남편이 부주의로 갑작스럽게 실직하게 되었다. 앞이 막막해진 나는 이런저런 일을 알아보러 다녔다. 하지만 월 200만을 벌기 위해서는 내가 그 직장의 노예로 살아야 했다. 그러려면 지금까지의 자유는 누릴 수 없다는 것을 알았다.

처음으로 '돈 벌기가 쉬운 일이 아니구나'라고 느꼈다. 남편 그늘에서 지금껏 잘 살았으니 이제부터는 용기 잃은 남편 대신 내가 생계를 책임져야겠다고 생각했다.

막연하게 끌어당김과 시크릿의 법칙을 접했지만 남의 일로만 치부되고 쉽게 받아들이지 않았다. 정말 그렇게 될 수 있을까, 안 되겠지 하며 망설이고만 있을 때 밥 프록터의 《위대한 발견》이라는 책을 보게 되었다.

그 책에는 어려운 상황에서는 마음이 더욱더 강해져야 한다고 되어 있었다. "역경은 오래 지속되지 않는다. 다만 그렇게 느낄 뿐이다."라며. 또한 당신이 이 책을 읽어 나갈수록 당신은 자신의 내면에서 잠자고 있는 재능과 능력이 서서히 발휘되는 것을 느끼게 될 것이다. 적절한 가르침에 따라 당신 내부에서 잠자고 있는 재능을 일깨우고, 그 재능을 자신이 원하는 방향으로 이용할 수가 있다. 반드시 많은 지식을 쌓거나 많은 책을 읽는다고 해서 당신의 꿈이 이루어지는 것이 아니다. 변화는 이 책의 내용을 이해하고 실생활에 적용함으로써만 이루어진다는 메시지를 전해 주고 있었다.

그런 메시지를 전달받은 나는 용기를 냈다. 그러곤 끌어당김과 시크릿의 법칙을 이용해 지금의 노인복지센터를 운영하게 되었다. 그렇게 '무'에서 '유'를 창출했다. 그러다 보니 업무를 익히느라 많은 시간을 복지센터에서 보내야 했다. 그러던 중 좀 더 쉽게 부를 창출하는 방법을 찾다가 작가가 되고 싶어졌다.

베스트셀러 작가가 되면 강연도 다니고 1인 창업도 하고 컨설팅도 해 줄 수 있다. 그러면 일하는 시간도 줄이고 수입도 억대가 될 수 있지 않을까 생각했다.

내가 여기까지 오도록 나침반이 되어 준 책들은 밥 프록터의 《위대한 발견》, 김도사 작가의 《100억 부자의 생각의 비밀》, 권동희 작가의 《당신은 드림워커입니까》, 김새해 작가의 《내가 상상하면 꿈이 현실이 된다》, 켈리 최 작가의 《파리에서 도시락을 파는 여자》, 김승호 작가의 《절제의 성공학》, 오프라 윈프리의 《내가 확실히 아는 것들》, 나폴레온 힐의 《생각하라! 그러면 부자가 되리라》 등이다. 이 책들을 읽거나 영상으로 강연을 보면서 하나둘씩 희망의 세포가 자라나는 느낌을 받았다. 그렇게 인생의 막다른 길에 다다랐을 때 이 책들의 영감을 받아 지금의 내가 되었다.

필요할 때 나에게 나타나 등불이 되어 준 책들이 고맙다. 신이 나에게 계속 선물을 주듯이 나도 나의 경험을 다른 사람들과 공유하고 싶다.

4시간만 일하고 월 억대의 수입을 벌기 위해서는 어떤 노력이 필요할까? 먼저 베스트셀러작가가 되어야 할 것이다. 그래야 사람들이 나를 알아보고 강연 요청도 할 것이다. 책에 쓰인 나의 경험담을 바탕으로 컨설팅도 해 줄 수 있을 것이다.

우리들 누구나 특별한 삶을 살아왔을 것이다. 그런데 나는 더욱 특별하다. 초등학교에 다닐 때부터 늘 반에서 꼴등을 맡아 놓다시피 했다. 그랬던 내가 지금은 13명의 직원을 둔 오너다. 어릴 때 부모가 글을 제대로 가르쳐 줄 여건이 안 되어 스무 살에도 난독증으로 글을 읽을 수 없었다. 내가 공무원과 결혼한다 하니 친척들과 주위에서 "네가 어떻게?"라는 반응을 보일 정도로 그 당시에는 볼품없었다. 그런데 무슨 자신감인지 나는 내가 상상한 대로 남편을 만났다. 아들이 중학교 때 틱장애가 생겼지만 병원에 가지 않고 고쳤다. 돈이 없어도 아파트, 원룸 등에서 살았다. 이처럼 나에겐 나만의 인생 경험이 수없이 많다.

이런 경험을 바탕으로 사회의 약자로 일희일비하고 사는 사람들에게 조금 더 빨리 행복해지는 법을 알려 주고 싶다. 그들에게 풍요로운 삶을 누리는 방법을 알려 주고 싶다.

4시간 일하고 월 억대의 수익을 내면 어떤 기분이 들까? 그리고 세상을 위해 어떤 선한 일을 하고 싶은가? 앞으로의 포부는 무엇인가?

4시간만 일하고 억대의 수입을 벌어들이는 베스트셀러 작가의 모습을 상상해 본다. 풍요로운 생활을 하고 있는 내 모습이 아름답고 행복하다. 삶의 고비가 닥쳤을 때는 빨리 지나갔으면, 내게 일어난 일이 아니었으면 하고 회피하고 싶을 때도 많았다. 하지만 내 인생을 돌아보면 나는 역경이 올 때마다 나를 되돌아봤다. "벼는 익을수록 고개를 숙인다."라는 말에 공감하면서.

지금 생각해 보면 감사한 일이다. 이런 시련이 없었다면 나는 아직도 철부지로 남편을 원망하고 부모도 원망하며 주위 사람들을 힘들게 했을 것이다. 보통의 사람으로 세상의 노예로 살았을 것이다. 그런 내가 책이라는 메신저를 통해 이렇게 깨우치고 행복하려고 우리의 삶이 존재한다는 것을 알 수 있었다.

세상의 도움이 없었다면 지금의 '나'는 없었을 것이다. 세상의 도움을 받으며 50년이 걸려 나도 모르게 터득해 온 노하우가 있다. 그것을 바탕으로 각기 다른 사람의 특성에 따라 굳어진 그들의 습관을 고쳐 주는 상담을 해 주고 있다. 이렇게 사람들의 삶을 행복하게 바꿔 주는 일이 내가 세상에 태어난 소명인 것 같다.

나는 베스트셀러 작가가 되어 1인 창업할 것이다. 그렇게 개인 컨설팅도 해 주고, 집단상담도 진행할 것이다. 1회당 1,000만 원의 강연료를 받고 강연도 다닐 것이다. 많은 이웃들이 지금보다 성숙하고 풍요로운 삶을 함께 살아갔으면 좋겠다.

남편과 함께
1년간 세계여행 다니기

나는 삶이 여행이라고 생각한다. 사업에 성공해 여유가 생긴다면 지나온 세월을 되돌아보는 여행을 하고 싶다. 내가 어릴 때 우리 아버지가 돌아가셨다. 혼자 남겨진 엄마는 우리 4남매를 공부시키고 밥 먹이느라 너무 힘들어하셨다. 나는 그렇게 지쳐 있는 엄마의 모습을 떨쳐 낼 수가 없었다. 그래서 결혼하면 돈 걱정 하지 않고 살고 싶었다.

나의 바람대로 나는 지금의 남편을 만났다. 그 당시 남편은 공무원이었다. 넉넉하지는 않아도 월급날이면 통장에 돈이 또박또박 들어왔다. 남들이 불경기라고 이야기해도 나는 피부로 느낄 수 없었다. 그런데다 나는 음식 솜씨가 좋아서 뭐든 직접 만들어 먹었다. 그래서 맛있는 음식은 물론 생활비가 쓰고도 남아 돈을 잘 모았다.

그렇게 여유 있게 살다가 남편이 퇴직하면 연금으로 살면 되겠구나 하며 안심했다. 하지만 남편의 실수로 남편은 갑작스럽게 퇴직하게 되었다. 나도 답답했지만 남편은 더 힘들겠다 싶었다. 그래서 남편과 초 6학년인 늦둥이 아들을 데리고 여행을 떠났다. 당시 여행을 갈 형편이 아니었음에도.

제주도로 여행을 간다 하니 수입도 없는 상황에서 '앞으로 살아갈 길도 막막한데 여행이라니' 같은 주위의 시선도 있었다. "이혼 안 하고 여행을 간다고?"라는 반응도 있었다. 그러나 우리 부부가 다시 일어서려면 휴식이 필요할 것 같았다.

그렇게 간 여행인데 막상 여행하는 동안 서로 생각이 달라서 우리 부부는 아들 앞에서 자주 다퉜다. 나는 지금부터는 수입이 없으니 적당한 선에서 지출하자고 했다. 그러나 남편은 이왕 왔으니 언제 또 오겠느냐며 비싼 여행을 꿈꾸는 것이었다.

나는 마음이 아프고 속상했다. 남편과 다투려고 온 여행이 아닌데 하며. 그런 와중에도 제주도의 성산일출봉, 우도, 천지연폭포 등을 찾았다. 특히 새벽에 오른 성산일출봉에서 경치를 내려다보며 지금껏 아등바등 살아온 나를 되돌아보았다. 그리고 이제부터는 아끼기만 하면서 살지 말고 나 자신에게도 배움의 기회를 주어야겠다고 생각했다. 이번 여행을 계기로 남편을 위로할뿐더러 나도 삶을 있는 그대로 받아들일 준비가 되었다.

그렇게 힘든 시간이 지나고 여유가 생겨 한 달 전 다시 남편과 제주도여행을 갔다. 그런데 지금은 자금이 풍족해 돈에 구애받지 않고 여행을 다녔다. 이번에도 역시 막내아들과 같이 갔다. 그런데 아들이 너무 행복해하는 것이었다. 엄마 아빠가 다투지 않고 사이좋게 여행하니 자신도 즐겁다면서. 여행하는 동안 나도 남편도 입가에 미소가 가시지 않았다. 3년 전보다 풍족해진 나를 돌아보면서 나는 '사람이 이렇게도 되는구나' 생각하며 감동했다.

류시화 작가의 《지구별 여행자》 중에 이런 글귀가 있다.

"신이 준 성스러운 아침을 불평으로 시작하지 마시오.
그 대신 기도와 명상으로 하루를 시작하시오.
이미 일어난 일에 대해 불평을 한다고
해서 무엇을 얻을 수 있겠소?
당신이 할 일은 그것으로부터 뭔가를
배우는 일이오."

이 시처럼 불평불만을 한다고 삶에 도움이 되지는 않는다. 차라리 그것으로부터 무언가를 배우라는 말이 마음속에서 맴돈다. 또한 류시화 시인은 인도를 여행하며 그곳의 사막과 바람, 진리 앞에서 풍경들이 들려주는 귓속말에 귀를 기울였다고 한다. 그런 그에게 인도는 아직도 미지의 나라며 신비의 궁전이다. 그는 인도에 대해 아는 것은 극히 일부분이라며 겸손해한다.

삶이 그런 것처럼 우리도 빈손으로 왔다 제자리로 돌아갈 뿐이다. 결국 잃은 것은 없다. 어떻게 바라보느냐에 따라 인생이 달라진다는 여운을 남기는 그런 시구다. 나도 이런 지구별 여행자이고 싶다.

6개월 전 나는 어느 모임을 통해 미국, 캐나다를 다녀온 경험이 있다. 비행기에서 미국과 캐나다에 내리자마자 풍경보다 정서가 먼저 와 닿았다. 미국에서는 공기, 물, 확 트인 공간 등이 봄의 느낌이었다면 캐나다는 약간 시원한 가을 같은 느낌이었다. 생각해 보면 제주도 신혼여행도 형편이 안 되어 가지 못했던 나다. 그런 내가 이제는 자유롭게 이곳저곳을 다닐 수 있는 여유가 생겼다. 이제는 세계여행이 목표다.

세계여행을 다니는 존경스러운 베스트셀러 작가와 책을 적어 보면 오빛나 작가의 《잠시멈춤, 세계여행》, 흑설탕, 백설탕 작가의 《설탕부부의 세계여행》, 여세호, 배영진 작가의 《바람난 부부의 세계여행1》, 김미나 작가의 《메밀꽃 부부 세계일주 프로젝트》, 류시화 작가의 《하늘 호수로 떠난 여행》, 조숙 작가의 《인생의 속도를 잠시 늦추고 싶을 때 라오스 한 달 살기》, 김영하 작가의 《여행의 이유》, 이병률 작가의 《혼자가 혼자에게》, 가와시마 히데아키 작가의 《로마 산책》, 짐 로저스 작가의 《짐 로저스의 어드벤처 캐피털리스트》 등이다.

이 책들을 읽는 중에도 남편과 좌충우돌하고 때로는 멀리하고 싶을 때도 있다. 그렇지만 내가 세계여행을 떠난 모습을 상상해 보면 여전히 남편과 함께다.

세계여행을 하려면 경비도 부담되지만 시간적 자유가 있어야 한다. 하지만 나는 늦둥이를 둔 엄마다. 그런 만큼 아직 시간적 자유가 없다. 아들이 스무 살이 되려면 3년은 더 돌보아 주어야 한다. 그동안에 나는 베스트셀러 작가가 되어 1인 창업할 것이다. 그리고 그것을 바탕으로 집단상담도 해 주고, 개인 컨설팅도 할 것이다. 그러면 수십 억대의 재산을 모을 수 있지 않을까.

그런 재산을 모으려면 우리 부부가 세계여행을 떠난 후에도 계속 수입이 창출되는 시스템을 구축해야 할 것이다. 여행 경험을 담아 다음 책도 출간하고 강연을 다녀야 할 것이다.

세계여행을 남편과 다니면 어떤 기분이 들까? 그리고 세상을 위해 어떤 선한 일을 하고 싶은가? 앞으로의 포부는 무엇인가?

남편과 세계여행을 다니면서 어떤 일로는 행복해하고 또 어떤 일로는 사랑싸움도 하겠지. 그러면서 참 인생 잘 살아온 것 같다며 서로에게 고마워할 것 같다. 상상만 해도 뿌듯하고 행복하다. 이런 일이 내게 현실로 일어나다니 감동스럽다. 그리고 나처럼 힘든 사람들에게 들려주고 싶은 메시지가 있다.

"현실이 마음에 안 들어도 도망치지 마라."

피해 다녀도 숙제는 계속 따라온다고 말해 주고 싶다. 내가 어디를 가도 그림자가 따라오듯이 말이다.

나는 앞으로 남편과 함께 1년간 세계여행을 다니며 안식기간을 가질 것이다. 그리고 베스트셀러 작가도 되고 컨설팅도 해 줄 것이다. 지금의 내 모습을 보면 힘든 시기는 영원하지 않다. 모든 사람들이 그것을 깨닫는다면 얼마나 좋을까? 함께 의식이 성장되는 날이 왔으면 좋겠다.

유튜브 구독자
100만 명 만들기

나는 돈을 많이 벌고 싶다. 그리고 그 돈을 선한 일에 쓰고 싶다. 그러려면 수입이 많아야 한다. 수입을 늘리는 방법 중의 하나가 유튜브 채널 구독자 늘리기다. 앞으로 잘될지 안 될지는 모르겠다. 그러나 해 보는 것이다. "높이 나는 새가 멀리 본다."라는 말처럼 목표를 크고 높게 가져 본다. 나는 사람들의 마음을 공감해 주고 세상에 자기편이 있다는 것을 알려 주는 마음 따뜻한 유튜버가 되고 싶다.

나에게는 긍정적인 면이 많다. 사람이 살다 보면 작고 큰일들이 일어난다. 그럴 때면 나는 '이 또한 지나가리라'라고 생각했다. 하지만 남편의 실직은 나에게 충격이었다. 지금까지 누리던 삶은 사라져 버렸다. 나는 의지할 데가 없었다.

그때부터 나는 책을 보고 유튜브를 시청하게 되었다. 자는 시간을 제외하고는 거기에 몰입했다. 그로부터 얼마 지나지 않아 지식이 쌓이기 시작했다. 그러면서 나는 말의 습관이 무섭다는 것을 알 수 있었다. 그 당시에는 이런 것들이 사람의 인생을 좌지우지한다는 것을 알 수 없었다. 그냥 저 사람들의 성격인가 보다, 이 사람은 이렇게 사는가 보다 생각했다.

그런데 지식이 쌓일수록 사람들의 행동에 따라 인생이 좌우된다는 것을 알 수 있었다. 그래서 나도 말조심하고 상대를 이해하고 싶어졌다. 왜 이런 말을 사람들이 하는가 의문을 가졌다. 그러던 중 무의식세계, 내면의 세계, 잠재의식 등이 있다는 것을 알게 되었다. 이런 것들을 다룬 글들이 왜 쓰이는지도 알 수 있었다. 그리고 이런 것들을 왜 알아야 되는지도 알 수 있었다. 그로 인해 우리가 일상적으로 접하는 세계가 모두가 아니라는 것. 다른 신세계, 즉 무의식의 세계가 있다는 것을 알게 되었다.

내가 좋아하는 유튜버 중 하나는 '창현 거리노래방'이다. 이 사람은 콘텐츠로 거리노래방을 메인으로 잡은 유튜버다. 사업가로서도 잘나가는 유튜버다. 개인 사업가로서 얼마 전 비비크림을 만들어 대박 내고 있다. 그리고 거리노래방 출신의 가수들을 위한 쏭카페 사무실도 운영하고 있다. 그들이 가수의 길을 갈 수 있도록 무대를 만들어 주고 있다. 그들에게 희망과 용기를 주는 오너다. 아쉬운 점도 있는 창현이지만 배울 점이 더 많은 유튜버다

이분도 어렸을 때의 배고픔을 기억하고 그때 손 내밀어 준 지인의 도움을 잊지 않는다. 그래서 자신이 키워 온 사업의 수익 일부를 거리노래방 출신의 아이들이 가수의 길을 갈 수 있게 지원해 준다. 가수로 성공

하면 갚고 성공하지 못하면 투자한 금액을 회수하지 않는다는 조건이다. 자신이 낸 수익을 남들에게 무상으로 주는 것은 쉽지 않은 결정이다. 그것도 젊은 나이에 말이다. 나도 책을 통해, 유튜브를 통해 수익이 많이 생긴다면 선한 영향력을 주는 재단을 설립할 예정이다. 내가 받은 은혜를 세상에 돌려주고 싶다.

내가 벤치마킹하고 싶은 유튜브가 있다. 법륜스님의 〈즉문즉설〉, 김창욱의 〈포프리쇼〉, 김새해 작가의 〈사랑한스푼〉, 김사장의 〈마음공부방〉, 채환의 〈귓전명상〉, 김도사tv의 〈책 쓰기, 책 출간, 작가 되는 법〉, 정민님의 〈마인드풀tv〉, 쇼피의 〈끌어당김의 법칙〉, 김상운의 〈왓칭〉, 해라tv의 〈마음세션〉 등이다.

그들의 유튜브를 듣다 보면 용기가 생기고 희망이 생긴다. "인간은 행동하는 별이다."라는 말을 한 분이 있다. 그러나 행동하려면 그 뒤에 책임져야 할 일들이 생길 것이다. 그 일들을 내가 또 수습해야 된다는 생각에 행동으로 실천하기가 망설여지게 된다. 그런데 이런 유튜브를 듣다 보면 나도 모르게 용기가 생긴다. 그리고 실천하게 된다.

유튜버가 되려면 어떤 노력이 필요한가? 어떤 콘텐츠로 시작할까 생각하다가 북튜브를 해야겠다고 마음먹었다. 왜냐하면 접근성도 좋고 책을 읽고 말하다 보면 나도 모르게 좋은 영감이 머리를 스치기 때문이다. 그러면 다음에 할 일들이 떠오르기도 한다. 남에게 좋은 영감을 주기도

하고 나도 영감을 받으니 일석이조인 셈이다.

또한 책을 읽으면 책 내용이 내가 과거에 겪었던 일들 같고 나의 미래에 일어날 일들 같다. 책에 쓰인 대로 실천하고자 했을 때 나도 처음에는 '왜 이런 일들이 나에게 닥쳤을까'라고 의문을 갖기도 했다. 그러나 다시 마음을 다잡고 내가 반성할 것이 무엇인가 알아내려고 했다. 또한 고치려고 노력했다. 그리고 뒤돌아보니 그런 일로 인해 내가 더 단단해지고 성장했다는 것을 알 수 있었다. 그래서 현재 상황이 어떻든 완벽하다고 말한다. 나를 더 성장시키기 위해 일어난 일들이라고 받아들인다.

또한 북튜버가 되려면 책도 많이 읽어야 되고 사진 찍는 방법도 알아야 된다. 그리고 품격이 느껴지는 목소리를 내는 방법, 영상을 편집하는 방법 등 배울 게 많다. 그래서 여러 군데 학원을 다니면서 배우고 있다. 그리고 무엇보다 시간을 확보해야 된다. 지금 하고 있는 일을 줄이든가 잠을 줄이든가 둘 중 하나는 줄여야 한다. 생각보다 북튜브를 하는 데 시간이 많이 걸린다.

유튜브 구독자가 100만이 되면 어떻게 해야 하나? 구독자 100만이 되려면 먼저 의식을 확장해 주는 책을 선별해 읽어야 한다. 그리고 마음 공부도 같이 해 나가야 한다. 그러려면 나부터 해 보고 되는 것은 서로 소통해 알려 주어야 한다. 안 되는 것은 내가 먼저 해 보고 되면 공유하는 시스템을 구축해야 진실 되고 믿음이 가는 유튜버가 될 것이다. 그로 인해 구독자님들이 함께 성장하는 프로그램이 되어야 함은 물론이다.

내가 유튜버가 되어야겠다고 생각한 것은 2년 전이다. 그 당시에는 유튜버들이 많지 않았다. 그리고 내가 생각하는 의식 확장, 무의식에 관한 이야기를 해 주는 유튜버도 많지 않았다. 지금은 우후죽순 생겨나고 있지만 말이다. 이런 상황인 만큼 나도 남들과 차별화된 프로그램을 만들어야 된다.

얼마 전 어떤 학원에서 강의를 듣는데 내용들이 신선하고 배울 게 많았다. 그런데 강사님이 자신의 수업에 자신이 없이 수강생들의 눈치를 보며 강의를 진행하는 것이었다. 그 모습을 보고 내용이 좋은데도 재수강하고 싶지 않았다. 나는 스스로가 즐기는 북튜버가 되고 싶다. 스스로가 즐기면 듣는 사람도 행복해하며 구독하고 싶어지지 않을까 해서다.

그리고 다양한 콘텐츠로 청중들의 마음을 움직일 것이다. 그들을 나의 네이버카페에 초대해 스태프로 활동하게 할 것이다. 그렇게 청중 자신도 수익을 얻어 가는 시스템을 구축할 것이다. 그렇게 하면 한 사람이 두 사람이 되고 두 사람이 열 사람이 될 것이다. 그러면 나의 바람대로 소통의 장이 만들어지고 자연스럽게 구독자 수가 늘어날 것이다.

유튜브 구독자 100만이 되면 어떤 기분이 들까? 그리고 세상에 어떤 선한 일을 하고 싶은가? 앞으로의 포부는 무엇인가?

구독자 100만이 되면 하늘을 나는 기분일 것 같다. 말로만 듣던 유튜브 구독자 100만을 돌파하다니, 구름 위에 떠 있는 느낌일 것 같다. 그리고 많은 사람들이 나처럼 유튜브 영상을 통해 희망을 얻고 답을 얻어 행복해할 것 같다.

나는 '빛이 있으면 어둠이 있다'라는 말을 좋아한다. 동굴에 빛을 비추면 일순간에 환해진다. 또한 "어둠이 짙을수록 새벽이 가깝다."라는 말을 생각하면 가슴이 뛴다. 그래서 그런지 내가 '빛'이라는 사명감을 더욱 갖게 된다. 그러므로 나는 빛이 되어 어둠을 밝혀 주는 북튜버가 될 것이다.

이런 수익 구조가 만들어지면 나는 선한 영향력을 행사하는 재단을 설립하려 한다. 그래서 보육원에서 자란 아이들이 청소년이 되어 사회에 나오면 그들을 돌볼 것이다. 그 아이들은 보육원을 나오면 갈 곳이 없다. 그리고 사회에서 자리 잡기에는 정부 지원금이 턱없이 모자란다. 그런 이유로 대한민국의 미래이기도 한 이 아이들이, 다 성장한 이 아이들이 방치되는 게 현실이다.

이 아이들이 한 사회인으로서 자신감을 가지고 잘 살아갈 때까지 최소 2~3년은 걸린다. 그런 청소년들이 자립할 수 있도록 기숙사를 마련해 주고 싶다. 기숙사에 있는 동안에 의무와 책임감을 구별해 길러 주고 따뜻한 안식처가 되어 주는 제2의 부모 역할을 하고 싶다. 사회에 나가 자신의 기량을 발휘하도록 돕는, 그런 선한 영향력을 주는 사람이고 싶다.

앞으로 선한 행동을 실천하는 북튜버로서 세상의 빛과 소금이 되어 남들과 같이 행복해졌으면 좋겠다.

부동산 박사이자
강남 건물주 되기

나는 땅을 보고 있노라면 어떤 땅이 알짜배기인지 알 것 같다. 어릴 때 아버지가 돌아가시고 의식주를 해결하느라 엄마는 오로지 일만 하셨다. 그렇게 일만 하시던 분이 하루는 내게 "찬숙아, 내가 집을 하나 사려 하는데 어떨까?" 하셨다. 엄마의 그 말에 나는 고등학교 선생님이 수업 시간에 "지금 땅을 사 놓으면 부자가 된다."라고 하신 말을 떠올렸다. '얼마나 의논할 상대가 없으면 엄마가 어린 나를 붙들고 이런 말씀을 하실까'라고 생각하며. 그러면서도 나는 엄마에게 "우리 학교 선생님이 88올림픽 끝나면 우리나라 땅값이 많이 오른대…."라고 말해 주었다. '우리 집에 그럴 돈이 있나?'라는 의문을 품고서. 그러고는 엄마에게 "사 두는 것도 괜찮아요."라고 말했다.

1년 뒤에 엄마는 나의 말대로 진짜 집을 사 두었다. 그리고 그새 2배가 뛰었다고 말씀하셔서, 나는 정말 놀랐다. 그냥 선생님 말을 전했을 뿐인데…. 엄마는 새로 시작한 사업으로 돈을 모아 그 집을 살 수 있었다고 한다.

아버지가 돌아가시고 우리는 있던 집을 팔아 생활했다. 그리고 난 후 5년간 남의 집에 세 들어 살았다. 세 들어 살아 보니 내 집에 살 때와는 분명히 달랐다. 그런데 엄마가 홀몸으로 장만한 집으로 이사를 간다고 했다. 우리가 다시 주인이 되어 세를 주는 입장으로 바뀌었던 것이다. 나는 또 이사를 가야 하나 하는 걱정에서 벗어나서 참 좋았다.

나는 그때부터 땅에 투자하면 돈이 된다는 것을 알았다. 그리고 서른 살에 부계의 석굴암 굴이 뚫린다고 해서 관심을 가졌다. 나는 남편에게 땅을 사고 싶다고 알아봐 달라고 했다. 하지만 남편은 "그런 땅 사면 안 된다."라고 했다. 그래도 나는 땅을 사려고 했다. 그런데 남편의 지인이 그 땅을 사면 팔지 못한다고 하는 것이었다. 그 말에 나는 그만 포기하고 말았다. 지금은 그곳이 개발되어 어마어마하게 땅값이 올랐다고 한다. 나는 '내 말이 맞는데. 다들 왜 안 도와주지'라며 안타까워했다.

부동산 부자로는 코미디언 겸 가수인 방미가 있다. 그녀도 가난하게 자랐고 돈 한 푼 없는 흙수저로 사회에 진출했다. 세 들어 살던 어린 시절의 고통에서 벗어나려면 돈을 벌어야 했다. 행사하러 나가면 그 지역 주변의 땅을 보고 해당 공무원에게 자문을 구하면서 부동산 지식을 쌓았다. 그렇게 국내에서도 해외에서도 부동산을 잡을 수 있는 기회를 갖게 되었다.

그녀는 해외의 땅에 투자하라 한다. 세계 최고의 부호가 사는 베니스

비치, 마리나 델 레이 등 산타모니카 인근 부호들의 아지트에다. 그곳 땅은 서울보다 저렴하다 한다. 그리고 미국의 땅을 사면 임대료도 달러로 받을 수 있어 일거양득이다. 그녀도 바닥부터 시작해 열심히 뛰어다니고 일해서 지금의 부동산 박사가 되었다고 한다.

[부자로 만들어 주는 방미의 부동산 투자방법]

첫째, 부동산을 살 때 반드시 팔 때를 고려하고 위치와 관리 상태가 좋은 부동산을 선택하라.

둘째, 최초 분양가를 반드시 확인하고 다음 투자자가 가져갈 수 있는 몫을 남겨 둬라.

셋째, 부동산 중개업자를 잘 활용하라.

넷째, 금리와 경기 변동 여부를 확인하고 인터넷 사이트를 맹신하지 마라.

다섯째, '이것'이라고 판단되면 절대 가격을 깎지 마라.

나는 시골에서 신혼살림을 시작했다. 그런 만큼 아이들이 중학교에 들어가기 전에 대구로 이사 가고 싶었다. 내 고향이라서 대구가 늘 그리웠다. 늦둥이를 데리고 알아볼 수가 없어서 인터넷으로 부동산을 검색했다. 그러던 중 시세보다 싸게 나온 아파트가 있어 남편에게 같이 가자고 했다. 남편은 안 된다면서 돈도 없고 자신이 출퇴근하기 불편하다고 했다. 나는 그런 남편을 설득했다. 그리고 아침 일찍 늦둥이 아들을 업고 아파트 주인을 만나 흥정하고 부동산에 가서 계약하려고 했다.

그런데 시세보다 싸다고 다른 부동산에서 500만 원을 더 줄 테니 팔라고 전화로 주인을 설득하는 것이었다. 그런데도 주인은 나와 흥정했던 가격을 그대로 유지하겠다고 했다. "나는 돈이 아쉬운 사람이 아니다."라면서. 늦둥이 아들을 업은 애기 엄마라서 사정을 봐 준다면서. 나의 가슴이 뭉클했다. 생각해 보니 그 집은 대구에서 집으로 가는 시외버스에서 '저 집에 나도 살았으면' 하던 그 아파트였다. 그 집을 빛의 속도로 계약하게 되다니 꿈만 같았다.

강남 부동산을 갖기 위해서는 어떤 노력이 필요한가?

나는 언제부터인가 내 감을 믿기로 했다. 대구로 이사 오고 주변의 아파트를 사서 몇 년만 지나면 많이 오를 것 같았다. 그렇게 부동산 투자를 해 보고 싶었으나 현실적으로 돈이 없어 못했다. 그런데 얼마 지나지 않아 정말로 그 아파트 가격이 오른 것이었다. 아파트가 다 올랐지만 내가 찜했던 곳이 더 올랐다.

아파트에는 큰 상가가 들어서고 임대를 놓는다는 현수막이 걸리곤 했다. 그러면 나는 저 자리에 롯데리아가 들어서면 되겠다, 저기에는 배스킨라빈스 또는 파리바게트가 적합하다고 말하고 다녔다. 그런데 그 자리에 내 생각대로 그 가게들이 입주했다. 손님들 또한 많았다.

이번에는 땅값이 오를 것 같았다. 그래서 아파트를 처분하고 원룸을 사야겠다고 생각했다. 원룸을 알아보던 중 두 군데가 마음에 들었다. 두 군데 원룸을 다 사자고 남편과 의논했다. 그런데 남편은 또 안 된다는 것이었다. 대출을 받으면 두 군데의 원룸을 구입해도 되는 상황이었다. 그럼에도 불구하고 망설이던 나는 남편이 바라는 대로 하나만 샀다. 그리고 3년 뒤 내가 생각한 대로 땅값이 많이 올랐다.

그런 일이 있고 난 후 남편의 조언은 이제 내 귀에 들어오지 않는다. 남편은 내가 하는 일마다 '안 된다'고 할 것이니까. 또한 서로 의논하다 보면 나도 모르게 남편 말을 들을 수도 있으니까. 그래서 지금은 흥정이 다 되면 이야기한다.

왜 강남 부동산을 갖고 싶은가?

나는 상담 공부를 하기 전에는 나 혼자 대구 외에는 다른 도시를 가 본 경험이 없다. 그 당시 동대구역에서 서울역까지 KTX를 타는 법을 잘 몰라서 남편이 걱정하면서 보냈다. 그랬던 내가 서울 강남, 사당, 용산 등을 오가면서 갑자기 강남에서 살고 싶어졌다. 밤에 내려올 때면 꼭 내 집이 있을 것 같은 서울을 등지고 대구로 내려가는 기분이 들었다.

그때부터 나는 강남 부동산에 관심을 가졌다. 내가 이런 부동산을 가지려면 책 쓰기 수업을 통해 1인 창업을 해야 하겠지. 그리고 그로 인해 수익이 생기면 강남 부동산에 도전해 볼 수 있겠지. 그렇게 머리를 굴려 본다.

강남 부동산을 가지면 어떤 기분이 들까?

내가 강남 부동산을 보유하게 되면 나아가 제주도, 여수 등에도 별장을 보유하게 될 것 같다. 그렇게 되면 정말로 뿌듯하고 행복할 것 같다. 어디를 가도 휴식처가 있으니까. 지금껏 잘 살아온 나에게 잘했다고, 애썼다고 말해 주고 싶다.

더 많은 사람들에게
평화와 기쁨을 주는 상담소 창업하기

나는 상담일을 하고 싶다. 상담을 통해 사람들의 사고가 전환된다는 것을 알 수 있다. 그럼으로써 삶이 풍요로워진다는 것도. 어릴 때 공부를 못해 나는 잘하는 것이 없는 줄 알았다. 그런데 내가 내담자에게 몇 마디 안 했는데도 상대방은 희망에 찬 모습을 보였다. 그럴 땐 나도 희열을 느낀다.

상담을 해 준 사람 중 특히 기억에 남는 사람이 있다. 그녀는 남편과 사이가 안 좋아서 어떻게 살아야 할지 막막해했다. 남편은 의처증 증상을 보이는 데다 부인을 무시하곤 했다. 그녀는 남편이 집에 오면 그림자처럼 있어야 했다. 그러니 늘 기운이 없고 앞날을 기약할 수 없는 불안한 모습으로 살게 되었다.

그런 모습을 보고 자란 아이들이 이제 초등학교에 갈 즈음이 되었다. 그녀는 아이들이 학교에 부적응할까 봐 노심초사했다. 그래서 이렇게 해 보라며 일주일에 한 번 정도 상담을 해 주었다. 그녀는 내가 말한 대로 잘 실천해 주었다. 그러자 아이는 초등학교 때 부반장까지 하게 되었다. 그것을 보며 그녀도 용기를 내어 대학교 때의 전공을 살린 일을 시작했다. 자연히 남편도 집안일을 도와주게 되었다.

그렇게 변해 가는 사람들을 보면 나도 반갑고 뿌듯하다. 또한 '내가 상담에 소질이 있구나'라고 생각하게 된다. '나도 내가 잘하는 것을 하면서 살고 싶다'라고 생각하게 된다.

그런 와중에 나에게도 시련이 닥쳤다. 그런데 정작 내가 힘들 때는 의지할 곳이 없었다. 그래서 전문대에 들어갔다. 전업주부였던 만큼 경력단절을 극복하는 데 도움이 될까 해서였다. 사회복지자격증을 주는 곳이라고 알고 갔는데 대학 공부가 재미있었다.

자격증만 취득하기 위한 공부라면 지루하고 따분했을 것이다. 그런데 다행히도 내가 재미있어하는 무의식세계를 다루는 수업이 있었다. 칼 융이라는 심리학자 등을 공부할 때는 교수님과 문답 형식으로 서로 소통하며 즐겁게 수업했다. 그러고 나면 교수님은 이 반에만 오면 이상하게 시간이 잘 간다고, 그래서 수업을 다 못하고 간다고 말씀하셨다.

심리학자인 매슬로우의 인간의 5단계 욕구는 이렇다.

1. 생리적 욕구: 인간의 생명을 유지하기 위한 기본 욕구
2. 안전의 욕구: 위험, 불안, 무질서로부터 안전을 추구하는 욕구
3. 사회적 욕구: 사회에 소속하고 사회적인 활동에 참여하기를 원하는

욕구

4. 존경의 욕구: 다른 성원으로부터의 인정 및 존경에 대한 욕구

5. 자아실현의 욕구: 잠재력의 개발, 창의력의 발휘 및 자기표현에
   대한 욕구

나도 매슬로우가 주장하는, 자아실현의 욕구가 충족되는 만족한 생활을 하면 좋겠다. 그런데 우리는 나이가 드는 만큼 3단계부터 힘들어진다. 먼저 중년이 되면 아이들의 학비가 만만치 않게 들어간다. 그럴수록 아빠들의 어깨가 책임감으로 오그라진다. 또한 사회에 소속되어 있고 싶지만 정년이 다가올수록 퇴직한 후의 삶을 생각하느라 힘이 빠진다. 반면 매슬로우의 3단계가 충족된 사람은 그다음 단계로 나아가기가 쉽다. 나 자신이 만족한 삶을 살다 보면 가정에서도 가족을 다정하게 대할 것이다. 그러면 자아실현뿐만 아니라 행복한 삶도 가능하지 않겠는가.

상담소를 창업하려면 어떤 노력을 기울여야 하는가?

상담을 통해 사람들이 행복해진다는 것을 알고 봉사를 많이 다녔다. 처음 만날 때는 풀이 죽어 있던 상대도 말을 하다 보면 입가에 행복한 미소를 머금는다. 그리고 그것이 나에게도 삶의 원동력이 된다. '그래도 나는 그런 처지는 아니구나' 싶으면서 가정의 소중함을 느끼고 치유되기도 했다.

그런데 어느 때부터 많은 사람들에게 도움을 주고 싶었다. 그래서 이

곳저곳에 상담공부를 하러 다녔다. 서울로 2년 넘게 다니면서 알게 된 것은 30년간 명상을 한 것이 도움이 된다는 사실이었다. 나는 '씨앗의 단계를 넘어 벌써 나무가 된 수준'이라서 남들보다 빨리 배웠다. 그런 만큼 이 과정을 잘 마치고 상담을 해 주고 있다.

나는 왜 상담소를 창업하려고 하는가?

내가 아는, 상담으로 사람을 치유해 주는 유튜브로는 〈법륜스님의 즉문즉설〉, 〈김창옥의 포프리쇼〉, 〈채환의 귓전명상〉, 〈정민의 마인드풀TV〉, 〈소피의 끌어당김의 법칙〉, 〈김도사TV〉, 〈혜라TV의 마음세션〉, 〈김새해의 사랑한스푼〉 등이 있다.

이들은 각기 다른 방식으로 상담을 해 준다. 법륜스님은 그 자리에서 비유를 들어 적절하고 알기 쉽게 궁금증을 풀어 준다. 그런 모습을 볼 때마다 나는 '참 지혜가 많으신 분이구나' 감탄하게 된다. 김창옥 강사님은 진실성, 공감대 형성 등이 뛰어나다. 그는 자신도 우울증으로 힘들어했다고 말한다. 그래서 당신의 힘듦을 안다면서 마음을 어루만져 준다. 그리고 미완성인 자신으로 인해 다른 사람이 회복탄력성을 갖도록 하는 역할을 잘한다. 또한 소피는 나다움을 찾도록 도와준다. 내가 무엇을 원하는지 하고 싶으면 하고 하기 싫으면 하지 말라고 한다. 그렇게 자기 본연의 삶을 살도록 도와준다. 이들 모두가 자신의 재능을 한껏 드러내며 사람들의 삶을 지금보다 행복한 삶으로 바꿔 준다.

나도 이렇게 마음을 이해해 주어서 상대가 행복하게 변하는 모습을 보고 싶다. 그러면 나도 덩달아 기쁠 것이다. 하루는 어느 유튜브를 시청하는데, 아침부터 저녁까지 그 유튜버가 상담해 주는 수업들로 가득했다. 그런데도 "피곤한지 모르겠다"면서 상담하는 내내 희열을 느낀다고 했다. 또한 자신은 이렇게 번 돈이 월 2억인데 "바빠서 돈 쓸 시간이 없다"고 했다. 그 말을 듣고 있는데 나도 그랬으면 좋겠다, 나도 매일 상담일로 가득 차고 부도 함께 따라왔으면 좋겠다는 마음이 들었다. 그렇게 되게 하는 시스템을 갖고 싶다.

상담소를 창업하면 어떤 기분이 들까? 그리고 세상에 어떤 선한 일을 하고 싶은가? 앞으로의 포부는 무엇인가?

내가 지금 하는 일도 상담과 관련이 많다. 어르신들의 마음을 헤아려 주는 사업이기 때문이다. 치매를 앓는 어르신들은 가끔 고함을 치시기도 하고 억지를 부리시기도 한다. 선생님들이 케어하려고 해도 안 될 때 내가 나타나면 일순간에 조용해진다. 그것은 내가 어르신들의 마음을 헤아려 주기 때문이다. 그럴 때마다 '직업 하나 참 잘 선택했다'라는 생각이 든다. 그런데 상담소를 창업하면 더 많은 사람들에게 평화와 기쁨을 줄 수 있겠지. 이런 생각을 하면 하늘을 날듯이 행복하다.

또한 나는 선한 영향력을 끼치는 재단을 설립해서 평생교육원을 짓고 싶다. 과거의 나처럼 돈이 없어 배움의 기회를 얻지 못한 사람들을 위해서다. 또한 의지할 곳 없는 사람에게 희망과 용기를 줄 수 있는 장소를 제공하고 싶다. 방법은 이렇다. 평생교육원을 설립해 1년 과정에 등록하게 한다. 그리고 자신에게 맞는 레벨을 선택하게 한다. 그러다 슬럼프가 올 때는 또 다른 프로그램을 선택한다. 그렇게 힘들 때마다 충전을 시켜 주는 평생교육원에서 나다움을 찾게 하고 싶다. 저렴하게 누구나 이용할 수 있는 곳으로 운영하고 싶다.

앞으로 나는 이런 평생교육원을 각 도시마다 하나씩 만들 것이다. 그리고 각 지점에 봉사정신이 뛰어난 상담사를 배치할 것이다. 그러면서 상담사 스스로도 수익을 내는 시스템을 구축할 것이다.

PART 14

타인에게
귀감이 되는
작가이자 코치로
성장하기

-태재숙-

태재숙 ·

부동산 임대사업자, 부동산 코치, 재테크 코치, 자기계발 작가, 동기부여가

가정관리학과를 졸업했다. 자영업을 하던 중 부동산 사업의 비전을 보고 부동산 임대사업을 시작하여 활발히 활동 중이다. 4년 동안 자산을 두 배로 불린 경험을 바탕으로 부동산에 대한 개인저서를 집필 중이다.

<세바시>에서
강연하기

나는 나름대로 열심히 살았다고 자부했다. 그런데 어느 날 하던 사업을 접어야 하는 상황에 맞닥뜨리게 되었다. 그러면서 나 자신이 컨트롤할 수 있는 것이 거의 없다는 사실을 알게 되었다. 나는 〈세상을 바꾸는 시간, 15분(이하 세바시)〉 무대에서 이런 나의 삶에 대한 얘기를 들려주고 싶다. 무엇이 부재했는지 말이다. 〈세바시〉 무대를 통해 들려주는 나의 경험이 누군가에게는 시행착오를 줄이는 계기가 될 수도 있으리라.

내 얘기는 결혼 때로 거슬러 올라간다. 나는 중매로 장남인 남편을 만났다. 그런데 신혼여행 때부터 조금씩 이건 아닌데 하는 일들이 보이기 시작했다. 공항에서 제주도 신혼여행 티켓을 확인차 직원에게 건네야 하는데 남편이 이걸 찾지 못해 허둥대는 것이었다. 그것을 보고 나는 남편이 정리가 안 되는 사람이라는 것을 알았다.

직장생활이 9년 차에 접어들면서 남편은 종종 힘들다고 표현하곤 했다. 그때 시부모님께서 음식점을 오픈하게 되었다. 남편은 퇴직하고 이 일에 뛰어들었다. 시부모님은 모든 자녀를 곁에 두고자 하시는 분들이었다. 그런 만큼 시누이들과 함께 운영하는 음식점에 남편이 합류하게 된 것이다. 온 가족이 함께 음식점에 매달리는 형국이었다.

처음에 음식점을 오픈할 때도 우리는 살던 집 전세금을 시부모님께 보증금으로 드리고 매달 월세를 냈다. 그런데 경험도 없이 가게를 꾸려 나가려니 버거웠다. 그래서 독립을 선언하게 되었다. 그러는 과정 중에 가족들과 감정도 생기고 돈 앞에서 나타나는 인간의 심리를 처절하게 느끼게 되었다. 결국 남편과 나는 5년 정도 시부모님과 의절하게 되었다.

그러던 어느 날 낭보가 전해졌다. 남편의 외삼촌인 모 건설사 회장님께서 외식 사업권을 우리에게 준 것이다. 사업권이 우리에게 오기까지에는 사정이 있었다. 외삼촌이 처음 사업을 하실 때 내 시아버지께서 초기 자금을 융통해 주셨다고 한다. 뿐만 아니라 시동생도 외삼촌의 일에 기여한 것이 조금 있었다고 한다.

그래서 외삼촌이 시동생에게 무얼 도와줄까 물었더니 "형을 도와주십시오."라고 했다고 한다. 우리에게 외식 사업권이 넘어온 것은 그래서였다. 정말 고마운 일이었다. 그 일로 우리 시댁은 경사 그 자체였다. 어머니 입장에서는 큰아들은 외식사업을 하고, 작은아들은 법무 쪽 일을 하니 남부러울 게 없는 삶이었다.

그러던 어느 날 시동생이 우리 사업장을 찾아와서 이런 제안을 했다.

자신과 형 둘이서 이 사업을 함께 하자고. 이유인즉슨 시동생의 일이 끊긴 지 오래되었기 때문이었다. 시동생은 경제적으로 이미 곤경에 처한 상황이었다. 나는 그 일을 나중에서야 알았다. 하지만 그날의 남편 얼굴이 기억난다.

이거 큰일 났다. 시동생이 여기에 올 정도면 큰일이 밀어닥칠 것이다. 우리가 여기서 물러나자. 형제들이 어려워하고 있으니 우리가 이쯤에서 물러나자는 것이 남편의 얘기였다. 나는 남편에게 아직 아이들도 더 교육시켜야 하고 조금 더 경제활동을 해야 한다고 얘기했다. 그러나 남편은 하늘 아래 두 태양이 있을 수 없다, 이 사업을 더 하다가는 내가 죽을지도 모른다고 했다. 그래서 난 생각했다. 돈과 남편 중 남편을 살리자고. 우린 조용히 사업을 접었다.

폐업 후 평소 약하던 남편의 피부가 트러블을 일으켰다. 그렇게 남편은 건선이란 병마와 깊은 마음의 상처를 안고 생활하게 되었다. 그런 상황에 나까지 드러누울 수는 없었다. 손실을 면해 보고자 부동산을 열심히 공부하러 다녔다. 그러곤 강남의 재건축 아파트를 2016년 6월에 매입했다. 그리고 나서 나도 깊은 우울증에 빠지게 되었다.

내가 이 책을 쓰게 된 동기가 있다. 우울했던 나날이 서서히 나에게 메시지를 전해 주었다. 그리고 그 메시지가 나의 생각과 시야에 변화를 가져다주었다. 나는 변화된 자신을 발견하면서 놀라운 이 변화를 나와 비슷한 상황에 처한 사람들에게 전하고 싶었다. 그래서 글을 쓰게 되었다.

시동생의 제안은 동업이 아니었다. 이익만 동업 개념이었다. 그동안 형이 벌었으니, 그리고 외삼촌이 나에게 주려던 사업을 형에게 바쳤으니 날 위해 사업을 해서 함께 나누자는 거였다. 즉, 각 현장을 형의 자금으로 운영해 이익을 함께 나누자는 것이었다. 우리에게는 시동생이 사장이고 우리는 시동생의 직원이란 시각이었다. 시부모님도 거기에 한 표를 던지셨다. 시동생이 부모님께 설명하기로는 형과 함께 사업하면 형이 부모님에게 용돈을 드리는 것이 아니다. 이익의 몇 퍼센트를 배당 형식으로 드리겠다는 것이었다. 그러자 시부모님은 하루빨리 시동생과 사업을 함께하라고 우리를 종용했다.

우리는 판단했다. 돈 앞에, 인간의 욕망에 눈이 가려져 천지 분간을 못하는구나. 사업은 이렇게 하는 게 아닌데. 우리는 그만 빠져나오자고 판단했다. 그러나 아쉬움도 컸다. 당장 경제활동에 대한 대비책이 없었기 때문이다. 그러나 우리는 현실과 타협하지 않기로 굳게 결심했다.

그러면서 시간이 흘러갔다. 아들의 결혼식도 치렀다. 매입한 부동산이 올라 일하지 않아도 사업할 때 이상으로 이익이 난다. 우리 부부는 조금씩 마음의 안정을 되찾게 되었다.

지금에 와서 보면 오히려 전화위복이 되었다. 사업을 하지 않았기 때문에 부동산을 매입해 자산을 지킬 수 있었다. 또한 부동산에 눈뜨게 되었다. 지금의 문제는 문제가 아닐 수 있고 닫힌 문이 열린 문일 수 있다는 것을 알게 되었다.

이 모든 걸 글로 담아내다 보니 지난 3년 반이 오히려 기회이고 희망이었음을 알게 되었다. 이 경험을 책에 담아 동기유발 강연자가 될 것이다. 희망과 비전과 꿈을 갖고 활기차게 생활할 수 있도록 독자들에게 내 경험을 전할 것이다. 그렇게 나도 더 성장하면서 버킷리스트를 이루어가는 멋진 나날을 기대한다.

사업할 때 월 1,000만 원이면 어려움 없이 생활을 영위할 수 있었다. 지금은 월 5,000만 원을 목표한다. 그 돈을 모아 펜트하우스도 사고 벤츠도 살 것이다.

작가가 되어 강연 등의 경제활동으로 돈을 벌 것이다. 그 돈으로 집도 사고 차도 살 것이다. 그러면 더 멋진 모습으로 더 높은 몸값으로 더 의식이 높은 사람들과 즐거운 시간을 가질 수 있을 것이다.

월 5,000만 원을 벌기 위해서는 일단 작가가 되어 1인 창업해야 한다. 유튜브, 카운슬링, 부동산, 동기유발 상담 등으로 시작할 것이다. 또한 크루즈 영업과 또 다른 책 출간을 위해 글을 쓸 것이다. 내가 팔 수 있는 아이템을 창조해 돈을 벌 것이다. 월 5,000만 원 수입이 달성되면 정말 날아갈 듯이 기쁠 것이다.

그러면 좋아하는 사람들과 크루즈여행도 가고 맛있는 것도 먹으면서 즐거운 시간을 보낼 것이다. 이 충만함을 사람들과 함께 나눌 수 있게, 그들의 의식을 깨우쳐 줄 수 있게 계속 활동(책 출간, 강연)해 나갈 것이다. 그 어떤 것보다 큰 기쁨이 남을 일깨워 주는 일이라는 걸 안다. 그 일 자체가 베스트임을 알기 때문에 이 모든 것을 목숨 걸고 할 것이다. 내가 가진 돈은 다 부동산에 들어가 있으니 어떤 일을 해야 하나 찾던 중 부동산에도 여러 분야가 있음을 알았다. 경매, 공매, 건물, 상가, 단독주택, 다세대, 다가구, 아파트, 토지, 물류 창고 등등.

어떤 분야에 접근할까 셈하다 보니, 내가 어떤 것에 관심이 많고 무엇을 잘하며 뭘 원하는지 묻다 보니 내가 누구인가부터 질문하게 되었다. 그러면서 독서의 필요성을 느끼게 되었다. 이어 무슨 책을 읽어야 하나부터 질문에 질문이 꼬리를 물었다. 그러다 김도사님의 유튜브를 보고 아! 저거구나 했다. 나는 바로 한책협에 전화해 1일 특강을 들었다. 그러곤 책 쓰기 과정을 듣고 작가의 필명을 받게 되었다. 요즈음은 숨 쉬는 것만으로도 희망이 보여 행복하다.

이젠 내면을 단련해 명상하고 기도하며 우주세계에 원하는 것을 말할 것이다. 그리고 내 기도가 이루어지는 날만 기다리면 된다. 내가 모든 것의 키를 쥐고 있다는 그 자체만으로도 너무 행복하고 기쁘다

김도사님을 만나 의식이 확장되고 나 자신을 알아 가게 되었다. 그러면서 점점 내 안의 신에게 감사하는 마음과 충만함을 느낀다. 세상은 살아 볼 만한 가치가 있음을 느낀다. 이 모든 걸 확인시켜 준 김도사님께 무한한 감사를 표한다.

벤츠 S클래스
플러그인 하이브리드 사기

어느 날 아르바이트를 마치고 눈이 수북이 쌓인 길을 티코를 타고 돌아오고 있었다. 그런데 약간 경사진 길에서 나의 차가 뱅글뱅글 종잇장처럼 돌았다. 그렇게 몇 바퀴 돌다가 갓길에 내동댕이쳐졌다. 그런 사건을 겪고 나서 눈길의 위험함과 차의 중요성을 느끼게 되었다. 왜 사람들이 비싼 차, 외제 차 하는지를 알게 된 것이다.

그 당시 우리 회사 사장님은 BMW7시리즈를 타셨다. 그러면서 특히 BMW 차종을 예찬하셨다. 그때부터 난 BMW를 가슴에 품었다. 남편에게 앞으로 이 차를 살 거라고 하니 날 비웃는 듯했다. 그 뒤 BMW5시리즈를 사 현재까지 타고 있다. 역시 전에 타던 차와는 승차감, 주위 시선, 차선 변경 시의 반응 등에서 다르다는 것을 느낀다.

그러니 만큼 이젠 벤츠 S클래스를 타고 싶다. 내가 아는 분들 중 많은 분들이 벤츠 S클래스를 탄다. 여자가 벤츠 S클래스를 가질 정도면 사회적으로 성공한 것 아닌가. 그들에게는 자신들만의 여유와 기쁨을 느낄 수 있는 부분이 있는 것이다.

중소형 평형에서 대형 평형 아파트로 이사 가면 말은 하지 않지만 이웃끼리 동조 의식을 느끼는 분위기가 있다. 겉으로 표현되지 않는 그들만의 공유 문화 분위기가 있다. 층간소음에 불편함을 표하지 않고 아이들의 언어와 용모부터도 다르다. 그들만의 안정감과 편안함이 있다. 그런 것과 같지 않을까.

벤츠 S클래스를 사려면 부가가치가 높은 경제활동을 해야 한다. 그래서 책을 쓰려고 한다. 책을 출간하면 작가, 강연가, 세미나 진행자, 코치, 컨설턴트, 온라인 마케터로 활동할 것이다. 전문성과 차별화로 나만의 부가가치를 높여 높은 소득을 올리는 사업가가 될 것이다. 이 모든 길을 가기 위한 첫걸음이 책 출간이다.

오늘도 김도사님의 코치를 받으며 노트북 자판을 두드린다. 그렇게 한 자 한 자 글을 써 내려간다. 미국에 유학 간 아이에게 갔을 때 노트북으로 리포트를 쓰며 시험을 준비하는 아이의 모습이 그렇게 좋아 보인다고 했었다. 그래서인지 아이가 이번에 나에게 노트북을 사 줬다.

노트북 자판기를 치며 글을 쓰고 있는 것 자체만으로도 반은 이룬 것 같다. 책 출간을 위해 원고를 준비하는 동안 한책협의 프로그램을 하나씩 공부할 것이다. 그래서 책 출간과 동시에 모든 준비가 되어 있게 할 것이다. 예를 들면 카페 제작, 포스팅, 카페 활용, 책 출판/홍보마케팅, 1인 창업 과정 등을 마스터하는 것이다.

이 모든 것들을 하나하나 준비해 나만의 지식창업을 할 것이다. 그런 경제활동을 통해 벤츠 S클래스를 구매할 것이다. 그리고 사랑하는 사람과 맛있는 밥을 먹고 커피를 마시면서 이런저런 얘기를 나눌 것이다. 누군가에게는 동기유발이 될 수 있는 이런 삶을 영위해 나가는 나 자신을 상상해 본다.

나는 사회적으로 성공한 사람이 되고 싶다. 과거에는 알아서 을의 자세를 취했다. 그런 나 자신을 생각하면 안타깝고 애처롭다. 살아남기 위해 스스로 남 밑으로 들어가는 비겁한 자세. 속으로는 부글부글 감정이 올라오는데 겉으로는 천사인 양 아닌 척하는 삶. 이젠 그런 삶을 청산해야겠다.

당당히 내 목소리를 낼 것이다. 나의 실력으로 가르치고, 깨우치며 얻은 재화로 나에게 투자할 것이다. 그렇게 보상받으며 행복하게 살려 한다. 그것의 연장선이 벤츠 S클래스다. 벤츠 S클래스를 사기 위해 사업은 어떻게 구상해야 할까?

나는 결혼해 사업을 하고 폐업한 경험이 있다. 그런 경험을 통해 얻은 지혜를 공유할까 한다. 그 지혜를 주제로 삼아 출간한 책을 시발점으로 해서 경제활동을 하려 한다. 주요 고객은 30~60대다. 아직 꿈을 발견하지 못했거나 꿈을 찾아 헤매는 그들을 대상으로 동기유발을 해 줄 것이다.

꿈을 갖지 않으면 밀려 밀려 언젠가는 떨어지게 되어 있다는 김도사님의 말씀이 떠오른다. 나는 폐업하면서도 원인을 타인에게서 찾았었다. 그런데 아니었다. 당시의 그 상황은 나 자신이 빚은 결과물이라는 걸 책을 통해서 알게 되었다.

그러면 이 순간 난 무엇으로 경제활동을 해야 한단 말인가? 묻고 물어보니 결국 나 자신이 누구인지부터 질문하게 되었다. 진정한 자아와 내가 해야 할 일이 무엇인가를 찾게 되었다. 그러곤 작가의 꿈을 갖게 되었다. 이 순간까지 오면서 겪은 많은 시행착오를 책으로 엮을 것이다. 누군가는 나와 같은 시행착오를 겪지 않았으면 하는 마음에 책을 쓰기로 결심하게 되었다. 지금부터 열심히 경제활동을 해 차도 사고 못다 한 일들을 하면서 행복하게 살려 한다.

3년 내에
삼성동 아이파크 펜트하우스 사기

나는 신혼생활을 단칸방에서 시작했다. 그곳에서 큰아이가 태어났다. 기저귀를 널 빨래건조대 하나 설치할 공간이 없는 곳이었다. 나는 그때부터 큰 집과 넓은 공간을 선호하게 되었다. 공간이 삶의 질과 사람 마음의 안정 및 휴식과 밀접한 관련이 있다는 걸 신혼 때 톡톡히 느꼈다.

하루는 시외할아버지 기일이라 어머님과 큰외삼촌 집에 조금 서둘러 갔다. 외삼촌의 집은 대형평형이었다. 외삼촌께서 종손인지라 집안 행사가 있을 때는 근 20여 명의 일가친척이 모인다. 그런데도 전혀 협소함이나 불편함 없이 행사를 치르는 것을 보고 나는 더욱더 넓은 평형을 선호하게 되었다.

명절이나 행사 때 시부모님 댁에 가면 비좁은 우리 집에서 부대끼며 살다가 숨통이 트이는 것 같았다. 시부모님의 집은 전원주택이다. 그래서 집도 마당도 넓었다. 뿐만 아니라 각각의 방들은 도시 단칸방에서 생활하는 나에게는 천국과도 같았다. 시댁에 가는 것이 나에게는 또 다른 휴식과 힐링의 시간이었다. 시부모님의 불편함보다는 공기 좋은 곳에서, 넓고 편안한 곳에서 누리는 여유로움은 철없던 신혼 때의 나의 유일한 탈출구였다.

그것도 잠시. 시간이 지나면서 시댁에서 며느리로서 느끼게 되는 감정이 서서히 올라왔다. 내가 어머님 댁에서 산후조리를 할 때 시누이들이 찾아왔다. 나는 대문까지 나가 시누이들을 맞이했다. 시댁에 대한 나의 마음이 어떤 것이었는지 단적으로 보여 주는 에피소드다.

몸조리를 하러 왔으면 가만히 누워서 손님을 맞이해야 하지 않나. 밖에까지 나가 맞이한다는 것이 겸손을 넘어 얼마나 자신을 평가절하한 자세인지 세월이 흐른 후 알게 되었다. 그런 나에게 시누이들은 더 당당했다. 여기는 우리 부모님 집이고 너는 며느리라는 인식을 확실히 보여 주는 태도들이었다.

그 뒤부터 나는 조금씩 작은 집이라도 내 집이 좋구나 했다. 우리 집에서 남편과 있으면 집이 좁아 불편한 것 이외는 모든 것이 편안했다. 그런데 시어머님 집은 넓어 물리적인 편안함은 있을지언정 심리적으로는 온도 차가 있었다. 나는 넓은 우리 집을 가져야겠다고 느꼈다. 그래서 넓은 집에 대한 로망이 생기게 되었다.

그렇게 세월이 흘러 단칸방에서 일본식 전셋집으로 이사하게 되었다. 허름했지만 마당이 넓고 세 식구 살기엔 좁지 않은 집이었다.

거기서 둘째가 태어났다. 딱 내가 상상한 전셋집에서. 둘째의 기저귀를 말릴 공간과 가재도구를 놓을 수 있는 공간이 충분한 집. 딱 내 마음에 드는 집이었다. 그러다 시간이 지나니 집이 너무 허름해졌다. 장기간 살기에는 방범 문제도 그렇고 단독집이라 생활이 불편했다. 그래서 24평형 소형 아파트를 분양받았다. 물론 자금에 맞추다 보니 소형을 찾게 되었다. 하지만 우리 식구 넷이 살기에는 충분했다. 그동안 살아왔던 집들에 비하면 천국이었다.

그것도 잠시. 집이 조금씩 좁게 느껴지기 시작했다. 그때쯤 남편이 회사에 사표를 내고 부모님 집에 합류하게 되었다. 우리들만의 오붓한 공간이 온데간데없어진 것이다. 그때부터 폭풍 같은 현실이 펼쳐진다.

남편은 9년째 다니던 회사를 그만두고 부모님께서 오픈하시는 음식점에 전세금을 들고 뛰어들게 된다. 부모님과 배턴 체인지 해 우리가 식당을 이어 받아 운영하는 셈이 된 것이다. 모든 책임은 우리가 지고 부모님과 시누이들이 함께 운영에 관여하게 된 것이다.

처음에는 우리가 경험이 없는 만큼 도와주는 거라 여겼다. 경험 미숙과 일손이 모자라는 것은 맞았다. 그러나 체계가 잡히지 않은 상태에서 운영하다 보니 문제가 발생하기 시작했다. 예를 들어, 사장은 하나고 그 사장이 전체를 컨트롤해야 하는데 아버님도 사장, 영업 뛰는 시누이도 사장이었다. 남편과 나는 그야말로 입지와 힘도 없는 종업원이었다.

단체 손님이 오면 온 가족이 함께 거들고 저녁은 다 같이 먹게 된다. 그런 만큼 손익계산표는 같이 먹고사는 셈이 되었다. 그렇게 2년이 흘러

3년째 되던 해에 우리는 독립을 선언했다. 다시 단칸방으로 리턴하게 된 것이다.

그때 알았다. 단칸방이라도 편안히 누울 내 방이 있다는 것이 얼마나 행복한 것인지. 다시 말해 공간보다 우선하는 것이 마음이란 것을 말이다. 그러니 이제 좁은 공간은 어쩔 수 없다. 마음 편한 것이 최우선이다. 이렇게 위안 아닌 위안을 삼으며 열심히 아르바이트를 하기 시작했다.

그런데 아이들의 학년이 올라가면서 책상과 책과 침대가 필요해졌다. 결국 정신적 편안함은 유효기간을 소진하고 말았다. 대신 공간의 불편함이 밀려들기 시작했다. 그때 지인의 소개로 5년 임대 후 분양하는 아파트를 소개받게 된다. 그때 나는 24평을 신청하려고 했다. 그런데 지인이 24평과 34평은 관리비 차이도 별로 안 난다, 큰 평수를 분양받으면 그 대출을 갚으려고 더 열심히 살게 되지 않겠나, 그러면서 34평을 권했다.

그렇게 우리는 15평의 다가구 전셋집에서 34평 아파트로 이사를 가게 된다. 결혼 후 살면서 그런 행복감은 처음이었다. 이사한 날 잠을 못 이루었다. 꿈인지 생시인지 나의 볼을 꼬집어 보았다. 거실을 날아다니듯 둘러보고 이 방 저 방을 다니며 행복감을 만끽했다.

그렇게 그 아파트에서 2년 반을 살았다. 그러다 사업을 시작해 지방에서 수도권의 34평 신축 아파트로 주거지를 옮기면서 돈을 벌기 시작한다. 그러곤 사업을 시작한 지 2년 후 리모델링이 아주 잘되어 있는 48평

아파트에 전세로 가게 된다.

그때부터 세상이 보이기 시작했다. 소형 평형에 살 때의 세상을 보는 나의 시각. 중소형 평형에 살 때의 나의 시각. 중대형 평형에 살 때의 나의 시각이 다 달랐다. 그러다 나중에는 62평형에까지 살아 봤다. 그런데 15평 단칸방에서 34평으로 갈 때가 가장 행복감이 컸다. 그리고 48평부터는 삶의 편리함을 넘어 삶의 질이 중요해지는 공간이란 걸 알게 되었다.

그 공간에서 하루하루가 여유와 편안함, 안락함으로 물들었다. 이 모든 것이 생활의 질을 향상시켜 주었다. 물론 사업이 잘되어서 기본적인 베이스가 받쳐 주었기 때문이었겠지만 말이다.

난 평생 작은 평수로 내려갈 일은 없을 줄만 알았다. 그런데 형제들의 난이 시작된 거다. 시외삼촌의 배려로 사업권을 가졌었는데 동생이 형 혼자 호위호식 한다며 치고 들어온 것이다. 결국 우리 부부는 모든 걸 내려놓고 사업에서 손을 떼게 된다. 지금은 다시 중소형에서 우리 부부만 살고 있다. 큰아이는 분가해 살고 있고 작은아이는 해외에서 직장생활을 하고 있다. 이 모든 과정을 겪으면서 우리는 우리의 자산을 편집했다. 그래서 지금은 작은 평수에서 살고 있다.

남편과 나는 매월 수입이 들어오는 파이프라인을 만들고 강남 재건축 아파트를 어느 시점에 재정립할 것이다. 그렇게 둘이 살아도 넉넉하고 편안한 공간 속에서 정신적인 편안함을 가지려 한다. 펜트하우스는 이 모든 과정을 보상해 주는 종합선물이다. 모든 게 함축되어 있는 공간이다.

그래서 꼭 삼성동 펜트하우스를 매입하려 한다. 강남 재건축 아파트를 사고 나서 입지의 위력에 눈뜨게 되었다. 지금 목표한 이 모든 것은 1인 창업을 해야 가능한 일이다. 오늘도 나는 조금씩 앞으로 나아가고 있다.

작가, 코치가 되어
월 5,000만 원 벌기

이제껏 살아오면서 나는 부의 영역을 스펙을 갖춘 능력자들의 리그로만 알았다. 그러다 가게의 폐업 후 부동산 투자와 독서를 통해 관점을 전환하게 되었다.

나는 재테크 때 관련 분야에 종사하는 사람들의 강의를 수강하고 자문을 받았다. 그 사람들은 나보다 훌륭하고 뛰어난 재능을 타고났다고 치부하면서. 나보다 똑똑하고 나보다 우위에 있다고 믿으면서. 그들의 프로그램을 한 치도 의심하지 않고 그들에게 이끌려 다녔다. 그리고 어떤 방법으로 저들처럼 될 수 있을까, 한 번도 생각하지 못했다. 왜냐하면 부의 영역을 그들만의 리그로 생각했으니까.

그런데 제2의 직업을 가지려다 보니 나 자신에 대한 질문이 꼬리에 꼬리를 물었다. 나는 책에서 길을 찾아 헤매기 시작했다. 그러다 김도사님의 유튜브 영상을 접하게 되었다. 그러곤 나의 의문을 풀 수 있을 거란 확신을 가졌다.

나는 한책협에 전화했다. 그리고 1일 특강을 들으면서 충격을 받았다. 내가 자문을 받았던 사람들과 지금 잘나가는 사람들에겐 성공비법이 있다는 것을 알게 되었다. 지금 생각해 보면 그들의 프로그램이 도사님이 알려 주신 것과 똑같았다.

책을 쓰는 방법을 강의하고, 강의를 들으면 카페에 가입시키고, 카페를 통해 수강 신청을 하게 하고, 일정한 활동을 해야 더 깊숙한 정보를 알려 주는…. 그리하여 신문이나 방송에 노출되어 인지도를 높이면서 유명세를 타는 것이었다.

나도 그런 능력자인데 나만 모르고 있었다는 사실을 김도사님이 일깨워 주었다. 지금 잘나가는 사람들은 이미 이 진리를 터득해 앞서간 것이다. 그들이 대단한 것이 아니었다. 다만 먼저 내면세계가 확장되고 퍼스널 브랜딩이 되었다는 차이일 뿐이었다. 그러니 포기만 하지 않는다면 나도 부를 이룰 수 있을 것이다. 지금 잘나가는 사람들처럼 나에게도 가능한 현실이란 것을 김도사님이 깨닫게 해 주었다.

그리고 항상 종교에 대해 갖고 있던 의문점도 풀렸다. 기존 종교들은 맹목적이어서 마음에 와 닿지 않았었다. 그런데 "나는 신이다."라니. 얼마나 평등하고 희망적인가! 나에게 key가 있다고 하니 희망적이지 않나.

언제나 안 다치고 상처받지 않으려고 을의 자세를 취했던 나. 그렇게 굴욕적이었던 내 모습에 종지부를 찍게 된 것이다. 너무도 명쾌한 깨달음이었다.

앞으로 내가 가야 할 길이 어딘지 김도사님이 명확히 제시해 주었다. 바로 책을 출간하고 1인 창업해 나 자신을 퍼스널 브랜딩하는 것이다. 나아가 수입 파이프라인을 만드는 것이다. 이 또한 누구나 갖고 있는 재능이다. 그것을 세상에 드러냄으로써, 나의 경험을 누군가에게 들려줌으로써 그들과 소통하는 것이다. 그것이 수입과 연결되는 과정이 책 출간의 출발점인 것이다.

그동안 책을 읽기만 했지 책을 쓴다는 생각은 해 본 적이 없는데 어떻게 하지? 그런 두려움은 김도사님의 지도를 받으면서 다 날아갔다. 글쓰기 코칭을 받으면서 나는 연신 참 놀라운 재능을 가지신 분이다, 감탄한다. 김도사님은 그 많은 회원들의 글을 첨삭해 주면서 글쓰기를 이끌어 주신다.

난 아이들 학습지인 빨간펜의 첨삭지도를 해 본 경험이 있다. 그래서 첨삭을 해 주는 사람의 노력과 정성을 안다. 이런 직업이 있다는 것도 한 책협에 와서 처음 알았다.

급하고 단순한 성격인 나는 바로 책 쓰기 과정에 등록했다. 그런데 비용이 너무 고액이어서 놀랐다. 비용이 이렇게 고액일 줄이야. 난 몇 개월 치의 생활비밖에 없는데 어쩌나? 이런 망설임도 잠시. 그래도 시작하자. 이 길이 내가 앞으로 나아갈 방향이다. 이 정도는 감당할 수 있다. 생활비가 줄어들기는 하겠지만…. 나는 마음을 다잡았다. 부동산 매입 때도 망설이지 않았던 나다. 때문에 높은 수익을 얻을 수 있었지 않았나! 이렇게 스스로를 위안하면서 말이다.

사업할 때는 의사결정이 중요한데 나에게는 그 타이밍의 경험치가 있었다. 그런데 두 번째 수업을 받으면서부터 머리가 아파오기 시작했다. 그것이 끝이 아니었다. 익숙지 않은 컴퓨터에다 책 한 권 출간하는 데 거쳐야 하는 단계, 단계가 다 돈, 돈, 돈이었다. 나는 비싼 수강료에 그런 비용들이 다 들어 있는 줄 알았다.

나는 잠시 정신이 혼미해졌다. 2주째의 수업 날 카페, 블로그 개설 강의, 책 쓰기 수업 그리고 마지막으로 원고 쓰는 법까지 강의를 듣곤 집에 와서 앓아누웠다. 나는 카페 활동도 접고 내 통장의 잔액을 세어 봤다. 이걸로는 몇 개월을 못 버틸 텐데 계속해서 마이너스 통장을 써야 하나. 막연한 수입 창출의 현실화까지 버틸 수 있나. 머릿속이 캄캄해졌다.

도사님께 솔루션을 부탁해 볼까? 아니면 이 공부를 접을까? 이 문제를 어떻게 풀어야 하나? 나는 이렇게 고민하며 공저 과제도 멈추고 한 발자국도 움직이지 않았다. 그렇게 계속 생각에 잠긴 채 나흘이 흘렀다.

아무리 생각해도 앞으로 나아가려면 한책협의 프로그램을 따라가야 하는데…. 어떻게 해야 하나? 잠시 그런 생각을 하다 그동안 밀린 필사를 하기 시작했다. 그러자 정신이 집중되면서 공저 세 번째 과제를 하게 되었다. 그리고 그동안의 과제를 김도사님께 메일로 보냈다. 그것도 딸에게 물어서 터득한 방법으로 세 번째 공저 과제를 보낸 것이다.

순간 책상에서 노트북 자판을 두드리고 안경을 끼고 메일을 보내는 모습이 내가 그리는 언젠가의 내 모습이란 걸 알게 되었다. 마음이 그렇게 뿌듯할 수가 없었다.

아! 내가 이렇게 조금씩 나아지고 있구나! 이대로라면 해낼 수 있겠구나. 그런 자신감이 용솟음쳤다. 컴퓨터의 기능은 유튜브를 보고 하나하나 익혀 가면 될 것이다. 그런데 돈 문제는 해결이 안 되었다. 나는 좀 더 생각해 보자며 마음의 여유를 가졌다. 그러다 많은 책 중에서《상상의 힘》을 손에 잡게 되었다. 거기에 이런 문구가 있었다.

"나는 이미 내가 원하는 그것이다."

원하는 상태를 끌어와 지금의 상태와 바꾸는 것. 그것이 우리의 현실을 움직이게 하는 방법이다. 원하는 소망을 확실히 이루려면 소망으로 가는 여정을 시작하면 된다. 나는 거기에서 "이렇게 시작하십시오."라는 문구를 발견했다. 그리고 오늘의 필사를 하게 된다.

내가 필사할 책은 김도사님께서 권해 주신《100억 부자의 생각의 비밀》이다. 나는 거기에서 이런 문구를 접하게 된다.

"대출을 받아 하는 자기계발이 진짜 자기계발이다."

난 책을 펼쳐 보이는 곳을 필사한다. 그런데 이런 문구가 눈에 들어와 깜짝 놀랐다. 물론 이 책은 다 읽었었다. 그런데 그때는 이 문구가 눈에 들어오지 않았다. 대략 책 출간의 중요성만 인지하고 마지막 책장을 덮었던 책이다.

나는 아! 대출을 받아서라도 이 작업을 이어 가야겠구나 하고 생각을 굳혔다. 김도사님도 시인이 되고자 농협에서 150만 원을 대출받은 경험이 있다고 했다. 그 사실을 알고 나는 모두가 각자의 입장에서 가고자 하는 길에 최선을 다하는구나 느꼈다.

이젠 대출 방법을 알아봐야겠다. 그렇게 정하니 한편으론 마음이 편하다. 꿈을 향해 계속 나아갈 수 있다는 생각에 공저 네 번째 과제를 쓰는 지금 힘이 불끈 솟는다.

필사는 우리에게 여러 가지 영향을 끼친다. 글을 쓰게 하는 힘과 필사한 글을 통한 깨달음, 내면에 집중하는 힘, 자신의 문제에 대한 해결책 등. 책을 한 권 출간하려면 여러 과정을 거쳐야 한다. 먼저 과거의 잘못된 생각과 습관을 버려야 한다. 또한 부족한 자신을 채워야 한다. 그야말로 인고의 시작이자 자신의 성장과정임에 틀림없다. 그 결과물이 나만의 책 한 권이다.

《백만장자 메신저》에서는 "성공은 그 사람이 얼마나 높은 위치에 도달했는가가 아니라 얼마나 많은 장애물을 극복했는가로 평가된다."라고 했다. 분명 지금의 나는 훌륭하고 타인에게 귀감이 될 경험이 풍부하다.

그것을 소재로 한 발 한 발 나아가 월 5,000만 원이라는 수입을 보장해 주는 파이프라인을 갖게 될 것이다.

이렇게 부를 향해 가는 여정에서 지금 노트북으로 글을 쓰고 있는 나 자신이 자랑스럽다. 쓰담쓰담 파이팅!

연간 책 3권
출간하기

나는 한책협에 들어오기 전에는 책을 읽는 사람이었다. 그러나 이젠 나도 책을 쓸 수 있겠다고 생각이 변했다. 그리고 한 권이 어렵지 두 번째부터는 그간의 경험을 살려 책을 충분히 출간할 수 있겠다는 생각이 들었다. 물론 도사님의 조언은 유효한 상태다. 도사님은 책 한 권을 완벽하게 내려 하지 말라고 했다. 권마담도 글을 쓸 내용이 남으면 다음 책에 넣으면 된다고 말해 주었다.

김도사님도 200여 권의 책을 집필하고도 지금도 매일 글을 쓰고 있다. 이유가 무엇이겠는가? 꾸준한 노력과 내적 성장이 곧 경제와 밀접한 상관관계를 갖는다는 것을 증명하려는 것이 아닌가! 그런 만큼 나도 여러 권의 책을 집필해 나를 퍼스널 브랜딩해야겠다.

나는 한책협에 와서야 김도사님이 이렇게 책을 많이 출간하고 교과서에까지 실린 실력가라는 걸 알았다. 세상에는 노력을 다해 성공을 성취하는 사람들이 참 많다. 권마담도 아가씨 때 자기계발을 위해, 더 발전하기 위해 왔다가 김도사님을 만나게 되었다고 한다! 나이는 나보다 젊지만 배울 점이 참 많다.

지금 이 두 분이 지혜롭게 잘 사는 것은 우연이 아니다. 멋있는 두 분의 삶은 닮고 싶은 부분이다. 두 분을 보면 괴리감이나 거리감이 안 든다. 나도 할 수 있다는 자신감이 생긴다.

이유는 두 분이 나와 별반 다르지 않기 때문이다. 두 분도 좋은 스펙이 있거나 좋은 가정환경에서 살았던 것이 아니다. 그런데도 내 주위의 흔하고도 평범한 캐릭터를 갖고 있는 두 분이 얼마나 큰 부와 성공을 이루었는가!

그리고 더욱더 희망적인 것은 나 자신이 별나라에서 온 존재라는 것이다. 그렇게 모든 가능성을 갖고 태어났는데 습관이라는 현실의 틀에 스스로를 가두었던 것이다. 다시 말해 남과 비교하면서 자신감을 잃고 현실의 문제에 스스로를 가두어 버린 것이다. 그러다 결국 나를 잃어버리고 꿈은 온데간데없어졌다. 그러면서 현실의 삶에 허덕이는 악순환의 고리에 빠지게 된다. 이게 보통 사람들의 삶의 모습이다.

그러나 김도사, 권마담, 김미경, 이지성, 김진명, 혜민스님 등 책을 펴내고 사회활동을 활발히 하는 사람들은 다르다. 일단 직장생활이 아닌 자기 사업을 한다. 거기에다 개인 카페가 있고 사회에 좋은 영향력을 끼친다. 또한 이들에게는 많은 팬들, 즉 추종자들이 있다. 그런 만큼 사람들은 이 작가들 한마디 한마디에 집중한다. 삶에 도움이 되기 때문이다.

그래서 사람들은 어려울 때 이들에게 자문을 구하고 싶어 한다. 그들의 삶을 닮고 싶어 한다.

이만하면 내가 그들처럼 나의 책을 출간하고 싶어 하는 이유가 될까? 저자로서 나의 지혜를 필요로 하는 사람에게 나눠 주고 돈도 벌 수 있다니. 이 얼마나 신나는 일인가!

나는 지금 책 출간 과정 수업 중이다. 공동저서 과정, 하루 만에 끝내는 1인 창업, 카페 제작 과정, 포스팅, 카페 활용, 강연 과정, 블로그 마케팅, 유튜브 마케팅, PPT 맞춤 디자인 제작 등 단계 단계가 다 생소한 만큼 열심히 배워 나갈 것이다. 이 과정들을 책 쓰기와 병행해 가려 하니 시간과 노력과 돈이 많이 필요하다.

책 쓰기 과정 시작 무렵에 권해 받은 책《배움을 돈으로 바꾸는 기술》을 감명 깊게 읽었다. 그중 이 부분이 가슴에 와 닿았다. 책의 저자인 이노우에 히로유키는 인맥을 쌓기 전에 '나다움'을 먼저 갖춰 놓으라고 한다. 그러면 나를 필요로 하고 나란 사람 자체에 관심을 가지는 사람들이 다가온다면서. 결국 책을 쓰고 컨설팅을 해 주는 것이 사람들이 나를 찾게 하는 방법이 아닐까.

이 작가는 또 이렇게 말한다. "인간은 갈고닦으면 광채가 나는 다이아몬드 원석이다. 따라서 성공의 길을 걷고 싶다면, 그 경지까지 배움을 지속해야 한다. 그러기 위해서는 처음부터 끝까지 철저하게 인간을 이해하는 공부를 해야 한다."라고. 나는 이 책을 읽고 책 한 권 출간이 다가 아니라는 것을 깨달았다.

그러면 난 어떤 노력을 해야 하나? 《백만장자 메신저》의 저자 브렌든 버처드는 "개인적으로 나는 베스트셀러를 낸 적이 있는 작가이자 인기 많은 강사다. 행사마다 티켓이 매진되는 세미나 리더다. 1년에 상담료로 2만 5,000달러를 지불하고 상담을 받으려 하는 대기자들이 수십 명이나 있는 코치다. 원하는 프로젝트만 골라 할 수 있는 컨설턴트이자 수백만 달러의 상품을 파는 온라인 마케터다. 그리고 나는 이 모든 일을 최소한의 직원과 매우 단순한 사업 모델을 가지고 해내고 있다."라고 했다.

브렌든 버처드나 김도사나 포지션은 같다. 나 또한 그들이 밟는 길을 가기 위한 방법을 배우고 있는 것이다. 그런 만큼 공부해야 할 것이 많다. 마음과 열정만 가지고 갈 수 있는 길이 아니다. 실력을 쌓고 자아실현을 하겠다는 의지와 인내력이 필요하다. 너무 수준 높은 책을 출간하려고 안간힘을 쓰지는 않을 것이다. 진솔한 내 얘기로, 공감을 불러일으킬 수 있는 내용으로 차근차근 써 나갈 것이다.

책을 출간하고 요청이 들어온 첫 강의를 성공적으로 마친다. 그런데 만약 피드백이 좋게 들어온다면? 나는 세상을 다 가진 것처럼 행복해할 것이다. 기뻐 날뛸 것이다. 생각만 해도 가슴이 뛴다. 그날을 기다리며 오늘도 커피 한 잔을 옆에 두고 이 글을 마무리 짓는다.

PART 15

잠자는 동안에도 돈이 들어오는 시스템과 수익 파이프라인 만들기

-모선우-

모선우

SL HOLDINGS 대표이사, 벤처기업 전문 투자자, 자기계발·동기부여 코치

벤처기업 전문 투자자로 SL HOLDINGS 대표이사이다. 자기계발 및 동기부여 코치로 활동하고 있다. 앞으로 작가로, 전문 투자자로, 사업가로서 평범한 사람들에게 꿈과 희망을 심어주며 더불어 경제적 자유도 누릴 수 있게 코칭하고 싶다. 현재 '따라 하면 돈 버는 고수의 주식투자비법'을 주제로 개인저서를 집필 중이다.

아이들이 원하는 것뿐만 아니라 엄마로서 해 주고 싶은 것 다 해 주기

어렸을 적, 다 가난했던 그 시절, 5남매의 넷째였던 나는 항상 위 3명의 언니에게 옷, 신발 등을 물려받았다. 새것을 입어 보고 신어 본 기억이 거의 없던 시절이었다. 너무나 갖고 싶었던 머리끈 하나 살 수 없었던 그 시절. 다시는 되돌아가고 싶지 않은, 감추고 싶은 유년의 상처들이다. 그래서 욕심이 많아진 건지, 아니면 욕심이 많아서 갖고 싶은 걸 못 가져 상처로 남았는지는 모르겠다. 나는 유난히 갖고 싶은 게 많았다.

그래서 빨리 돈을 벌고 싶은 마음에 여상을 가게 되었다. 그렇게 대기업에 입사해 나름 잘 쓰고 잘 살았다. 그렇게 세월이 흘러 결혼을 했다. 그리고 네 아이를 낳았다. 나는 내 아이들이 나처럼 갖고 싶은 걸 갖지 못하게는 하지 말아야지 하며 이를 악물고 20여 년을 살았다. 그러나 세상은 그렇게 호락호락하지 않았다.

나는 힘쓰는 일 외에 돈 버는 일이라면 다 해 봤다. 하지만 나아지는 것은 아무것도 없었다. 오히려 아이들이 커 가면서 요구하는 게 더 많아졌다. 엄마로서 아이들이 원하는 것조차도 다 해 주지 못하는 나 자신을 보게 되었다. 그런 나를 보면서 정말 남모르게 눈물을 흘린 적도 많았다. 악으로 깡으로 버티며 투 잡, 쓰리 잡을 하는 그런 삶을 살아왔다.

큰아이가 학년이 올라가면서 나 또한 다양한 엄마들을 만나게 되었다. 아이가 갖고 싶은 건 물론, 엄마로서 해 주고 싶은 걸 원 없이 해 주는, 외동을 키우는 엄마의 모습이 참 많이 부러웠다. 또한 뉴스에 나오는 강남의 돈 많은 엄마들. 무슨 일을 어떻게 하면 그들처럼 돈을 많이 벌 수 있나 항상 궁금했다. 하루는 한 강남 엄마에게 무슨 일을 하는지 물어봤다. 역시나 식당 체인점을 3개나 운영하고 있었다. 그러면서 10개까지 늘릴 거라고 하는 것이었다. 그때 당시 나는 투자 일을 하고 있지 않아서 정말 너무너무 부러웠다.

그때부터였던 것 같다. 사업에 대해서 생각했던 게. 어떻게 하면 내가 일하지 않아도 나를 위해 일해 줄 돈과 사람들을 움직이는 시스템을 만들 수 있을까? 내가 잠자는 동안에도 나를 위해 일해 줄 사람과 돈만 있으면, 무조건 돈을 벌 수 있을 것 같았다. 자나 깨나 불조심이 아니라 자나 깨나 나에게 돈을, 부를 안겨 줄 시스템만 생각했던 그런 시간이었다.

그렇게 정말 멋진 기회가 한 번은 올 거라는 기대로 다양한 산업군을 공부했다. 그러다 교육법인을 운영하게 되었다. 뭔가를 하고 있으면, 더나은 뭔가가 눈에 띄는 법. 어느 날 딱 한 번 본 분한테서 전화가 왔다. 정말 괜찮은 회사가 있는데 한번 투자해 보지 않겠냐고. 나는 당시 이미 주식투자를 하고 있었다. 그런데 장내 주식투자를 하면서 항상 들었던 생각이 있었다. 상장하기 전에 투자할 수만 있다면, 안정적으로 수익을 낼 수 있겠다는 생각이었다. 나는 그분에게 흔쾌히 그러겠노라고 하고 약속을 잡아 만났다. 어쩌면 내 인생의 새로운 2막이 시작되는 시점이라는 생각에 많은 기대를 했다.

그렇게 시작된 내 인생의 2막은 결코 쉽지만은 않았다. 먼저 몇 개의 기업에 지분투자를 하게 되었다. 그런데 중간 역할을 하던 사람들의 과대 수익률 광고에 현혹되고 말았다. 그 결과 나는 터무니없이 비싼 가격에 기업의 지분을 사게 되었다. 그러다 보니 그 기업이 상장해도 내가 투자한 밸류는커녕 근처에도 가지 못할 만큼 낮은 밸류에 거래가 되는 것이었다.

도대체 이게 무슨 상황인가? 나는 상장 전에 투자하고 그 기업이 상장하면 그 차액만큼 수익을 만들 수 있으리라 계획했었다. 그런 나의 계획과는 너무 동떨어진 상황이 된 것이다. 그렇게 나의 첫 번째 지분투자는 실패로 돌아갔다. 돈 벌려고 시작한 지분투자가 실패로 돌아가고 말았으니, 정말 잠을 잘 수 없을 만큼 고통스러웠다. 차라리 그 돈으로 아이들이 하고 싶은 것, 갖고 싶은 거나 실컷 해 줄걸 하는 후회가 밀려왔다.

그러나 나는 '이대로 쓰러질 내가 아니지! 내가 실패했다면 실패한 이유가 있을 거야'라고 마음을 다잡았다. 그 이유만 안다면, 그리고 그렇게 하지 않으면 성공투자를 할 수 있겠다는 생각이 들었다. 더군다나 나에게는 나보다 더 귀한 4명의 아이들이 있었다. 나는 다시 한 번 일어나 미친 듯이 공부하기 시작했다.

하지만 광주에는 전문가가 없었다. 그래서 나는 제대로 된 지분투자를 하는 서울의 메인 분들을 찾아서 만나기 시작했다. 많은 시간과 돈을 들여 그들과 네트워크를 형성했다. 그리고 그들과 소통하며 뭐가 문제였는지 실패한 이유를 찾아서 해결했다. 그러다 보니 진짜 멋진 전문 투자자로 거듭나게 되었다.

가질 수 없었기 때문에 더 갖고 싶었던 그 시절. 할 수 없기 때문에 더 하고 싶었던 그때 그 시절. 갖고 싶은 것을 갖고 싶어 잠 못 이루고 하고 싶은 거 하고 싶어 몸부림치며 가난한 부모를 원망했던 시절. 그런 시절이 나에겐 깊은 상처로 남아 있었다. 그래서인지 정말 아이들에게만큼은 해 줄 수 있는 한 최선을 다해서 해 주자 했다. 그것이 지금의 나를 있게 한 원동력이 되었던 것 같다. 지금 나는 아직은 미약하지만 아이들이 갖고 싶은 것 이상으로 해 줄 수 있는 엄마가 되었다.

그러던 중 큰아이가 서울로 대학을 가게 되었다. 처음에는 기숙사 생활을 해야 했다. 그런데 리포트가 너무 많아 밤늦게까지 준비해야 한다고 했다. 그러면서 자신과 달리 리포트가 많지 않은 기숙사 룸메이트들에게 미안해 1층 로비에서 새벽까지 리포트를 쓰는 게 너무 힘들다고 했다. 원룸으로 이사하고 싶다면서. 큰아이는 혼자서 원룸을 알아보고 이사까지 했다.

어느 날 서울에 일이 있어 딸이 자취하는 원룸에 가 보게 되었다. 그런데 실평수가 6평 정도 되는 것 같았다. 정말 그 정도일 줄은 몰랐기 때문에 나는 깜짝 놀랐다. 딸이 이런 원룸에서 살고 있다니…. 딸은 이 정도면 정말 좋은 원룸이라며 괜찮다고 했다. 하지만 내가 용납할 수 없었다. 나는 KT에서 운영하는 동대문리마크빌로 바로 이사하게 해 주었다. 그 뒤로 한 번씩 갈 때마다 내 마음은 흡족했다. 지금은 학교 근처의 아파트에서 편안하게 살고 있다.

둘째 딸아이는 공부가 어렵다며 자퇴한다고 했다. 나는 마음껏 놀면서 하고 싶은 거 하라며 태국 치앙마이에 있는 국제학교에 유학을 보내 주었다. 셋째 아들은 유소년 축구 국가대표였다. 그런데 어차피 하는 축구 유럽 한번 보내 주고 싶었다. 그런데 마침 기회가 있어 9박 10일간 스페인의 바르셀로나로 연수를 보내 주었다. 아이들이 작은 것을 원하면 나는 더 큰 것으로 해 주었다. 그럴 수 있어서 엄마로서 너무 기쁘고 행복했다. 아이들이 엄마는 역시 특별한 엄마라고 할 때마다 뭔가 뿌듯함이 느껴졌다.

나는 여기에 만족하지 않았다. 아이들과는 별개로 나를 성장시키기 위해 나의 삶을 책으로 써야겠다는 생각이 들었다. 책을 써서 내 비즈니스를 더 확장해야겠다. 나를 위해 일해 줄 시스템을 완성시켜 성공을 향해 한 걸음 더 나아가야겠다. 그런 의지와 또 하나의 목표가 생긴 것이다. 정말 목숨 걸고 죽을힘을 다해 나를 성장시켜야 할 때가 진짜로 온 것 같다. 나는 지금껏 다른 사람이 생각하는 것 이상으로 살아왔다. 나에게는 아무나 이해할 수 없는 큰 목표와 꿈이 있다. 그 목표와 꿈이 이미 이루어졌음을 나는 알고 있다. 나는 보통의 엄마라면 상상할 수 없을 만큼 내 아이들에게 이미 해 주고 있다. 나는 아이들이 어떤 꿈을 꾸든 어떤 목표를 갖든 주저하지 않고 할 수 있게 해 주는 주춧돌이 될 것이다. 무한 신뢰와 무한 지지와 무한 지원을 해 줄 것이다. 내 아이들이 멋지게 비상할 수 있게 도울 것이다.

나는 세상에서 가장 멋진 엄마다.

올바르게 비즈니스해서
1,000억 갑부 되기

나는 가난하고 형제 많은 집안에서 자라서인지 욕심이 많았다. 특히나 나는 돈 욕심이 많았던 것 같다. 그 욕심이 어디 가겠는가? 나는 지금도 일이든 돈이든 뭐든 욕심이 많다. 노동시장만 알던 시절에는 정말 열심히 부지런히 노력하고 애쓰고 남들보다 앞서면 무조건 돈은 번다고 생각했다.

그러던 어느 날 금융시장, 자본시장, 투자시장을 알게 되었다. 그러면서 나는 노동으로만 돈을 벌려고 했던 나 자신이 얼마나 어리석었는지알게 되었다. 나는 정말 내가 일하지 않고도, 또 내가 잠자는 동안에도나를 위해 일해 줄 돈과 사람을 움직이는 시스템을 만들고 싶었었다. 그렇기 때문에 금융시장, 자본시장, 투자시장은 내가 정말 꿈꾸었던 꿈에도 그리던 꿈의 시장이었다.

아이들을 키우며 돈을 많이 벌려고 발버둥 치며 살았다. 하지만 내

노동으로 벌 수 있는 돈은 항상 한계가 있었다. 나는 이런 삶이 너무 싫어 내가 일하지 않고도 나를 위해 일해 줄 돈과 사람을 움직이는 시스템을 너무나도 만들고 싶었다. 정말 간절히 원하고 또 원했다. 자나 깨나 이런 것을 어떻게 만들 것인가만 생각했다.

이런 나에게 이렇게 멋진 꿈의 시장이 나타났다. 나는 이 꿈의 시장을 내 것으로 만들기 위해 미친 듯이 공부했다. 이렇게 배우는 과정에서 나는 내 인생을 바꿔 줄 은인을 몇 명 만났다.

그중 최고봉이신 한 분을 금융시장의, 자본시장의, 투자시장의 나의 스승님으로 모시고 세상의 돈의 흐름을 꿰뚫어 보는 안목을 배워 나갔다. 스승님은 금융의 상위 클래스에 계신 분이면서 자산가이기도 하셨다. 그래서인지 생각하는 것이나 말씀하시는 것이 보통 사람과는 많이 다르셨다.

그런 스승님을 통해 상위 1%의 삶을 간접경험하기도 했다. 상위 1%의 삶은 우리가 생각하는 것, 상상하는 것 이상의 멋진 삶이었다. 나도 스승님을 따라 그렇게 살고 싶다는 무한 욕망을 갖게 되었다.

스승님은 누구나 하는 일이 아닐뿐더러 아무나 할 수 없는 다양한 돈 버는 방법들을 나에게 전수해 주셨다. 아는 만큼 보인다고 했던가?

어느 날 보니 나는 정말 많이 성장해 있었고, 세상을 보는 눈이 달라져 있었다. 세상 모든 게 내 눈에는 다 돈으로 보이는 것이었다. 아, 이래서 부자들은 돈 버는 게 가장 쉽다고 하는 것이구나! 또한 돈이 돈을 번다는, 즉 돈이 돈을 끌어온다는 그 법칙을 현실에서 경험하게 되었다.

나는 V라는 종목(회사)에 약 2년 전 지분투자를 하게 되었다. 몇 명의 투자자와 함께. 우리는 각자의 형편과 처지에 맞게 투자금을 정해 투자했다. 그로부터 2년 후, 2019년 11월경 아직 상장도 하지 않았지만 이 종목(회사)이 약 700%의 수익률을 달성해 줬다. 투자할 때는 1,000만 원, 3,000만 원, 5,000만 원, 1억이었던 돈이 약 700%의 수익이 나자 7,000만 원, 2억 1,000만 원, 3억 5,000만 원, 7억이 되는 것을 직접 경험하게 되었다. 그리고 나니 돈이 어떻게 일하는지를 더 정확하게 알게 되었다. 돈이 돈을 버는 구조를 제대로 배운 것이다. 내가 노동하지 않았음에도 내 자본이 내 돈이 일하는 것이었다. 그것을 보니 종목(회사)만 제대로 딜소싱해서 투자한다면 남을 속이지 않고도 멋지게 돈을 벌 수 있겠다고 뼛속 깊이 느끼게 되었다.

이렇듯 여러 종목(회사)에 지분투자하면서 돈을 잃어 보기도 하고 수익을 내 보기도 하는 다양한 경험을 하게 되었다. 더불어 제대로 된 종목(회사)에 가치투자를 할 수 있는 안목이 생겨났다.

나름 엄청난 대가를 치르고 나니 아는 만큼 벌리기 시작했다. 지분투자를 제대로만 하면 돈을 많이 벌 수 있다. 그러나 돈만 버는 것이 아니었다. 더불어 정말 멋진 명분도 얻었다.

지분투자는 모두가 돈을 벌 수 있는 구조다. 지분투자는 스타트업 기업에 기관투자가 들어오기 전이나 기관이 투자할 때 같이 투자하는 방법이다. 단계별로 투자 밸류가 다 다르기 때문에 정말 될성부를 종목(회사)에 빠른 단계에 투자하면 V종목(회사)과 같이 돈을 벌 수 있다. 나만 벌어도 정말 대박이지만, 이 지분투자는 회사도 벌고 나도 벌고 나를 통해서 투자한 투자자들도 벌게 된다. 누이 좋고 매부 좋고, 도랑 치고 가재 잡는 일석이조삼조의 투자인 것이다.

스타트업 기업을 위해 국가도 못하는 일을 우리 같은 지분투자자가 한다. 어떤 회사든지 회사는 돈이 있어야 운영된다. R&D 자금, 회사 운영비, 경비 등등 아무리 기술이 좋아도 돈이 있어야 하기 때문이다.

단계별로 회사는 많든 적든 자금이 필요하다. 매출이 나오고 있는 회사라도 양산 비용 등 회사가 어느 정도 안정기에 접어들기 전에는 회사가 커지면 커진 만큼 자금이 필요하다. 그러나 기관투자를 받으려면 심사기간이 최소 3개월에서 6개월 이상이 걸린다. 그러다 보니 정작 필요한 자금이 없어서 그사이에 도산하는 회사가 너무 많다. 그러나 나와 같은 개인 전문투자자들은 심사 기간이 짧기 때문에 회사가 필요로 할 때 바로 자금을 보낼 수 있다. 그런 만큼 회사가 성장하는 데 중요한 발판 역할을 해 줄 수 있는 것이다.

이 과정에서 밸류 딜도 가능하다. 회사가 제시한 밸류보다 낮은 밸류에 투자가 가능한 것이다. 즉, 그만큼 수익률이 높아지는 것이다. 다시 말해 회사는 필요한 자금을 적정한 때 투자받아서 좋고, 나는 물론 나와 같이 투자한 투자자들은 수익률이 올라가서 좋다. 모두가 돈을 벌 수 있는 구조인 것이다.

그런 만큼 지분투자는 멋진 명분과 더불어 모두가 돈을 벌 수 있는 구조다.

그렇다면 내가 어떻게 해서 1,000억 부자가 되겠다고 하는 것일까?

현재 전 세계 부호들은 다 지분(주식) 부자들이다. 다들 알다시피 전 세계 부호 1위부터 10위까지 다 지분(주식)으로 부자가 된 사람들이다. 우리나라도 마찬가지다. 그렇다면 나도 삼성전자 같은 회사를 만들어야 하나? 그리고 그 회사를 삼성전자처럼 키워 그 수익을 나눠야 하나? 라고 생각할 수도 있다.

하지만 지분투자의 매력이 무엇인가? 말 그대로 지분투자는 회사 지분의 일부를 낮은 밸류에 취득하는 것이다. 즉, 삼성전자같이 될 회사를 딜소싱해서 그 회사에 지분투자를 하는 것이다. 혼자서 소액으로는 투자할 수 없다. 때문에 나와 같은 전문투자자들이 자금을 모아 공동으로 다양한 형태로 지분을 취득한다. 이렇게 해서 다양한 산업군의 다양한 회사의 지분을 취득해 놓는다. 결과적으로 내가 투자한 자본이 일하는 구조다.

앞서 이야기했던 V회사에 나는 그냥 투자만 해 놨을 뿐이다. 그런데 내 돈이 2년 동안 열심히 일해서 수입을 벌어들였다. 나는 돈이 일하는 시스템을 만들어 놓았을 뿐이다. 나는 이것에 힘입어 점차 파이프라인을 늘리고 있다.

그렇다면 나를 위해 일해 줄 사람들은 누구인가? 바로 내가 지분투자한 회사의 대표이사와 직원들이다. L회사는 1년 전쯤 자금이 필요해 나에게 긴급히 투자를 요청했다. L회사를 검토하고 분석해 보니 전 세계 어느 시장으로 진출해도 손색이 없을 것 같았다. 다만 하나, 자금이 부족한 상태였다. 나는 3주 만에 6억을 만들어서 투자해 주었다.

그 돈으로 그 회사의 대표이사와 직원들은 밤낮을 가리지 않고 전 세계를 다니며 비즈니스를 했다. 그러곤 내가 예측했던 대로 우리나라는 물론 중국, 미국, 싱가포르, 베트남 등등 정말 세계 곳곳에 솔루션을 제공할 수 있게 시스템을 구축해 놓았다. 내가 투자한 시점에는 매출이 0이었는데 올해는 예상 매출이 약 100억 정도 된다고 한다. 대표님께서 너무 기쁘다며 들떠서 전화해 왔다.

지금도 대표이사님은 전화 통화는 물론 만날 때마다 너무 고맙다고 하신다. 그때 내가 투자해 주지 않았다면 아마도 살아남지 못했을 수도 있다. 그런데 그 투자금으로 정말 많은 일을 해서 이만큼 성장하게 되었다며 고마워하신다. 나는 이게 지분투자의 진정한 매력이라고 생각한다.

나는 워런 버핏을 좋아한다. 아니, 그의 정신, 마인드를 좋아한다. 단순히 투자자여서가 아니다. 그의 투자에는 인생이 있고, 철학이 있다. 돈을 보는 돈에 대한 생각이 보통의 사람들하고는 확연하게 다르다. 이분에게 만 원은 우리가 생각하는 만 원이 아니다. 돈을 단순히 숫자로 보는 것이 아니라 돈에 가치를 부여한다. 이분의 어록들이 정말 많이 있지만, 그 문장 중의 하나에 나의 인생이 송두리째 바뀌는 역사가 일어났다.

"잠자는 동안에도 돈이 들어오는 방법을 찾아내지 못한다면 당신은 죽을 때까지 일해야만 할 것이다."

내가 그토록 원하고 나의 목표가 되기도 했던 이 문장은 지금도 읽을 때마다, 묵상할 때마다 전율이 느껴진다.

앞으로 나의 자산이 늘어나고 나와 함께 투자에 참여한 투자자들의 자산이 늘어나면 잠자는 동안에도 돈이 들어오는 시스템은 더 커져 있을 것이다. 수익의 파이프라인은 더 많아져 있을 것이다. 그렇게 된다면 내가 투자한 회사는 엄청나게 성장해 있을 것이다. 내가 1,000억 갑부가 되어 있는 것은 물론 내 주변 사람들도 더불어 1,000억 갑부가 되어 있지 않을까?

나는 오늘도 내가 잠자는 동안에도 돈이 들어오는 시스템과 수익의 파이프라인을 만들어 가고 있다.

아이들과 크루즈로 전 세계 여행하기

나는 네 아이의 엄마다. 항상 아이들이 원하는 것에 더해 내가 원하는 것을 해 주는 엄마가 되기를 꿈꾸었다. 그런 만큼 오늘도 열심히 수입 파이프라인을 만들어 가고 있다.

나는 전문투자자로 활동하고 있다. 수입도 어느 정도 안정권에 접어들었다. 그렇게 버킷리스트가 하나하나씩 현실이 되었다. 더불어 새로이 업그레이드된 버킷리스트가 하나하나씩 추가되었다. 그중 하나가 네 아이들과 유럽 배낭여행을 가는 것이었다. 2020년 올해가 가기 전에.

나는 우리 아이들뿐만 아니라 주변 사람들에게 나갈 수 있는 한 많이 해외에 나가서 다양한 경험을 하라고 이야기한다. 내가 해외에 나가 보니, 좁은 대한민국 땅에서 아웅다웅하며 사는 것은 아니라는 생각이 들었기 때문이다. 드넓은 세상에서 넓은 마음과 깊은 생각을 배우라는 뜻이다.

10여 년 전에 유럽을 갔다 오면서 나는 지구가 얼마나 넓은지 깨달왔다. 시속 약 1,000킬로미터로 12시간을 비행하는 그 자체가 정말 경이로웠다. 정말 세상은 넓구나. 좁은 생각 좁은 시야에서 벗어나 전 세계를 다 내 손 안에 담아야겠구나 생각했다.

유럽 배낭여행의 전체 예산은 약 2,000만 원 정도로 잡고 있다. 시기는 유학 가 있는 애들 셋이 방학하고, 큰딸의 회계사 2차 시험이 끝나는 7월경으로 계획하고 있다.

이 글을 쓰다 보니, 문득 아이들 어렸을 때가 생각난다. 나는 아이들에게 전 세계가 너희들의 놀이터라고 했다. 그러면서 세계지도와 대한민국 지도를 거실 한복판에 테이프로 붙여놓고 그 위에서 마음껏 놀게 했다.

정말 아무것도 없이 하루 벌어 하루 사는 삶을 살고 있을 때도 나는 아이들이 세계를 두루 다니며 공부할 수 있는 기회를 허락하시길 기도했다. 전 세계 어느 곳에서든지 선한 영향력을 끼치는 영적 지도자들이 되기를 기도해 왔다. 그때 당시에는 정말 터무니없는 기도 같았다. 하지만 간절히 원하면 이루어진다는 걸 나는 다시 한 번 내 눈으로 확인하고 있다. 1년 6개월 전 3명의 내 아이들이 치앙마이 국제학교로 유학 갔다. 내 기도대로 되고 있음에 소름이 돋을 뿐이다.

이렇듯 아이들에게 세계 여러 나라를 보여 주고 경험하게 해 주고 싶은 엄마의 마음이 하늘에 닿았을까? 단순히 유럽 배낭여행으로 끝날 뻔했던 버킷리스트가 오히려 더 업그레이드되는 사건(?)이 발생한 것이다.

나는 내 삶의 레벨과 내 사업의 부가가치를 올리고 확장시키기 위해서 책을 써야겠다고 다짐했다. 그래서 한책협에 가입하고 책 쓰기 과정에 등록했다. 그러곤 바쁜 중에도 죽을힘을 다해 책 쓰는 데 매진하고 있다.

어느 날 나는 한책협에서 《나는 100만 원으로 크루즈 여행 간다》라는 책을 보게 되었다. 더 나아가 비행기 표만 있으면 공짜로 크루즈를 탈 수 있단다. 이게 무슨 대형사건인가? 뭐든지 궁금하면 못 참는 나는 살포시, 아니, 대놓고 알아보았다. 진짜 정보였다. 그렇게 갈 수 있는 방법이 진짜로 있었다. 여행에 대한 나의 고정관념이 완전히 바뀌는 순간이었다.

이 지면을 빌려 고백하자면, 10년 후에 크루즈여행을 가려고 나는 상조회에 3구좌를 가입했다. 그러곤 만 2년 넘게 한 달에 약 10만 원 정도를 불입하고 있다. 그렇기 때문에 머릿속에 쓰나미가 몰려오는 것 같은 혼란과 후회가 밀려왔다. 돈만 있으면 언제라도 어디라도 갈 수 있다고만 생각했다. 크루즈를 공짜로 탈 수 있는 방법이 있을 줄은 정말 꿈에도 몰랐다. 알고 보니 한책협에는 1년에 네 번 가시는 분들도 있었다. 정말 부러웠다. 사실 여행이라는 게 돈만 있다고 갈 수 있는 게 아니다. 시간도 있어야 하지 않나. 그런 만큼 너무너무 부러웠다.

크루즈여행에 대해서는 알다시피 귀족여행이네 호화여행이네 싸네 비싸네 하며 가 본 사람이든 안 가 본 사람이든 말들이 많다. 그러나 나는 상위 1%의 삶을 추구하고 욕망하는 사람이다. 크루즈여행 또한 욕망하고 있었기 때문에 흔쾌히 멤버십에 가입했다. 벌써부터 기대가 된다.

그렇게 아이들과의 유럽 배낭여행을 꿈꾸던 나에게 힘들이지 않고 귀족여행을 할 수 있는 크루즈여행이 다가온 것이다. 버킷리스트가 바뀐 결정적인 또 하나의 기억이 있다.

2018년 1월 늦둥이 막내(당시 아홉 살)를 데리고 정말 얼떨결에 중국 상해로 패키지여행을 가게 되었다. 패키지여행은 다들 아시겠지만, 고난의 여행이다. 순례 여행 그 자체다.

나는 꼬맹이를 데리고 버스가 내려 주는 대로, 내 의지하고는 전혀 상관없이 걷고 또 걸었다. 그야말로 고난과 순례의 여행이었다. 밤 11시에 버스가 숙소인 호텔에 내려 주면 나는 방으로 올라와서 씻곤 바로 곯아떨어졌다. 그런데다 아침이면 6시에 모닝 벨이 울려 단잠을 깨웠다. 그야말로 새벽별 보기 여행이었다. 돈 벌기 위해서도 6시에 일어나 본 적이 없는데…. 오죽하면 아홉 살 꼬맹이가 "엄마. 다음에는 꼭 자유여행 가자."라고 했을까. 그 말이 지금도 생생하게 기억난다.

그런 힘들었던 기억이 있기 때문에 유럽 배낭여행을 계획하면서도 약간의 고생을 마음속에서 각오하고 있었다. 그랬던 터라 온 가족이 함께 여행을 했다는 데만 의의를 두고자 했다. 그러면서도 나름 기대 아닌 기대를 하고 있었다. 그런데 훨씬 더 저렴한 비용으로 귀족여행인 크루즈여행을 갈 수 있다니. 안 가면 바보 아닌가? 나는 바보가 아니기 때문에 무조건 크루즈여행으로 결정했다.

아이들에게 귀족문화를, 1%의 삶을 말로만 강조할 것이 아니다. 직접 체험하고 경험하게 하는 게 최고의 교육 아니겠는가? 내가 누구인가? 특별한 엄마, 세계 최고의 엄마, 아이들이 원하는 것보다 더 큰 것을 해 주는 엄마가 아니던가? 아이들이 가까운 일본여행을 원했을 때 유럽 배낭여행을 가자고 말했던 것도 엄마인 나였다. 아이들은 당연히 환호하며 난리도 아니었다. 이제는 배낭여행이 아닌 크루즈로 유럽을 여행한다고 하면 아이들의 반응이 어떨지 나 역시도 무척 궁금하다. 아이들에게 아직 이야기하진 않았지만 이번 3월에 세 아이들이 한국에 다니러 오면 온 가족이 모여서 크루즈여행 계획을 짜야겠다.

나는 그렇게 살지 못했기 때문에 아이들에게는 항상 최고의 것으로 아니, 최소한 아이들이 원하는 것이라도 마음껏 해 주자는 마음으로 여기까지 왔다. 그런 만큼 아이들에게 전 세계를 두루 다니는 경험을 갖게 해 주고 싶었던 것도 나의 욕망에서 비롯되었다.

이제는 고생하는 여행이 아닌 편안한 여행, 마음껏 누리는 여행, 기쁘고 즐겁고 행복한 여행을 나의 분신인 아이들과 함께 하려고 한다. 공짜로도 할 수 있다니, 애들 학교만 아니면 나도 1년에 네 번씩 크루즈여행을 다니고 싶다. 하지만 여건이 안 되는 만큼 아이들 방학(미국식 국제학교는 정식 방학이 1년에 한 번밖에 없다) 시기에 맞춰 최소한 1년에 한 번씩은 다녀올 계획이다. 올해에는 일주일 코스 정도로 유럽 쪽을 다녀와야겠다.

어떤 여행이 될지 벌써부터 기대가 되고 설렌다. 아이들과의 크루즈여행을 상상하느라 오늘 밤은 잠을 못 이룰 것 같다.

평범한 사람
부자 만들어 주기

나는 네 아이를 키우며 남들보다 더 열심히만 살면 부자가 될 거라는 희망을 안고 살아왔다. 그러나 현실의 나는 점점 더 가난해지고 있었다. 어떨 때는 통장 잔고에 100만 원도 없을 때도 있었다. 아이들은 커 가고 수입은 크게 나아진 것이 없어 걱정으로 잠을 못 이루며 고민하기도 했다. 아무리 허리띠를 졸라매도 아이들이 원하는 것을 해 주지 못할 때면 남몰래 울기도 했다.

내 주변에는 부자가 없었다. 그렇기 때문에 다들 나처럼 사는 줄로만 알았다. TV에서 부자들이 나오는 장면을 보고 있노라면 다른 세상 사람들 같았다. 나는 언제쯤에나 가격표를 안 보고 아이들에게 신발이나 옷을 사 줄 수 있을까? 내 살아생전에 그럴 일이 있기나 할까? 나는 정말 돈 많은 부자, 갑부가 되고 싶었다.

약 13년 전 유아복 매장을 운영하고 있던 어느 날이었다. 다른 지역 점주와 우연찮게 전화통화를 하게 되었다. 통화를 하다 보니 공감대가 많았다. 나이도 같았고, 같은 유아복 매장을 하고 있고, 또 크리스천이었다. 손님이 없으면 하루 종일 전화로 다양한 이야기를 나누며 서로 친분을 쌓아 갔다.

그런데 통화를 하다 보니 서로 다른 점이 딱 하나 있었다. 바로 자산의 차이였다. 이 친구에게는 벌써 5~6억대 이상의 자산이 있었던 것이다. 나는 1억도 없던 시절인지라 그 친구가 너무너무 부러웠다. 기회가 있어서 어떻게 젊은 나이에 그렇게 큰돈을 벌었는지 물어보았다.

역시나 투자였다. 몇 년 전 사 놓았던 아파트가 4~5배 올라 시세차익을 보고 팔았다고 했다. 또 하나는 주식투자라고 했다. 나는 어차피 돈이 없으니 아파트 투자는 힘들 것 같았다. 그래서 주식투자를 어떻게 하면 되는지 물어보았다. 워낙에 친절한 친구인지라 계좌를 개설하는 것부터 어떤 때 매수, 매도해야 하는지, 어떤 종목을 사야 하는지, 어떻게 수익을 내야 하는지까지 정말 상세하고 자세하게 알려 줬다.

그렇게 나의 투자 인생이 시작되었다. 그러나 투자할 돈이 많이 없으니 수익이 나도 너무 작게 나는 것이었다. 그렇다고 빚을 내서 할 수도 없고….

그런데 이 친구가 돈 버는 방법이라고 알려 준 게 하나 더 있었다. 그때만 해도 오프라인 매장이 지금보다는 훨씬 활성화되고 있었다. 친구는 그 점에 주목하면서 유아복 매장을 몇 개 더 내라는 이야기를 해 주었다. 그 친구도 유아복 매장과 아동복 매장 2개를 운영하고 있었다. 많게는 10개까지도 운영하고 있는 점주도 있다고 했다. 그 점주들은 직원들에게 매장을 맡기고 들로 산으로 해외로 골프를 치러 다닌다고 했다.

나는 솔직히 그들이 너무 부러웠다. 나는 매장을 운영하느라 창살 없는 감옥살이를 하고 있는데…. 그러나 문제는 항상 돈이었다. 매장을 하나 내는 데 그때 당시 돈으로 약 7,000만~1억 원 정도가 들었다. 그런데 나는 돈이 없었다. 그림의 떡이었다.

그때부터였던 것 같다. 나를 위해 일해 줄 사람과 시스템을 만들고 싶다고 생각했던 게…. 나는 다양한 아이템의 비즈니스 모델을 구상하곤 했다. 그러나 항상 돈이 나의 목표와 꿈을 산산조각 내곤 했다. 어떻게 하면 큰돈이 없어도 내가 생각하고 상상하는 비즈니스 모델을 현실화시킬 수 있을까? 내 머릿속에서만 놀고 있는 이 다양한 아이디어를 믿고 나에게 누군가 투자해 주면 얼마나 좋을까? 그러나 결국은 그 누군가는 나타나지 않았다. 그래서 나는 더 많이 일하면 된다고 생각하고 종잣돈을 만들기 위해 더 열심히 일했다.

그렇게 몇 년이 흘러 매장 계약기간도 끝났다. 매장을 다 정리하게 되었다. 하지만 놀 수는 없으니 또 이런저런 다양한 일들을 하며 세월을 보냈다. 그동안에도 소액이지만 틈틈이 장내 주식투자는 하고 있었다.

그러던 어느 날 문득 상장하기 전에 주식을 사 놓고 상장하면 팔아 수익률을 더 높일 수 있겠다는 생각이 들었다. 그러나 방법을 모르니 답답하기만 했다. 나는 일하는 틈틈이 이곳저곳 드나들며 정보를 수집하기 시작했다. 이 이야기는 남편도 모르는 이야기다.

나는 인터넷을 통해 정보를 수집하고 있었다. 그런데 한 카페에서 아직 상장하지 않은 주식을 팔고 있는 것이 아닌가. 눈이 번쩍 뜨였다. 나는 제대로 알아보지도 않고 탐심과 탐욕에 눈이 멀어 그것을 덥석 샀다. 그리고 그걸로 끝! 카페가 폐쇄되고 나에게 주식을 팔았던 사람은 연락이 두절되고 말았다. 돈이 없어서 많이 사진 않았지만 나에겐 피 같은 돈이었다. 탐심과 탐욕에 눈이 멀어 투자가 아닌 투기하는 마음으로 돈을 벌려다 보니 돈이 나를 배신한 것이다. 나는 눈물을 삼키며 또 열심히 교육 사업에 매달렸다. '세상에 공짜는 없다'는 말을 곱씹으며.

이런 시행착오를 거치며 나는 지금은 멋지게 금융시장에 투자하는 전문투자자가 되었다. 오랜 시간이 흐르진 않았지만, 나를 통해 이미 돈을 벌고 있는 투자자들이 여러 명 있다. 그들은 너무나도 평범한 직장인, 자영업자들이다. 내가 하라는 대로 내가 살 때 사고, 내가 팔 때 팔며 큰 욕심 없이 돈을 벌어 나가고 있다. 시장을 거스르지 않고 시장의 흐름에 자산을 맡기면 시장이 돈을 벌 수 있게 해 준다는 걸 관전하고 있다. 나도 그렇고 그분들도 아직은 부자라고 하기에는 많이 부족하지만 이제는 안다. 금융시장에서, 투자시장에서 세력에 휘둘리지 않고 그들과 같이하며 돈을 벌 수 있는 방법이 있다는 것을.

나는 금융시장을 만나면서 버킷리스트이자 사명이 하나 생겼다. 나처럼 올바르게 살면서 조금이라도 잘살아 보려 하는 사람들에게 선한 영향력을 끼치고 싶다. 나를 만나고 소통하며 나를 믿고 따라와 주는 사람들과 내가 아는 부자 되는 비밀을 공유하려고 한다.

책을 쓰려고 하는 첫 번째 이유도 책을 통해 내 사업을 확장하고 싶기 때문이다. 그다음 이유는 나와 같은 선한 사람들끼리 네트워크를 형성해 부를 나누고 싶기 때문이다. 그들은 나처럼 시행착오를 겪지 않았으면 한다. 그렇게 같이 부를 향해 한 걸음씩 나아가고 싶다. 요즘은 내가 생각만 하면 내 앞에 내가 생각한 모든 것이 쫙 펼쳐진다. 그 기분은 이루 말할 수 없이 좋다. 경험해 보지 않은 사람은 알 수 없는 기분이다. 말로 표현할 수 없는 기분이다.

나는 나를 믿고 내 손을 놓지 않고 나를 배신하지 않는 사람들을 목숨 걸고 지킬 것이다. 그리고 그들과 지구 끝까지라도 같이 갈 것이다.

나는 상상한다. 그들과 같이 미래를, 부를, 꿈을 이야기하는 모습을. 나는 보통 사람이라면 상상할 수 없는 우리만의 리그를 만들려고 한다. 나는 무조건 그렇게 될 거라고 믿는다. 나를 통해서 부자가 된 사람들의 삶을 상상하면 나는 너무 행복하다. 왜냐하면 나는 그들보다 더 큰 부자가 되어 있을 것이기 때문이다.

"더욱더 큰 부자가 되고 싶은가? 그렇다면 최선을 다해 다른 사람들을 부자로 만들어 주라. 그러면 당신은 더 큰 부자가 되어 있을 것이다."

태국 치앙마이에
빌딩 짓기

나의 4명의 아이들 중 3명이 태국 치앙마이에 있는 국제학교에 다니고 있다. 그러다 보니 5개월에 한 번 정도는 치앙마이에 간다. 갈 때마다 느끼는 거지만 치앙마이에는 약 50년의 시차가 공존하는 듯하다. 시내는 최첨단을 걷지만, 시내만 막 벗어나도 그냥 우리나라 1960~1970년대를 보는 것 같다. 빈부격차는 이루 말할 수 없다.

태국 소수 종족들 중에 특이하게도 결혼이라는 개념이 없는 산족이 있다고 한다. 이들은 수시로 파트너를 바꿔도 문제가 되지 않아 아버지가 누구인지도 모르는 아이를 낳는 경우가 많다고 한다. 그러면 아이를 그냥 갖다 버린다고 한다. 태국에는 그런 아이들을 데려다 키우는 고아원이 엄청 많다고 한다.

우리 아이들은 돌봐 주시는 선교사님과 한 달에 두 번 정도 고아원을 방문한다고 한다. 같이 예배도 보고, 맛있는 것도 먹고, 놀기도 한단다. 그곳에는 우리 아이들을 돌봐 주시는 선교사님처럼 뜻이 있어서 오시는 분들도 계시지만 다른 이유로 와 있는 사람들도 정말 많다. 다른 사람들은 어떨지 모르겠지만, 나는 치앙마이가 참 좋다. 우리 아이들이 있어서이기도 하지만 일단 따뜻해서 너무 좋다. 그래서 갈 때마다 한국에 돌아오고 싶지 않을 정도다. 치앙마이에서 살고 싶어 한 번씩 땅이나 집을 보고 오기도 했다. 그러면서 나의 버킷리스트에 또 하나의 목록이 추가되었다. 태국 치앙마이에 빌딩을 짓기!

단순히 내 욕심을 위해 치앙마이에 빌딩을 짓고 싶은 건 아니다. 나의 사명을 완수하기 위해서다.

어느 날, 기도해 주시는 선교사님으로부터 전화가 왔다. 나를 위해서 기도하는데 하나님께서 나에게 사명을 주셨다고 하셨다. 다름 아닌 J 선교사님의 사역을 전적으로 책임지라는 사명이었다.

J 선교사님은 태국의 치앙마이에서 현지 교회를 섬기신다. 전 세계 미 전도 종족에게 언어 사역을 하신다. 글이 있는 종족에게는 그 글로 성경을 만들어서 복음을 증거하신다. 글이 없는 종족에게는 핸드 녹음기에 그 종족 언어로 성경을 녹음해서 복음을 증거하신다. 쉬워 보이지만 그 어려움은 상상을 뛰어넘는다.

J 선교사님은 그 사역을 감당하기 위해 목숨까지도 바치고 계신다. 소수 종족을 찾아 오토바이로 15일간이나 산을 넘어가는 경우도 있다고 하셨다. 차가 들어갈 수가 없어서 오토바이를 타고 다니시는 것이다. 오토바이로 산길을 가다 보면, 때로는 미끄러져서 넘어지기도 한다고 하

셨다. 한번은 들짐승의 위협을 받기도 하셨단다.

때로는 국경을 넘어 근처 나라들의 소수 종족도 찾아다니신다고 한다. 그래서 연락이 두절되는 경우가 허다하다고 했다. 두 달 동안 연락이 안 되어서 돌아가신 게 아닌가 하고 거의 포기하고 있을 때쯤 알아볼 수도 없을 만큼 초췌해진 모습으로 나타나신 적도 있다고 한다. 그럼에도 불구하고 J 선교사님은 아직은 이 땅에 주를 위해 할 일이 있으셔서 살려 놓으셨다고 감사해하신다.

이렇게 목숨 걸고 선교하시는 J 선교사님이 내게는 너무 대단해 보였다. 과연 나라면 이렇게 할 수 있을까? 선뜻 답이 나오지 않았다. 이분들은 본인들 생명은 아무렇지 않아하신다. 오히려 더 많이 선교하지 못하는 것을 걱정하신다.

선교도 돈이 있어야 한다. 그래서 나도 예전부터 여러 명의 선교사님들께 5만 원씩 선교헌금을 보내고 있다. 항상 그 5만 원이 얼마나 도움이 될까 생각하면서. 그런데 선교사님들의 말로는 더 많은 선교를 하고 싶어도 성경을 인쇄할 돈이 없어서 못 하신단다. 또한 녹음기를 살 돈이 없어서 있는 범위 내에서 선교하신다고 한다. 그러다 보니 항상 부족하고 한계가 있으시단다. 그게 아쉽다는 이야기를 나에게 하셨다. 나는 어떻게 하면 선교사님의 사역을 도와줄 수 있을까 고민해 보았다.

먼저 땅을 사서 빌딩을 짓는 거다. J 선교사님과 동역하시는 선교사님들에겐 마땅히 일하실 공간이 없다. 그래서 이 집 저 집 전전하며 사역하고 계셨다. 나는 그 선교사님들에게 마음 편히 사역하실 수 있는 그런 공간을 마련해 주고 싶었다.

　이렇게 하나님은 나의 기도 제목을 또 하나 들어주셨다. 나의 기도 제목 중 하나가 세계를 두루 다니며 선교하는 거였다. 그렇게 기도하면서도 나는 내가 직접 할 수 있을지 의문스러웠다. 사실 자신이 없었다. 그런데 역시 하나님은 나를 너무 잘 아신다. 나에게 직접 시키지 않고 다른 분들을 통해 내 할 일을 하게 하셨으니까.

　그러나 그 사역을 전적으로 책임지는 게 나의 사명이니 결국은 내 사역인 것이다. 하나님은 세계 곳곳 미전도 종족에게 복음을 증거하라는 사역으로 나의 기도를 또 한 번 완벽하게 이루어 주셨다. 참 멋진 하나님이시다. 나는 3년 이내에 이 모든 일을 완료할 것이다. 나는 나의 소명인 선교사역도 내 스타일대로 멋지고 완벽하게 잘해낼 것이다. 내가 지어 놓은 빌딩에서 이분들이 나를 대신해 멋지게 사역할 생각을 하니 벌써부터 신이 난다. 내가 직접 하는 것도 감사한 일이지만 각자 타고난 재능대로 사역을 하게 하심에 더욱더 감사하다. 또한 나에게 큰돈을 버는 재능을 주신 하나님께 너무 감사드린다.

　치앙마이에 세워질 나의 빌딩. 아니, 세상을 향한 하나님의 비전센터. 그곳을 통해 얼마나 많은 기적이 일어날지 기대된다. 나는 또 상상한다. 사마리아와 땅 끝까지 이르러 복음을 증거하는 역사를.

PART 16

마음을
단련해 주는
의식성장센터
설립하기

-정선의-

정선의

NS홈쇼핑 금융본부 그룹장, (주)피플라이프 컨설턴트부문 챔피언 3회

대학에서 자산관리학을 전공하였다. NS홈쇼핑 금융본부 그룹장으로 근무하면서, 원하는 삶을 살기 위한 효율적인 자산관리 컨설팅을 제공하고 있다.

초대형 베스트셀러 작가 되어 선한 영향력을 끼치는 삶의 주인공 되기

세상엔 수많은 사람들이 있다. 그리고 그들이 살아가는 이유도 삶의 가치도 다 다르다. 그러면 나의 삶의 가치는 무엇일까? 나는 언제 행복을 느꼈지? 가족들과 아름다운 곳으로 여행 갈 때, 가족들과 맛있는 음식을 먹을 때 나는 행복하다. 나는 무슨 일을 할 때 가슴이 뛰었지? 기업 컨설턴트로서 고객사에 도움을 주고 고객이 감사함을 표현할 때 난 뿌듯함을 느낀다. 나의 지식과 경험을 알려 주어 친구의 어려움이 해결되었을 때 난 뿌듯함을 느낀다. 행복하다.

하지만 기업 컨설턴트 일에는 시간의 자유가 없다. 가족들과의 모처럼의 여행도 고객 문의에 답하느라 마음 편히 즐길 수 없다. 장기간 자리를 비우면 업무에 로스가 생겨서 문제가 터지곤 한다. 난 내가 하고 있는 기업 컨설턴트 일이 점점 더 버겁게 느껴진다.

몇 년 전부터 《영혼을 위한 닭고기 수프》의 공동저자인 잭 캔필드가 한 말이 귀에서 떠나질 않는다. "나는 가슴이 뛰는 일이 아니면 하지 않는다." 내가 지금 하는 일이 내 가슴을 뛰게 하는가? 정말 내가 원하는 일인가? 나에게 질문해 보았다. 나는 답을 할 수 없었다.

내가 좋아하는 일, 나에게 기쁨을 주는 일을 하면서 시간과 경제적으로도 자유로울 수 있는 일은 없을까? 그런 일이 있으면 얼마나 좋을까? 나는 그런 삶을 열망했다. 다른 사람에게 도움을 주면서 보람을 느끼고 경제적으로도 시간적으로도 풍족함을 누리는 삶을 상상했다. 생각만 해도 입가에 미소가 지어졌다. 세계를 여행하면서 다양한 친구들을 만나 많은 경험을 하고 그 경험을 나누면서 타인의 삶에 선한 영향력을 주는 삶. 가고 싶은 곳을 언제든 갈 수 있고, 갖고 싶은 것을 망설임 없이 살 수 있고, 하고 싶은 일을 바로 할 수 있는 자유로운 삶. 생각만 해도 가슴이 벅차다. 그런 삶이 가능할까?

간절함 때문이었을까? 우연히 《백만장자 메신저》와 《배움을 돈으로 바꾸는 기술》이라는 책을 추천해 주는 유튜브 방송을 시청하게 되었다. 자신의 경험과 지식으로 다른 사람에게 도움을 주고 그 대가로 자유로운 삶을 살 수 있다는 내용이었다. 인터넷을 기반으로 프로그램을 만들어 놓으면 도움을 필요로 하는 사람을 매번 만나지 않아도 된다는 것이다. 그들이 비용을 지불하고 나의 노하우와 지식, 경험을 구입할 수 있는 시스템을 만들 수 있다는 것이다! 경이로운 일이었다. 바로 내가 원하는 삶의 롤 모델이었다. 드디어 해답을 찾았다!

그러나 즐거움도 잠시였다. 나의 존재를 어떻게 알리지? 유튜브를 해 볼까? 그런데 유튜브에서 나를 어떻게 알리지? 내 분야에서는 내가 최고라고 하지만 그걸 어떻게 증명하지? 나는 시간이 되는 대로 성공한 사람들을 만났다. 적지 않은 상담료를 지불하면서 메신저의 삶에 대해 답을 줄 스승을 찾아다녔다. 그러나 나는 좌절했다. 답을 알면서도 답으로 가는 길을 찾지 못했기 때문이다. 더군다나 우리나라에서는 성공한 메신저를 찾아보기 힘들었다.

그런데 또 기적이 일어났다. 우연히 〈김도사TV〉를 보게 된 것이다. 영상 속 김도사님이 내가 가고자 하는 길을 알려 주는 게 아닌가?

"메신저는 자신의 지식과 경험, 정보, 비법을 들려주고 대가를 돈으로 받는 코치나, 강연가, 컨설턴트를 말한다."

"책을 쓰는 일은 평범한 사람이 성공자로 인정받을 수 있는 최고의 수단이다."

이 말을 듣는 순간 내 머릿속이 빛으로 가득 차는 느낌이었다. "그렇지! 그거야!"

다행히 다른 사람들처럼 말로만 방법을 알려 주는 게 아니었다. 실행할 수 있는 프로그램이 있다고 했다. 나는 한책협에서 진행하는 미라클 사이언스 특강과 책 쓰기 특강을 바로 신청했다. 어두웠던 터널을 지나 빛 속으로 나오는 느낌이었다.

일단 책부터 쓰자! 그다음은 어떻게 되겠지. 그렇게 한책협의 책 쓰기 과정에 등록했다. 한책협의 책 쓰기 과정은 단순한 책 쓰기 과정이 아니었다. 궁극적으로 내가 원하는 메신저의 삶을 살도록 이끌어 주는 과정이었다. 책을 출간한 이후 나를 알릴 수 있는 프로그램까지 준비되어 있었다.

그저 책에만 있는 메신저의 삶이 아니었다. 한국에서 메신저로 성공한 김도사님의 생생한 증언이었다. 그것을 하나하나 배우고 실천하며 나에게 맞는 시스템을 준비하고 있다.

가슴 뛰는 일을 하면서 자유로운 메신저의 삶을 살기 위해 나는 매일 의식을 확장시켜 주는 독서를 하고 있다. 그리고 나의 이야기를 쓰고 있다. 내가 가고 싶은 길을 이미 가고 있고 성공자를 통해서 가장 빠른 길을 찾아 가고 있다.

나의 책은 가장 빠른 속도로 나를 지식 소비자에서 지식 생산자로 탈바꿈시켜 줄 것이다. 내 책은 단순히 나의 경험을 나누는 책이 아닐 것이다. 삶의 변화를 원하는 이들이 변화의 길로 갈 수 있는 안내서가 될 것이기 때문이다. 내가 성공자로부터 혜택을 받은 것처럼 나는 나의 방식으로 타인의 삶에 변화와 행복을 선물할 것이다.

사람들은 내 책을 읽고 삶이 변화하는 벅찬 감동을 누리게 될 것이다. 나에게 감사의 마음을 전하는 그들을 보면서 나는 하늘을 날듯이 행복할 것이다.

중요한 건 삶의 긍정적인 변화다. 순간의 감동과 감사도 행복한 일이지만 삶에 긍정적인 변화가 없다면 무슨 의미가 있을까? 순간의 기쁨일 뿐 그 뒤엔 더 큰 공허함이 똬리를 틀 수밖에 없다.

그래서 감동에 그치지 않게 삶의 긍정적인 변화를 도와줄 수 있는 시스템을 준비하고 있다. 1회성 감동이 아닌, 평생 기쁨과 감동을 이어 갈 수 있는 시스템을 만드는 것이 궁극의 목표다. 베스트셀러 작가가 되어 가치 있고 자유로운 삶을 누릴 나의 하루하루를 생각하면 가슴이 설렌다.

3년 안에 가족과
세계일주 하기

여행은 언제나 나를 설레게 한다. 새로운 곳에서 경이로운 경관을 보고 새로운 사람들을 만나는 즐거움이 있기 때문이다. 이는 일상에서 찾기 어려운 경험이다. 그래서 틈만 나면 나는 여행을 다녔다. 주말을 이용해서 서울 근교부터 시작해 전국을 다녔다. 최근 5년간은 해외여행을 많이 했다. 미국, 캐나다, 유럽, 일본, 태국, 싱가포르, 말레이시아 등을 여행했다.

먼저 엄마를 모시고 싱가포르를 갔다. 엄마는 모처럼의 해외여행에 잔뜩 들떠 있었다. 힘들 법한데도 잘 따라다니셨다. 싱가포르의 명소인 마리나베이 호텔 수영장과 아시아 최대 인 가든베이 수목원 등 처음 경험하는 그 나라의 풍물에 엄마는 어린아이처럼 즐거워했다.

국내에서 볼 수 없는 경관들이 자연의 경이로움을 온몸으로 느끼게 해 주었다. 아름다운 자연을 내려 주신 하나님께 감사의 기도가 저절로 나왔다. 살아 있어서 아름다운 경관을 온몸으로 느낄 수 있다는 게 얼마나 감사한 일인가. 맛있는 음식을 찾아 먹는 것 또한 커다란 즐거움이다. 엄마도 외국에 나가면 한식보다는 현지 음식을 즐기신다. 그런 만큼 우리 가족은 음식 걱정 없이 즐거운 여행을 할 수 있었다.

여행지에서 느끼는 즐거움은 크다. 하지만 여행을 준비하면서 느끼는 설렘도 그 못지않다. 뿐만 아니라 여행을 다녀와서도 한동안 그 설렘이 지속된다. 여행 사진을 보면서 가족들과 이야기를 나누다 보면 마치 타임머신을 타고 그 여행지에 있는 것처럼 즐거워진다. 가족들이 함께 나눌 이야기가 풍부해진다.

작년에 말레이시아 한 달 살기를 실천했다. 페낭-랑카위-말라카-쿠알라룸푸르 등 여러 곳을 다니다 보니 짐 싸고 짐 풀고를 반복해야 했다. 이 호텔에서 저 호텔로 옮기는 데 드는 교통비용도 만만치 않았다. 3명이 한 달 살기를 하는 데 1,000만 원 정도의 비용이 들었다.

여행은 삶을 풍부하게 해 준다. 물론 여행에는 시간과 비용이 든다. 특히 해외여행에는 더 많은 시간과 비용이 든다. 좋은 건 알지만 자주 가기는 어려운 게 여행이라는 생각이 든다. 그렇지만 세계일주는 꼭 해 보고 싶었다. 그래서 몇 년 전부터 나의 버킷리스트에 '가족과 함께 세계일주 하기'를 넣었다.

한 나라를 가는 데도 이렇게 비용이 많이 들고 힘이 드는데 세계일주를 어떻게 할 수 있을까? 더군다나 엄마는 연세가 있으셔서 앞으로 해외여행은 더 어려울 것 같았다. 그래서들 세계여행을 크루즈로 많이 하는 게 아닐까. 크루즈로 세계여행을 하면 얼마나 좋을까? 상상만 해도 구름 위를 걷는 기분이었다. 그러다 여행사의 크루즈 상품을 알아보니 비용이 상당했다. '역시 크루즈는 무리야…'

'가족과 세계여행 하기.' 종이 위에 쓰는 것만으로도 가슴이 설렌다. 우리 가족이 얼마나 좋아할까? 여행을 하며 함께 나눈 경험은 우리 가족이 모일 때마다 이야깃거리가 될 테지. 함께 세계를 여행한 이야기를 나누는 가족의 모습을 상상하면 너무나 행복했다.

그러나 막연하기도 했다. 비용과 방법, 시간 등 모든 것이 막막했다. 그러다 네이버에서 세계일주에 도전하고 있는 사람들의 글을 읽어 보았다. 대부분 직장을 그만두고 세계일주에 도전하고 있었다. 그런데 직장을 그만두고 세계여행을 하는 건 내 상황과 맞지 않았다. 가족과의 세계여행은 버킷리스트의 단골 메뉴로 남게 되는 걸까?

가족과의 세계여행은 먼 꿈으로 남겨 둔 채 나는 일상생활에 집중했다. 더 나은 삶을 위해 나 자신을 브랜딩해야 한다는 생각은 오래전부터 해 왔다. 메신저의 삶은 내가 원하는 최고의 삶이다. 보람을 느끼면서 경제적으로 충분한 보상을 받고 시간적 자유까지 얻을 수 있기 때문이다.

메신저의 삶은 나의 버킷리스트의 절반을 이루어 줄 만큼 나에게는 중요한 것이다. 그래서 한책협의 1일 특강을 들었다. 그런데 놀라운 일이 벌어졌다. 1일 특강 후에 옆 강의실에서 《나는 100만 원으로 크루즈 여행 간다》의 저자인 권마담님이 특강을 해 준다고 하는 게 아닌가?

나는 옆 강의실로 옮겨서 귀를 쫑긋 세우고 권마담님의 강의를 들었다. 여행사를 통하지 않고 직접 선사에 크루즈를 예약하면 1박당 10만 원 정도의 비용이면 된다는 설명이었다. 10만 원에 크루즈에서 누리는 모든 비용이 포함되어 있다고 했다. 나는 내 귀를 의심했다.

아이들이 있는 경우 일반 패키지로 하는 해외여행은 매우 피곤한 일이다. 그래서 나는 아이와 같이 갈 때는 클럽메드를 이용하는 편이다. 음식, 온갖 편의시설이 다 포함되어 있어 진정한 휴식을 취할 수 있기 때문이다. 그뿐만 아니라 원하면 아이들을 위한 프로그램에 아이를 맡길 수도 있다. 그러면 아이는 세계 여러 나라의 친구들과 함께 수영도 하고, 쿠키도 굽고, 골프, 양궁 등 재미있는 프로그램을 즐길 수 있다.

반면 어른들은 육아 스트레스에서 벗어나 진정한 휴식을 누릴 수 있다. 그래서 일반 패키지의 2배 이상의 비용이 들더라도 클럽메드를 많이 이용했었다. 그런데 권마담님의 강의를 들어 보니 크루즈에도 그런 프로그램이 있는 것이었다.

요즘은 정보가 돈이라는 이야기를 많이 한다. 그런 만큼 권마담님의 크루즈 강의는 나에게는 엄청난 충격이었다. 세상에나! 그동안 난 돈은 많이 내고 힘들기만 한 여행을 한 셈이다. 적은 돈을 들이고도 최고급 여행을 즐길 수 있음을 알았으니까. 심지어 시간도 절감해 준다고 한다. 잠자는 동안 다른 나라로 이동할 수 있으니까.

좁은 비행기에서 잠을 자고 나면 다리가 퉁퉁 붓고 이틀 정도 피로감으로 고생한다. 그런데 침실에서 편히 자고 나면 다른 나라에 와 있다니. 이건 꿈의 여행이다. 심지어 내가 다니던 여행보다 훨씬 더 저렴하다는 얘기를 듣고 나는 정말 충격을 받았다. 그동안의 여행에 들인 돈이 아깝다기보다는 새로운 기회를 주신 하나님께 감사할 뿐이다.

이제 버킷리스트에 한자리를 차지하던 가족과의 세계일주 꿈을 이룰 수 있게 되었다. 적은 비용으로 가장 호화롭고 안락한 크루즈를 타고 세계일주를 할 수 있게 되었다. 종이 위의 기적! 꿈은 이루어진다!

이번 휴가 때 가게 될 크루즈여행이 너무나 기대된다. 가족과 함께 크루즈를 타고 푸른 바다 한가운데를 항해하는 모습을 상상해 본다. 나는 가족과 함께 화려한 크루즈 쇼를 관람하면서 맛있는 음식을 먹고 즐거운 담소를 나눌 것이다. 세계 여러 나라 친구들과 즐거운 이야기를 나누면서 웃고 있는 가족들! 상상만 해도 입가에 미소가 지어진다.

10년 안에
자산 500억 원 만들기

5년 전부터 나의 버킷리스트에는 500억 자산 만들기가 추가되었다.

어떻게 사는 것이 진정 행복한 삶일까? 내가 생각하는 행복한 삶은 자유로운 삶이다. 시간의 자유, 경제의 자유, 감정의 자유. 적어도 이 세 가지에 얽매이지 않는 삶을 살고 싶다. 이 세 가지에서 자유롭다면 내가 하고 싶은 일을 마음껏 할 수 있기 때문이다. 선한 영향력을 끼치는 가치 있는 삶의 토대를 만들 수 있기 때문이다.

나는 500억이란 자산은 특별한 일이 아니라면 쉽게 줄어들지 않는 자산 규모라고 판단했다. 그래서 내 자산 규모의 목표를 500억으로 정했다. 이 중 100억은 주식형 투자 상품으로, 100억은 연금 상품으로, 300억은 부동산 상품으로 포트폴리오를 구성하려고 한다.

포트폴리오를 이렇게 구성하는 이유가 있다. 부동산은 유동성은 작지만 현물이고 비교적 안전한 자산이다. 여기에 300억을 투자하면 연 3%의 임대수익으로 연 9억 정도의 현금흐름을 만들 수 있다. 또한 100억 정도의 자산을 연 2.5%의 연금에 불입한다면 연 2억 5,000만 원의 수익을 얻을 수 있다.

주식은 장기적으론 투자이익과 배당 등의 소득을 얻을 수 있겠지만 변동성이 크다. 그런 만큼 현금흐름을 별도로 책정하기 어렵다. 이런 주식투자의 장점은 기업 성장에 기여할 수 있다는 것이다. 그런 만큼 기업에 관심을 갖게 되고 경제 지식도 높아진다. 또 하나의 장점은 현재의 세법으로는 다른 자산에 비해 가장 낮은 세금을 들여 증식할 수 있는 자산이라는 것이다.

부동산과 연금소득으로 연간 11억 5,000만 원의 현금흐름이 생긴다면 부대비용과 세금을 공제해도 6~7억 정도의 가용 자산이 생기게 된다. 이 정도의 현금흐름이면 별도의 경제활동을 안 해도 원하는 삶을 충분히 영위할 수 있다. 원하는 일을 마음껏 하면서 내 삶을 즐기는 모습을 상상해 본다.

가족과 함께 세계일주를 하고 강연도 하고 봉사도 하는 즐겁고 보람된 삶은 생각만 해도 너무나 행복하다.

500억 원이라는 구체적인 자산 목표를 세우면서 월급쟁이로는 불가능한 꿈이라는 걸 깨달았다. 나는 과감하게 프리랜서로 전향했다. 첫해에 3억 원의 연봉을 달성했다. 그중 2억 원을 저축하고 1억 원 정도를 사용했다. 다음 해에도 3억 원 정도의 연봉을 만들었다. 그런데 그다음 해엔 연봉 중 40% 이상을 세금으로 납부해야 했다. 또한 씀씀이가 커지면서 저축액은 2분의 1로 줄어들었다. 제일 큰 문제는 연봉은 올라갔지만 내가 일하지 않으면 당장 소득이 줄어드는 구조였다.

이는 대부분의 사업자들이 공통으로 느끼는 어려움이다. 일을 하고 있을 때는 직장인보다 소득이 높지만 일하지 않으면 소득은 급감하게 된다. 들이는 시간과 소득이 정비례하는 일은 경제적으로는 조금 윤택해진다 해도 건강에는 큰 리스크다. '죽도록 일하다가 결국 죽겠구나!' 싶었다.

'보통 사람에게 소득을 벌어다 주는 자동화 시스템을 만드는 방법은 없을까?'

물론 네트워크 마케팅에서 늘 이야기하는 소득 파이프라인이 있긴 하다. 네트워크 마케팅을 하는 사람들을 보면 한때는 최상위 레벨까지 오르기도 한다. 그러나 그것을 장기간 유지하는 케이스는 많이 보지 못했다.

"지성이면 감천"이라는 말처럼 500억 자산을 만들기로 결정하자 메신저의 삶을 소개해 주는 책을 알게 되었다. 그리고 지금은 메신저 삶의 1단계인, 나를 브랜딩하는 책을 준비하고 있다.

막연하게 나를 알리기 위해 책을 써야겠다는 생각은 하고 있었다. 그러다 이왕이면 그 분야 1인자에게 배우자는 생각에 한책협의 책 쓰기 과정을 선택했다. 가장 경제적인 선택을 하려면 그 분야의 최고를 선택해야 한다. 이는 부자들에게 컨설팅을 해 주면서 배운 지혜다. 부자들은 절대 저렴한 서비스나 재화를 선호하지 않는다. 부자들은 가장 가치 있는 서비스와 재화를 선택한다. 그들의 선택에 있어 가격은 그다음이다.

단순히 나를 알리기 위한 수단 정도로 생각하고 책 쓰기를 시작했다. 그런데 책 쓰기 수업에서 다음과 같은 놀라운 사실을 알게 되었다.

첫째, 책을 쓰는 과정에서 자신을 돌아보게 되고 자신을 위로하게 된다(정서적인 안정과 힐링. 자신의 삶에 대한 고찰).

둘째, 자신만의 노하우를 책에 담아 알리면서 퍼스널 브랜딩하게 된다.

셋째, 자신의 노하우가 들어 있는 책 내용을 심화해 교육 프로그램을 만들면 메신저의 삶을 살 수 있다.

내가 그렇게도 꿈꾸던 메신저의 삶을 가장 빨리 이룰 수 있게 해 주는 지름길은 바로 책을 쓰는 것이다. 그걸 한책협의 수많은 사례를 통해 알게 되었다. 더 늦기 전에 알게 되었으니 얼마나 다행이고 감사한 일인가?

10년 안에 500억 자산가 되기! 나의 간절한 꿈이 현실에 가까워지는 것이 느껴진다. 다음은 한책협의 김도사님이 알려 주신 빠르게 부자 되는 방법이다.

1. 책으로 퍼스널 브랜딩하기

2. 1인 지식창업 하기

3. 온라인 비즈니스 하기

"인생은 선택이다. 최고의 선택을 하라." (김도사 저 《100억 부자의 생각의 비밀》 중에서)

2년 안에
<세바시> 출연하기

　"'나'로 시작해 '우리'로 열리는 이야기, 더 좋은 세상을 위한 지식과 경험을 나누는 프로그램".

　내가 즐겨 보는 <세바시>의 슬로건이다. <세바시>에 출연한 명강사의 강의를 듣다 보면 저절로 고개가 끄덕여진다. 또한 <세바시>에 출연한 보통 사람들의 이야기를 듣다 보면 마음이 따뜻해진다. 가끔은 나도 모르게 주르르 눈물을 흘리기도 한다. 감동해 흘리는 눈물은 사람의 마음을 정화시켜 주는 것 같다. 세상이 험하다고는 하지만 아직은 좋은 사람들이 더 많은 것 같다. '더 좋은 세상을 위한 지식과 경험을 나누는 삶!' 내가 꿈꾸는 삶이다.

　나는 전 직장에서 보험사 신입사원들 교육을 담당했었다. 교육을 하다 보면 전문대를 나온 FC나 명문대를 나온 FC나 교육을 이해하는 수

준에는 큰 차이가 없었다. 뿐만이 아니다. 교육을 받고 나서 배운 내용을 현장에 접목시켜서 성과를 내는 부분에서는 오히려 고학력자들의 성과가 낮은 경우도 많았다. 난 이런 현상이 이해되지 않았다.

그러다 우연히 평생교육의 필요성에 대한 책을 읽으면서 의문이 풀렸다. '지식 체감의 법칙'이 있다고 한다. 우리의 지식은 가만히 두면 그대로 유지되는 게 아니라 기하급수적으로 체감된다고 한다. 교육 담당자로서 나의 가치는 성공을 꿈꾸는 FC들을 잘 교육시켜서 원하는 성과를 낼 수 있도록 돕는 데 있었다.

'어떻게 하면 FC들이 높은 성과를 내게 할 수 있을까?'

FC들의 교육 초기에는 금융지식이나 보험지식 등을 집중해서 알려 줬다. 내가 맡은 지점은 재무 설계를 기본으로 금융상품을 판매하는 곳이었다. 때문에 원활한 상담을 위해 재무지식은 반드시 갖추어야 할 지식이었다. 아침 회의가 9시부터라 8시에 신입사원들을 특별 교육시키고 일과 중에 시간을 내어 개인 코칭을 했다. 도움이 필요한 신입사원들은 고객 미팅을 갈 때 함께 가서 계약을 체결할 수 있도록 도와줬다.

열심히 한 덕분인지 내가 교육시킨 신입사원 10명 중 4명이 MDRT(백만 달러 원탁회의)를 달성하기도 했다. MDRT는 고소득 보험설계 사들이 모인 전문가 단체다. MDRT의 회원 자격은 연간 1억 6,000만 원 이상의 보험료나 7,400만 원 이상의 수수료 실적을 올려야 주어진다. 함께 성장하는 즐거움이 컸던 시간들이었다.

나는 10년 넘게 보험사 FC와 재무 설계 대리점 상담사 교육을 담당했다. 평범한 사람들이 나의 교육과 코칭을 통해 큰 성과를 냈다. 잘해준 사원들 덕분에 회사에서 상도 많이 받고 직원들에게 감사의 인사도 많이 받았다. 타인의 성공을 돕는 일은 가치 있고 보람된 일이다.

그런데 조금씩 문제들이 생겼다. 보험사에서는 FC들에게 활동량 증대를 늘 강조한다. 1일 3곳 방문은 기본이고 성공하려면 1일 7곳 정도는 방문하라고 한다. 많은 고객을 만나서 상담하는 것이 성공의 지름길이라고 얘기한다. 성과를 많이 내기 위해서는 무리하게 활동할 수밖에 없는 구조였다. 무리한 활동량은 FC들을 지치게 하고 건강까지 악화시켰다. 힘들어하는 사원들을 보면 마음이 안타까웠다.

어떻게 하면 좀 더 효율적으로 성과를 낼 수 있을까? 당시 매월 1일 고액 상품을 1건씩 판매하는 FC가 있었다. 그분이 1건으로 판매하는 계약의 크기는 평균 성적을 내는 FC가 한 달 내내 판매하는 계약의 20배 정도였다. 즉, 한 달 1건으로 20명이 한 달 내내 거두는 실적을 달성하는 것이다. 나는 그 FC를 찾아가서 조심스럽게 여쭈어 봤다.

"FC 님, 어떻게 하면 그렇게 큰 계약을 따나요? 계약을 체결하는 상품 설명 비법은 뭔가요?"

"그런 건 없어!"

"그럼 어떻게 그런 고액의 상품을 판매하세요?"

"내가 좋다면 좋은 거야."

"그럼 그런 고액 계약은 어떤 고객들이 하나요? 큰 부자들이나 할 수 있겠죠?"

"아녜요! 그냥 평범한 사람들이야!"

(당시 나는 30대였고 FC 님은 예순이 넘으신 연세여서 말씀을 편하게 하셨다.)

그분의 짧은 대답에 나는 실망했다. '무슨 말씀이지? 내가 좋다면 좋은 거라니. 게다가 고액 계약을 평범한 사람들이 한다니. 너무 못 알아듣겠는 말씀만 해 주시네.' 이상한 대답이었지만 그분의 말이 한동안 머리에서 떠나질 않았다.

다른 사람들이 성과를 내는 것을 돕다 보니 나도 직접 세일즈를 해 보고 싶다는 생각이 들었다. 고객의 재무 목표를 찾아내어 그것을 달성할 수 있도록 금융상품을 잘 포트폴리오 하면 계약은 어려운 일이 아니다. 중요한 건 고객이 필요로 하는 걸 제대로 알아내는 것이다. 그걸 제공해 주면 계약은 덤으로 따라온다.

그렇게 직접 고객을 만나서 재무 설계 컨설팅을 해 드리니 연봉도 높아졌다. 영업사원들을 교육할 때는 6,000~7,000만 원 사이였는데, 직접 계약을 따오자 1억 정도의 연봉을 받을 수 있었다. 그런데 나에게도 역시 예전에 내가 가르쳤던 사원들처럼 문제가 나타나기 시작했다. 성과에 욕심을 내다 보니 과도한 활동으로 건강이 악화되기 시작한 것이다.

같은 활동량으로 소득을 올리려면 어떻게 해야 할까? 답은 너무나

간단하다. 계약고를 올리면 된다. 계약고를 2배로 올리면 똑같은 업무 양으로 소득은 2배가 될 테니까. 나는 '고액 계약을 할 고객을 어디서 찾지? 고액 상품은 어떤 전략으로 판매하지?' 고민했다. 그리고 그때부터 많은 고객을 만나기보다는 재정상태가 좋은 고객들을 찾아다녔다. 그들에게 제대로 된 컨설팅을 해 드리고 계약고를 2배 이상 올렸다.

그렇게 계약고는 커졌는데 계약을 체결하는 건 오히려 쉬워졌다. 재정상태가 좋은 고객들은 본인의 시간당 소득이 높기 때문에 컨설턴트의 시간도 귀하게 생각할 줄 안다. 그래서 최소한의 만남 횟수와 상담시간을 선호한다. 그런 만큼 내가 실력만 갖추고 있다면 경제력이 있는 고객에게서 더 큰 계약을 단시간에 따낼 수 있는 것이다.

계약고를 더 올리기 위해 나는 한 단계 더 높은 도전을 해 보고 싶었다. '연봉이 높은 사람들보다 월급을 주는 사람들을 대상으로 컨설팅을 해 보는 건 어떨까?' 그래서 개인 재무 설계에서 기업 컨설팅 쪽으로 컨설팅 영역을 확대했다.

나는 7년 전부터 기업컨설팅을 전문으로 하는 회사로 이직했다. 개인 재무 설계나 자산관리를 할 때도 가끔 기업 오너들의 계약을 따냈었다. 급여 생활자들보다는 월등히 큰 금액의 계약이 가능했다. 하지만 법인 컨설팅은 개인 컨설팅과는 영역이 다르다. 법인이 처해 있는 세무나 법무적인 문제들을 해결해 주고 컨설팅 비용을 받는 구조다. 물론 법인 컨설팅을 하려면 엄청난 공부와 연구를 해야 한다. 대학에서 자산관리를 전공했는데도 나에게 생소하고 어려운 내용들이 많았다.

나는 밤낮없이 교육을 듣고 선배 컨설턴트들과 협업하며 배움을 얻었다. 함께 일하는 세무사, 변호사들에게 끊임없이 자문을 구하고 콘셉트를 함께 연구했다. 덕분에 나는 기업 컨설팅을 시작한 첫해에 최고의 컨설턴트에게 수여하는 챔피언 상을 수상했다. 다음 해에도 연속해서 챔피언 상을 받았다.

이 시점에서 나는 '무엇이 나를 내 분야에서 성공하게 했을까?' 곰곰이 생각해 봤다. '공부를 많이 해서? 일을 많이 해서?' 그렇지 않다. 나는 개인 재무 설계를 할 때 지금보다 더 많이 공부하고 더 많이 일했었다. 달라진 점이 있다면 나의 생각이다. 나는 겸손이 미덕이고 나 자신이 부족하다고 생각했다. 하지만 고액 계약에 도전하면서부터는 내 생각부터 바꿨다. 의도적으로 나 자신이 최고의 법인 컨설턴트라고 생각했다.

그렇게 생각하다 보니 정말로 가업승계 부문에서 나처럼 다양한 컨설팅 경험을 갖고 있는 컨설턴트를 찾기가 어려웠다. 또한 나처럼 고객의 먼 미래를 예측하면서 장기적인 컨설팅 전략을 구사할 수 있는 컨설턴트도 찾기 어려웠다. 이런 나의 확신과 신념은 고객에게 그대로 전달되는 거 같았다. 고객들은 나의 컨설팅을 받는 것을 감사해했다. 일은 적게 하고 내 소득은 높아졌다. 고객으로부터 감사와 존경을 받으며 일하게 되었다. 너무나 감사한 일이다.

내가 성장하니 예전에 고액 계약을 잘 따오던 FC 님이 한 말이 이해가 되기 시작했다. '상품은 내가 좋으면 좋은 거야! 고액 계약이라고 해서 특별한 사람들이 하는 게 아니야! 평범한 사람들이 하는 거야!' 그건 자신에 대한 확신을 이야기하는 말이었다.

나 자신에 대한 생각을 바꾸면서 나의 수입은 수직 상승했다. 고객은 당당한 나를 신뢰했고 자신에게 중요하다고 생각하는 업무를 나에게 의뢰했다. 삶은 노력만으로는 바뀌지 않는다. 자신의 생각을 바꾸면 인생은 송두리째 바뀔 수 있다. 사람들은 이런 중요한 사실을 잘 모르는 듯하다. 그래서 노력하는데도 삶이 나아지지 않아 힘들어하는 사람들이 많은 것 같다. 나는 그들에게 나의 지식과 경험을 나누어 주는 메신저의 삶을 살고 싶다.

〈세바시〉에서 멋진 강연을 하고 감동의 박수를 받는 내 모습을 생각하면 벌써 가슴이 찡하다.

마음을 단련해 주는
의식성장센터 설립하기

당신의 마음은 안녕하십니까?

마음의 병은 의지력이 약하거나 가정환경이 어려운 사람들에게 생기는 병이라고 생각했었다. 나의 무지함을 여실히 드러내는 시각이었다. 사람의 마음이 얼마나 중요한지 모르던 시절에 한 생각이었다. 사람들은 신체의 건강을 위해서 좋은 음식을 가려 먹고 운동을 한다. 그뿐인가? 맑은 물과 맑은 공기를 마시기 위해 집집마다 정수기에 공기청정기를 설치한다. 그런데 몸보다 더 소중한 마음을 위해서는 무엇을 하고 있을까?

나는 20대부터 자기계발에 관심을 갖기 시작했다. 꼭 성공하고 싶었기 때문이다. 그래서 밤낮없이 일했다. 회사에서 인정받으면 성공할 거라고 막연히 기대했기 때문이었다. 새벽 6시면 출근하러 집을 나섰고 밤늦은 시간에 들어오는 경우가 많았다. 주말에도 일하지 않으면 불안했다. 신혼 초에도 직장생활에 올인했다.

그러다 예쁜 딸을 낳았다. '눈에 넣어도 아프지 않다'라는 어른들의 말씀이 저절로 이해될 만큼 아이는 예쁘고 사랑스러웠다. 사랑하는 아이를 위해 많은 걸 해 주고 싶었다. 그래서 전보다 더 많이 일했다. '자랑스러운 엄마가 되려면 꼭 성공해야 해' 하면서.

나는 회사 일뿐만 아니라 자기계발을 위해서 주말에도 공부를 하러 다녔다. 자격증을 따야 사람들이 나를 알아주고 인정해 줄 거라 생각했다. 이런 어리석은 생각 때문에 아이와 있는 시간은 점점 더 줄어들었다.

나는 집안 살림은 친정엄마에게 맡기고 딸의 육아는 우리 집 근처에 살던 언니에게 맡겼다. 언니는 전업주부였고 인생의 관심이 오로지 아이들 육아에 있었다. 나는 아이와 저녁식사 한 번 하기 어려울 정도로 회사 일에 파묻혔다. 남편은 가능하면 내가 일찍 와서 가족과 함께 저녁식사하기를 원했다. 하지만 나는 그 의견을 존중하지 않았다. 이렇게 말하면서.

"지금은 열심히 일해서 회사에서 인정받아야 한다. 그래야 소득이 높아지고 소득이 높아져야 경제적인 여유가 생길 수 있어! 그러려면 시간을 쪼개어 자기계발을 해야지! 지금 당장 가족과 저녁식사를 같이 하는 게 뭐가 중요해."

그런 상황에서도 아이는 빠르게 성장했다. 어쩌면 내가 회사 일에 집중하느라 아이의 성장을 제대로 못 느껴서 아이가 더 빠르게 성장했다고 느껴졌는지도 모르겠다. 내가 회사 일로 바쁘다 보니 딸이 오히려 나를 걱정하고 챙겨 줬다. 어른스러운 딸이 대견하고 고마웠다. 딸과는 친구처럼 대화할 만큼 마음이 잘 통했다. '나는 친구 같은 엄마야!' 라고 생각했다. 나는 나 자신이 좋은 엄마라고 착각하고 있었다.

딸이 고등학생 때의 일이다. 딸이 "엄마. 나 요즘 자꾸 우울한 생각이 들어. 병원에 가서 치료를 받아야 할 거 같아."라고 말하는 것이었다. 지금은 정신과 치료를 크게 거부감 없이 받아들인다. 하지만 20년 전만 해도 정신과 치료에 대한 안 좋은 선입견이 있었다.

나는 혹시라도 아이의 미래에 나쁜 영향을 끼칠까 봐 걱정되었다. 그래서 기록이 남지 않는 심리상담센터에서 치료받는 게 어떻겠냐고 딸에게 얘기했다. 그리고 사춘기는 원래 질풍노도의 시기라 우울감이 생길 수도 있다고 딸에게 얘기해 줬다. 그러니 조금 더 지켜보자고 했다. 다행히 딸아이는 그 후로는 우울하다는 이야기를 하지 않았다. 그래서 나는 단순한 사춘기의 감정 기복이었을 거라 생각했다.

그런데 4년 전부터 딸아이가 밤에 잠이 잘 오지 않는다며 스스로 정신과 병원에 가서 수면제를 처방받기 시작했다. 염려가 되었지만 딸도 이제 성인이니 스스로 알아서 할 거라 믿었다. 처음엔 수면제를 먹으면 잠을 잘 자더니 약에 내성이 생겨서인지 다시 잠을 잘 못 자는 거 같았다. 숙면을 취하지 못해서인지 딸은 별일 아닌 일로 자주 신경질을 냈다. 늘 엄마 말에 순종적인 딸이었는데 왜 저러지? 기분 안 좋은 일이 있었나? 하며 나는 대수롭지 않게 넘겼다.

그런 일이 있은 지 얼마 후 딸의 친구에게서 전화가 왔다. 딸이 친구들과 술을 마신 후 바다를 보고 싶다며 을왕리 해수욕장에 가자고 해서 함께 갔다고 한다. 그런데 바닷가에 가더니 수영도 못한다면서 딸이 깊은 바다 쪽으로 자꾸 들어가더라는 것이다. 나에게 연락해 온 딸의 친구는 딸의 행동이 아무래도 이상하다며 걱정된다고 했다.

나는 너무 놀라서 우선 경찰에 연락해서 도움을 요청하라고 했다. 그러곤 을왕리 해수욕장으로 출발했다. 당시 우리 집은 인천 송도에 있었다. 사건이 있던 달은 8월이었다. 을왕리 해수욕장은 5월의 내 생일을 기념해서 집안 식구들과 즐거운 시간을 보냈던 곳이다.

그런 생각을 하면서 나는 경찰서에 도착했다. 딸이 무사한 걸 보니 너무나 감사했다. 그때 경찰관이 조용히 나를 불렀다. 그러곤 "이곳 을왕리 해수욕장에선 이런 일이 많아요. 그런데 한 번 자살을 시도한 사람들은 다시 자살을 시도하는 경우가 많습니다. 진짜로 자살하려는 사람도 있지만 대부분은 죽자고 마음먹기보다 우울감이 생겼을 때 자살을 시도합니다. 그러다 성공(?)해서 사망하는 경우도 많이 있습니다."라고 알려줬다. 자살한 사람들 중 유서가 없는 경우는 대부분 자살충동이 죽음으로 이어진 경우일 거라고 한다. 그런 얘기를 들으니 뭘 어떻게 해야 할지 막막했다.

먼저 나는 딸의 우울증을 치료하러 딸과 함께 병원에 다녔다. 관심을 갖고 정보를 찾다 보니 생각보다 많은 사람들이 마음의 병으로 힘들어

한다는 걸 알았다. 환우 가족 모임도 있었다. 병에 대한 정보를 얻고 싶어서 나는 그 모임에 참여했다. 그러면서 너무나 놀랐다. 공부 잘하고 착하던 아이들이 어느 날 갑자기 돌변해서 부모에게 함부로 하다 자살을 시도했다고 한다. 심지어 집 안에서 행패를 부리는 경우도 많다고 한다. 그것을 지켜보는 부모의 마음은 다 썩어 문드러진다.

우울증 환자 가족 모임 단톡방엔 어느 정도 회복된 환자도 참여하고 있었다. 지금은 많이 좋아졌지만 얼마 전까지 자살을 세 번이나 시도하고 정신과에 입원하고 퇴원하고를 반복했다고 한다. 그때 너무나 힘들었는데 사람들은 "네가 뭐가 부족해서 그러냐."라고 핀잔만 주었다고 한다. 그들이 자신의 고통을 이해하려고 하지 않아서 더 힘들었다고 한다.

마음의 병이 생긴 사람에게 절대 하지 말아야 하는 얘기 중 하나가 "정신 차려!"라는 말이라고 한다. 마치 다리를 다쳐서 걷지 못하는 사람에게 "당장 일어나서 걸어!"라고 하는 것과 같은 얘기라고 한다. 딸에게 정신 차리란 말을 습관처럼 했던 내가 얼마나 딸에게 상처를 주었을지 생각하니 억장이 무너졌다. 나의 무지함으로 가족들에게 상처를 주는 일을 얼마나 많이 저질렀을까?

우울증 환자 가족 단톡방에서 이야기를 나누다 보면 가족들도 마음의 병이 깊어 보였다. 딸의 치료를 위해 병원에서 상담도 받고 약도 처방받지만 근본적인 치료는 아니라는 생각이 들었다. 나는 마음(의식)에 대해 본격적으로 공부하기 시작했다. 처음엔 관련 의학 서적부터 읽기 시작했다. 그러다 영역을 넓혀서 의학 서적은 물론 정신세계를 다룬 이야기라면 가리지 않고 공부했다. 최면으로 마음의 병을 고칠 수 있다고 해서 최면의 원리에 대해서도 공부했다.

그런데 문제의 답은 아주 가까운 곳에 있었다. 그것도 모르고 1년 이상 온갖 마음고생을 한 셈이다. 정신세계에 대한 공부를 하면서 《왓칭》이라는 책을 읽게 되었다. 거기에는 관찰자 시점으로 세상을 바라보면 마음의 고통에서 벗어날 수 있다는 이야기가 있었다. 나는 그 이야기대로 시도해 봤다. 현재 나의 상태를 제3자의 입장에서 보니 마음이 한결 편해졌다. 딸의 상황에 대해서 안절부절못하는 마음도 거짓말처럼 사라졌다. 나는 《왓칭》의 저자인 김상운 작가님께 딸에 대한 고민을 메일로 보냈다. 작가님은 나의 안타까운 마음을 느끼셨는지 바로 답장을 주셨다. 다음과 같은 내용이었다.

"따님의 무의식에는 어린 시절 버림받은 '나'가 있습니다."
"따님과 이야기를 나누면서 어린 시절 제대로 보살펴 주지 못한 것에 대해 진심으로 사과하고 따님을 위로해 주세요."

나는 작가님이 알려 준 대로 바로 딸과 이야기를 나눴다. 우리는 이야기를 나누면서 함께 부둥켜안고 울었다. 그 후 딸은 거짓말처럼 좋아졌다. 지금은 그때의 이야기를 나눌 수 있을 만큼 딸도 나도 마음이 평온해졌다. 원인을 해결하지 않고 계속 병원만 다녔다면 어떻게 되었을까?

생각만 해도 끔찍하다.

지금도 환우들 가족 단톡방엔 매일매일 사건사고가 가득 올라온다. 나는 그분들에게 딸이 극적으로 좋아진 이야기를 해 주었다. 대화를 통해 딸의 무의식 속에 웅크리고 있던 상처받은 어린아이가 치유되면서 좋아졌다고 했다. 그런데 사람들은 그 이야기를 귀담아듣지 않았다. 단톡방의 환우 가족은 모두 독실한 크리스천이었다. 기도와 간구로 하나님께 도움을 요청하는 사람들이었다. 아직도 그분들은 기도와 병원의 치료에 전적으로 의지하면서 힘든 시간을 보내고 있다. 무의식에 대한 논의를 반기독교적인 것으로 여기는 것 같았다. 마음의 원리를 모르니 그렇게 마음고생을 할 수밖에 없는 것 같다.

사람들은 몸을 단련하기 위해 헬스클럽을 찾아가서 운동을 한다. 그런 것처럼 마음 역시 단련이 필요하다. 마음이 병들기 전에 먼저 마음을 튼튼하게 해 주는 일이 선행된다면 사람들은 지금보다 더 행복해질 수 있지 않을까? 그래서 나는 사람의 마음(의식)을 단련하고 성장시킬 수 있는 '마음(의식)성장센터'를 설립하려고 한다. 나의 마음(의식)성장센터를 통해서 많은 사람들의 의식이 성장되어 스스로 행복을 찾는 모습을 상상하니 가슴이 뿌듯하다. 마음(의식)성장센터 설립을 나의 버킷리스트에 추가한다!

보물지도 20

초판 1쇄 인쇄 2020년 4월 1일
초판 1쇄 발행 2020년 4월 6일

지 은 이	김효정 김덕은 이채윤 윤영희 최수미 채수현 김지수 김민정
	이흥규 연정화 지인옥 이은숙 임찬숙 태재숙 모선우 정선의
펴 낸 이	권동희
펴 낸 곳	위닝북스
기 획	김도사 · 권마담
책임편집	김진주
디 자 인	김하늘
마 케 팅	포민정

출판등록	제312-2012-000040호
주 소	경기도 성남시 분당구 백현로97 다운타운 2층 201호
전 화	070-4024-7286
이 메 일	no1_winningbooks@naver.com
홈페이지	www.wbooks.co.kr

ⓒ위닝북스(저자와 맺은 특약에 따라 검인을 생략합니다)
ISBN 979-11-6415-057-1 (03190)

이 도서의 국립중앙도서관 출판도서목록(CIP)은 서지정보유통지원시스템
홈페이지(http://seoji.nl.go.kr)와 국가자료공동목록시스템(http://www.nl.go.
kr/kolisnet)에서 이용하실 수 있습니다.(CIP제어번호: CIP2020011811)

위닝북스는 독자 여러분의 책에 관한 아이디어와 원고 투고를 설레는
마음으로 기다리고 있습니다. 책으로 엮기를 원하는 아이디어가 있으신 분은
이메일 no1_winningbooks@naver.com으로 간단한 개요와 취지, 연락처
등을 보내주세요. 망설이지 말고 문을 두드리세요. 꿈이 이루어집니다.

※ 책값은 뒤표지에 있습니다.
※ 잘못 만들어진 책은 구입하신 서점에서 교환해 드립니다.